Corsten/Kummer
Erbschaft- und Schenkungsteuer

Erbschaft- und Schenkungsteuer

von

Prof. Dr. Martina Corsten, StB

Prof. Dr. Sabrina Kummer, StB

Verlag Franz Vahlen München

Prof. Dr. Martina Corsten ist Leiterin des Studiengangs RSW – Steuern und Prüfungswesen an der Dualen Hochschule Baden-Württemberg in Mannheim.

Prof. Dr. Sabrina Kummer ist Leiterin des Studienganges RSW – Steuern und Prüfungswesen an der Dualen Hochschule Baden-Württemberg in Villingen-Schwenningen.

ISBN Print 978 3 8006 7040 6
ISBN E-Book (ePDF) 978 3 8006 7041 3
ISBN E-Book (ePub) 978 3 8006 7042 0

Wilhelmstr. 9, 80801 München
Satz: Fotosatz Buck
Zweikirchener Str. 7, 84036 Kumhausen
Druck und Bindung: Beltz Grafische Betriebe GmbH
Am Fliegerhorst 8, 99947 Bad Langensalza
Umschlaggestaltung: Ralph Zimmermann – Bureau Parapluie
Bildnachweis: © fantasticstudio33 – depositphotos.com

Gedruckt auf säurefreiem, alterungsbeständigem Papier
(hergestellt aus chlorfrei gebleichtem Zellstoff)

Vorwort

Das vorliegende Buch „Erbschaft- und Schenkungsteuer“ ist der erste Band der Buchreihe „Steuern kurz und bündig“. Diese Reihe richtet sich zum einen an Studierende, die sich mit Fragen des Steuerrechts im Rahmen ihres Bachelor- und Masterstudium beschäftigen, zum anderen aber auch an interessierte Praktiker, die vertiefende Einblicke in Fragen des Steuerrechts suchen. Ziel dieser Buchreihe ist es, einen verständlichen und kompakten Einstieg in die gesetzlichen Grundlagen einzelner Steuerarten und Rechtsformen sowie grundlegender Besteuerungsprinzipien zu bieten.

Der vorliegende Band bietet den Lesern einen fundierten Einstieg in die steuerlichen Regelungen der Erbschaft- und Schenkungsteuer, und zwar sowohl für den unentgeltlichen Übergang von Privatvermögen wie auch für die unentgeltliche Übertragung von Betriebsvermögen.

Zur Veranschaulichung der zum Teil komplexen Regelungen, insbesondere im Bereich der Begünstigungsvorschriften für betriebliches Vermögen, greifen die Autorinnen als didaktisches Hilfsmittel auf die folgenden Marginalien zurück.

▽ = Achtung

= Beispiel

! = Definition

☞ = Hinweis

= Tipp

Der Aufbau des Lehrbuchs orientiert sich an der Struktur des Gesetzes. Nach einer kurzen Einordnung der Erbschaft- und Schenkungsteuer in das Steuersystem (Kapitel 1), liegt der Fokus des Kapitels 2 auf der Steuerpflicht (§§ 1–9 ErbStG). Den Schwerpunkt legen die Autorinnen auf Kapitel 3, konkret auf die Wertermittlung (§§ 10–13d, 28a ErbStG), indem die sachlichen Steuerbefreiungen, insbesondere die komplexen Vorschriften der §§ 13a, 13b, 13c, 28a ErbStG, ausführlich aufbereitet werden. Zur Veranschaulichung werden zahlreiche Berechnungsbeispiele genutzt. Kapitel 4 ist der Berechnung der Steuer gewidmet, indem auf persönliche Freibeträge und besondere Tarifvorschriften eingegangen wird. Kapitel 5 beschäftigt sich mit Fragen der Steuerfestsetzung und Erhebung. In Kapitel 6 wird ein Prüfschema aufgestellt, anhand dessen in Kapitel 7 eine abschließende Fallstudie zur Bearbeitung bereitgestellt wird.

Danken möchten wir Herrn Thomas Ammon vom Vahlen-Verlag, der die Entstehung des vorliegenden Buches wohlwollend begleitet und diese Buchreihe ermöglicht hat.

Martina Corsten Sabrina Kummer

Inhaltsverzeichnis

Abbildungsverzeichnis

Tabellenverzeichnis

Abkürzungsverzeichnis

Abs.	Absatz
a. F.	alte Fassung
AntBVBewV	Anteils- und Betriebsvermögensbewertungsverordnung
AO	Abgabenordnung
Art.	Artikel
AStG	Außensteuergesetz
Az.	Aktenzeichen
BB	Betriebs-Berater
Bd.	Band
begr. v.	begründet von
BeUrkG	Beurkundungsgesetz
BewG	Bewertungsgesetz
BFH	Bundesfinanzhof
BFH/NV	Sammlung amtlich nicht veröffentlichter Entscheidungen des Bundesfinanzhofs
BGB	Bürgerliches Gesetzbuch
BGBl.	Bundesgesetzblatt
BGH	Bundesgerichtshof
BMF	Bundesministerium der Finanzen
BR	Bundesrat
bspw.	beispielsweise
BStBl.	Bundessteuerblatt
BT	Bundestag
Buchst.	Buchstabe
BVerfG	Bundesverfassungsgericht
BVerfGE	Amtliche Sammlung von Entscheidungen des Bundesverfassungsgerichts
bzgl.	bezüglich
bzw.	beziehungsweise
DB	Der Betrieb
DBA	Doppelbesteuerungsabkommen
DCF	Discounted Cashflow
d. h.	das heißt
DIW	Deutsches Institut für Wirtschaftsforschung e. V.
DStR	Deutsches Steuerrecht
DStRE	Deutsches Steuerrecht Entscheidungsdienst

EFG	Entscheidungen der Finanzgerichte
ErbSt	Erbschaftsteuer
ErbStB	Der Erbschaft-Steuer-Berater
ErbStG	Erbschaftsteuergesetz
ErbStR	Erbschaftsteuer-Richtlinien
ErbStRG	Erbschaftsteuerreformgesetz
EStG	Einkommensteuergesetz
EU	Europäische Union
EuGH	Europäischer Gerichtshof
e. V.	eingetragener Verein
EWR	Europäischer Wirtschaftsraum
ff.	fortfolgende
FfM	Frankfurt am Main
FG	Finanzgericht
FinVerw	Finanzverwaltung
GBO	Grundbuchordnung
GbR	Gesellschaft bürgerlichen Rechts
gem.	gemäß
GG	Grundgesetz
ggf.	gegebenenfalls
GmbH	Gesellschaft mit beschränkter Haftung
GmbHG	Gesetz betreffend die Gesellschaft mit beschränkter Haftung
GmbHR	GmbH-Rundschau
grds.	grundsätzlich
GuV	Gewinn- und Verlustrechnung
GWR	Gesellschafts- und Wirtschaftsrecht
H	Hinweis
HFR	Höchstrichterliche Finanzrechtsprechung
HGB	Handelsgesetzbuch
h. M.	herrschende Meinung
Hs.	Halbsatz
hrgs. v.	herausgegeben von
i. d. R.	in der Regel
IFRS	International Financial Reporting Standards
i. H.	in Höhe
i. H. v.	in Höhe von
insb.	insbesondere
i. S.	im Sinne
i. S. d.	im Sinne des

i.V.m.	in Verbindung mit
i.w.S.	im weiteren Sinne
KG	Kommanditgesellschaft
KGaA	Kommanditgesellschaft auf Aktien
KÖSDI	Kölner Steuerdialog
KStG	Körperschaftsteuergesetz
m.w.N.	mit weiteren Nachweisen
NJW	Neue Juristische Wochenzeitschrift
NJW-RR	Neue Juristische Wochenzeitschrift Rechtsprechungs-Report Zivilrecht
Nr.	Nummer
NWB	Neue Wirtschafts-Briefe
OFD	Oberfinanzdirektion
OHG	Offene Handelsgesellschaft
qm	Quadratmeter
R	Richtlinie
RFH	Reichsfinanzhof
RFHE	Sammlung Entscheidungen und Gutachten des Reichsfinanzhofes
RG	Reichsgericht
RGBl.	Reichsgesetzblatt
RGZ	Sammlung der Entscheidungen des Reichsgerichts in Zivilsachen
rkr.	rechtskräftig
Rn.	Randnummer
RStBl.	Reichssteuerblatt
S.	Seite
sog.	sogenannt
Stbg.	Die Steuerberatung
StEd	Steuer-Eildienst
StKl.	Steuerklasse
StUmgBG	Steuerumgehungsbekämpfungsgesetz
StuW	Steuer und Wirtschaft
u.a.	unter anderem
Ubg	Die Unternehmensbesteuerung
u.U.	unter Umständen
UVR	Umsatzsteuer- und Verkehrsteuer-Recht

v.	vom
v. a.	vor allem
vgl.	vergleiche
vs.	versus
WpHG	Wertpapierhandelsgesetz
z. B.	zum Beispiel
ZErb	Zeitschrift für die Steuer- und Erbrechtspraxis
ZEV	Zeitschrift für Erbrecht und Vermögensnachfolge

1 Allgemeines zur Erbschaft- und Schenkungsteuer

1.1 Historie

Die Erbschaftsteuer gehört zu den ältesten nachweisbaren Steuerarten. So sind bereits erste Ansätze im Rom der Kaiserzeit zur Finanzierung des Heers unter Augustus zu finden. Sie ist fiskalisch (vermeintlich) relativ leicht zu erheben,[1] da mit dem Übergang einer eindeutig abgrenzbaren Vermögensmasse von Todes wegen ein klarer Ansatzpunkt für die Besteuerung besteht. In Deutschland wurde 1906 das Reichserbschaftsteuergesetz[2] eingeführt, auf welchem das heutige Erbschaft- und Schenkungsteuergesetz beruht. Rechtsgrundlage für die heutige Erhebung der Erbschaftsteuer[3] ist das Erbschaft- und Schenkungsteuergesetz in der Fassung der Bekanntmachung vom 27. Februar 1997 (BGBl. I 1997, S. 378) unter Beachtung zahlreicher späterer Änderungen. So machten Feststellungen des Bundesverfassungsgerichts zur Unvereinbarkeit des geltenden Rechts mit dem Grundgesetz (Art. 3 GG) in den vergangenen drei Jahrzehnten mehrere große Reformen notwendig:

- BVerfG vom 22.6.1995 (Az. 2 BvR 552/91, BStBl. II 1995, S. 6712): Im Nachgang wurde die Grundbesitzbewertung neu geregelt.
- BVerfG vom 07.11.2006 (Az. 1 BvL 10/02, BStBl. II 2007, S. 192): Die daran anschließende Reform führte zur Einführung eines einheitlichen Bewertungsgrundsatzes, dem gemeinen Wert.
- BVerfG vom 17.12.2014 (Az. 1 BvL 21/12, BStBl. II 2015, S. 50): In der Folge kam es zur jüngsten Reform durch das Erbschaftsteueranpassungsgesetz vom 04.11.2016 (BGBl. I 2016, S. 2464), das weitreichende Änderungen der Begünstigungsvorschriften für Unternehmensvermögen enthielt.

Zudem ist derzeit eine Verfassungsbeschwerde beim BVerfG (Az. 1 BvR 804/22) zu der Frage anhängig, ob die erbschaft- und schenkungsteuerlichen Begünstigungen beim Übergang betrieblichen Vermögens gemäß §§ 13a, 13b, 13c, 19, 19a, 28a ErbStG 2016 und § 203 BewG mit dem Grundgesetz vereinbar sind oder ob sie Erwerberinnen und Er-

---

1 Vgl. Halaczinsky/Wochner (2022), Kapitel C. I.1, Rn. 216.

2 Reichserbschaftsteuergesetz vom 03.06.1906, RGBl. 1906, S. 654.

3 Der Begriff Erbschaftsteuer wird regelmäßig synonym für die Erbschaft- und Schenkungsteuer verwendet.

werber, für die die genannten Normen keine Anwendung finden, in verfassungsrechtlich zu beanstandender Weise benachteiligen.

Anknüpfungspunkt der Erbschaft- und Schenkungsteuer ist der unentgeltliche Übergang von Vermögen von Todes wegen sowie die Vermögensübertragung unter Lebenden. Besteuerungsgegenstand ist der Reinvermögenszugang beim Erwerber[4]. Es wird nicht der Nachlass besteuert, sondern der Erbanfall (Erbanfallsteuer).

1.2 Bedeutung der Erbschaft- und Schenkungsteuer

Die **finanzpolitische Bedeutung** der Erbschaftsteuer ist als eher gering zu bezeichnen, da sich ihr Beitrag am Gesamtsteueraufkommen im Jahr 2022 gerade einmal auf rund 1% (9,32 Mrd. Euro des Gesamtsteueraufkommens von rund 895,7 Mrd. Euro) belief.[5] Insbesondere in den Neuen Bundesländern ist das Aufkommen vernachlässigbar gering und steht in keinem vernünftigen Verhältnis zu den Erhebungskosten.[6] Die Erbschaftsteuer wird zwar bundeseinheitlich erhoben, das Aufkommen steht allerdings den Bundesländern zu (Art. 106 Abs. 2 Nr. 2 GG).

Politisch wird die Erhebung einer Erbschaft- und Schenkungsteuer regelmäßig mit der Herstellung bzw. Aufrechterhaltung der sozialen Gerechtigkeit[7] sowie der Zielsetzung einer Vermögensumverteilung begründet. In Anbetracht des verhältnismäßig niedrigen Erbschaft- und Schenkungsteueraufkommens in Deutschland ist allerdings der tatsächliche Vermögensumverteilungseffekt bei der aktuellen Ausgestaltung der Erbschaft- und Schenkungsteuer als gering einzuschätzen.[8] Sie dient dem Zweck staatlichen Finanzbedarf zu decken (Fiskalzwecksteuer).[9]

---

[4] Das in dieser Arbeit gewählte generische Maskulinum bezieht sich zugleich auf die männliche, die weibliche und andere Geschlechteridentitäten. Auf die geschlechtsspezifische Schreibweise wird ausschließlich zum Zweck der besseren Lesbarkeit verzichtet. Alle Geschlechteridentitäten werden ausdrücklich mitgemeint, soweit die Aussagen dies erfordern.

[5] Vgl. Statistisches Bundesamt, https://de.statista.com/statistik/daten/studie/235806/umfrage/einnahmen-aus-der-erbschaftsteuer/ sowie https://www.destatis.de/DE/Themen/Staat/Steuern/Steuereinnahmen/steuereinnahmen.html, Abrufdatum: 21.05.2023.

[6] Vgl. Stiftung Familienunternehmen (2008), S. 16.

[7] Vgl. Halaczinsky/Wochner (2022), Kapitel C. I.1, Rn. 216.

[8] Vgl. Bach (2021), S. 809.

[9] Vgl. Stiftung Familienunternehmen (2008), S. 50–51.

1.3 Einordnung der Erbschaft- und Schenkungsteuer

Steuern lassen sich nach verschiedenen Kriterien systematisieren. Bezüglich des Steuergegenstandes (Steuerobjekt) werden Steuern in Besitz- und Verkehrsteuern sowie in Zölle und Verbrauchsteuern eingeteilt.[10] Besitzsteuern sind Steuern vom Einkommen, Ertrag und Vermögen. Als allgemeine Verkehrsteuer gilt die Umsatzsteuer. Die Kraftfahrzeugsteuer, Grunderwerbsteuer und Versicherungsteuer zählen zu den speziellen oder besonderen Verkehrsteuern. Vor diesem Hintergrund ordnet das BMF die Erbschaftsteuer als Besitzsteuer ein. Dagegen definiert der BFH[11] die Erbschaftsteuer als **Verkehrsteuer**, was aber nur für die formale Ausgestaltung zutrifft, nicht dagegen ihren materiellen Gehalt erfasst.[12]

Besitzsteuern werden weiter in **Personensteuern (Subjektsteuern)** und Realsteuern (Objektsteuern) unterteilt. Die Erbschaftsteuer knüpft an persönliche Verhältnisse an, sodass sie eine Personensteuer ist. Da die Erbschaftsteuer wie die Einkommensteuer an einen Vermögenszuwachs anknüpft, wird sie auch als Einkommensteuer i. w. S. bezeichnet.[13] Um Überschneidungen zu vermeiden, stellt § 35b EStG eine Steuerermäßigung bei Belastung mit Erbschaftsteuer sicher.

Bezüglich der Bemessungsgrundlage werden Ertragsteuern, Substanzsteuern und Verkehrsteuern unterschieden. Da die Erbschaftsteuer an die Bereicherung (Wert des unentgeltlich übertragenen Vermögens zu einem bestimmten Zeitpunkt) und nicht an den Ertrag aus dem Vermögen anknüpft, wird sie als aperiodische **Substanzsteuer** eingestuft.

Die Erbschaftsteuer ist eine Verkehrsteuer, Substanzsteuer und Personensteuer. 

[10] Vgl. BMF, https://www.bundesfinanzministerium.de/Web/DE/Service/FAQ_Glossar/Glossar/Functions/glossar.html?lv2=ca00e253-61cf-4b1a-9968-646384af1432&lv3=bb530eb8-4150-44b8-ad50-d613bf3cb941#glossarbb530eb8-4150-44b8-ad50-d613bf3cb941, Abrufdatum: 08.08.2022.

[11] Vgl. BFH vom 22.09.1982, II R 61/80, BStBl. II 1983, S. 180

[12] Vgl. Hey (2021), S. 303; Seer (2021), S. 949.

[13] Vgl. Hey (2021), S. 303; Seer (2021), S. 949.

1.4 Verhältnis der Erbschaft- und Schenkungsteuer zum Zivilrecht

Das Erbrecht ist im 5. Buch des Bürgerlichen Gesetzbuches (§§ 1922–2385 BGB) geregelt. Die Vorschriften regeln die rechtlichen Folgen des Todes eines Menschen. Dazu gehört die Regelung der (gesetzlichen) Erbfolge und daneben, wie der Erblasser den Vermögensübergang auf einen oder mehrere Erben selbst individuell festlegen kann.

Grundsätzlich sind **Zivil- und Steuerrecht** als Bundesrecht gleichrangig. Sie verfolgen aber **unterschiedliche Zwecke**.

Die im Erbrecht kodifizierten Vorschriften umfassen die Gesamtheit aller rechtlichen Folgen des Todes eines Menschen und damit, wer das hinterlassene Vermögen erhält.

Das Erbschaftsteuerrecht regelt, wie hoch die zu entrichtende Steuer auf das hinterlassene Vermögen ist.

Dabei knüpfen die von der Erbschaftsteuer erfassten Vorgänge an die bürgerlich-rechtlichen Begriffe an (z. B. § 1922 BGB: Erbanfall, §§ 2147–2191 BGB: Vermächtnis, §§ 230–2338 BGB: Pflichtteil). So nennt beispielsweise § 3 ErbStG konkret Begriffe aus dem BGB mit entsprechendem Paragraphenverweis, ohne diese selbst zu definieren. Daher gilt eine **Vorherigkeit**, aber kein Vorrang des Erbrechts.

Es gilt der Grundsatz der Maßgeblichkeit des Zivilrechts für das Erbschaftsteuerrecht.

Dieser Grundsatz gilt allerdings für die Schenkung unter Lebenden nur bedingt, da die freigebige Zuwendung unter Lebenden (§ 7 Abs. 1 Nr. 1 ErbStG) nicht deckungsgleich ist mit dem in § 516 BGB definierten Begriff der Schenkung.

2 Steuerpflicht

2.1 Sachliche Steuerpflicht

Gem. §1 Abs. 1 ErbStG unterliegen der Erbschaftsteuer die folgenden vier Tatbestände:

- der Erwerb von Todes wegen (Nr. 1),
- die Schenkung unter Lebenden (Nr. 2),
- die Zweckzuwendungen (Nr. 3) und
- das Vermögen einer Stiftung, sofern sie wesentlich im Interesse einer Familie oder bestimmter Familien errichtet ist, und eines Vereins, dessen Zweck wesentlich im Interesse einer Familie oder bestimmter Familien auf die Bindung von Vermögen gerichtet ist, im Zeitabstand von je 30 Jahren (Nr. 4).

Dabei werden die Tatbestände Nr. 1–3 in den §§3–8 ErbStG weiter konkretisiert.

Erwerb von Todes wegen

Der Erwerb von Todes wegen (§1 Abs. 1 Nr. 1 i. V. m. §3 ErbStG) knüpft an die zivilrechtlichen Vorgaben des BGB an. Als Erwerb von Todes wegen gelten nach §3 Abs. 1 Nr. 1 ErbStG der Erwerb durch Erbanfall, durch Vermächtnis oder aufgrund eines geltend gemachten Pflichtteilanspruchs.

Zivilrechtlich ist der **Erbanfall** in §1922 BGB geregelt. Dieser besagt, dass mit dem Tode einer Person deren Vermögen als Ganzes auf eine oder mehrere Personen (Erben) übergeht (Gesamtrechtsnachfolge; Universalsukzession). Das Vermögen geht dabei ohne Zutun des oder der Erben kraft Gesetzes über (Vonselbsterwerb).

Der Grundsatz der Gesamtrechtsnachfolge besagt, dass das Vermögen des Erblassers als Ganzes, also mit allen Rechten und Pflichten in einem Akt auf den/die Erben übergeht. !

Nach dem Grundsatz des Vonselbsterwerbs ist für diesen Vermögensübergang keinerlei rechtsgeschäftlicher Übertragungsakt erforderlich. !

Es gehen nicht nur positive Vermögenswerte, sondern auch negative Vermögensbestandteile (Schulden) über.

Das **Vermächtnis** ist zivilrechtlich in den §§2147 bis 2191 BGB geregelt, wonach der Vermächtnisnehmer[14] einen schuldrechtlichen Anspruch (Forderungsrecht) auf den Vermächtnisgegenstand gegen den Beschwerten erlangt, d.h., der Erbe bleibt so lange Eigentümer, bis er den Anteil auf den Vermächtnisnehmer übertragen hat.[15] Ein Vermächtnis wird also dann eingesetzt, wenn der Erblasser einer bestimmten Person Vermögen zukommen lassen möchte, diese aber nicht als Erben einsetzen möchte.[16]

Beispiel:

Die verwitwete Erblasserin Klara Schwarz hinterlässt ihre drei Kinder Kurt, Karl und Kalena. In ihrem Testament hat sie ihre drei Kinder zu Erben eingesetzt. Dabei hat sie aber ihrer Nichte Emma explizit ein wertvolles Gemälde zugesprochen.

Lösung:

Klara hat ihrer Nichte im Wege des Vorausvermächtnisses das Gemälde zugewendet, ohne sie als Erbin einzusetzen.

Der **Pflichtteil** ist zivilrechtlich in den §§2303 bis 2338 BGB geregelt. Aufgrund der in §2302 BGB verankerten Testierfreiheit kann ein Steuerpflichtiger von der gesetzlichen Erbfolge abweichen, jedoch müssen die Pflichtteilsrechte und -quoten[17] eingehalten werden. Ansonsten hat der Pflichtteilsberechtigte gegen die Erben nach §2303ff. BGB einen Anspruch auf Zahlung eines Geldbetrages.[18] Zu beachten ist, dass Pflichtteilsansprüche nur entstehen können, wenn die betreffenden Personen gesetzliche Erben gewesen wären und ihnen diese Stellung

[14] Aufgrund einer wirksamen Verfügung (Testament) des Erblassers bestimmt dieser, wer Erbe wird. Liegt keine Erbeinsetzung vor, dann tritt die gesetzliche Erbfolge ein. Möchte der Erblasser lediglich einen bestimmten Gegenstand aus seinem Vermögen durch eine wirksame Verfügung (Vermächtnis) einer von den Erben abweichenden Person zuwenden, dann wird diese Person Vermächtnisnehmer genannt. Ein wesentlicher Punkt unterscheidet hierbei die Rechtspositionen des Vermächtnisnehmers und des Erben. Während der Erbe mit dem Tod des Erblassers unmittelbar Eigentümer des gesamten Nachlasses wird, wobei dies auch für die an dritte Personen vom Erblasser vermachten Gegenstände gilt, hat der Vermächtnisnehmer lediglich einen Herausgabeanspruch auf den vermachten Gegenstand gegenüber den Erben. Vgl. Leipold (2022), Rn.90–92 zu §1922 BGB; Rudy (2022), Rn.1 zu §2147 BGB.

[15] Vgl. Crezelius (2009), Rn.58.

[16] Vgl. Schwald (2001), S.27.

[17] Das Pflichtteilsrecht sichert den nahen Angehörigen des Erblassers einen Mindestanteil des Nachlasses. Es schränkt damit die Testierfreiheit des Erblassers ein. Der Pflichtteil beträgt die Hälfte des Wertes des gesetzlichen Erbteils. Damit ist die Quote entscheidend, die sich bei Eintritt der gesetzlichen Erbfolge ergäbe, unabhängig davon, ob alle Pflichtteilsberechtigten ihren Anspruch geltend machen. Vgl. Lange (2022), Rn.1, 14 zu §2303 BGB.

[18] Vgl. Pohl (2002), Rn.81–82.

durch eine testamentarische Anordnung (Enterbung) genommen wurde. Pflichtteilsberechtigte sind nach §2303 BGB nur die Abkömmlinge des Erblassers, der Ehegatte und die Eltern des Erblassers.[19] Der Pflichtteil beträgt nach §2303 Abs.1 Satz 2 BGB die Hälfte des Werts des gesetzlichen Erbteils, wobei der Zeitpunkt des Todes maßgeblich ist.[20]

Der Pflichtteilsanspruch entsteht zwar mit dem Eintritt des Erbfalls (§2317 Abs.1 BGB), der Pflichtteil muss jedoch gegenüber den Erben geltend gemacht werden. Nur bei tatsächlicher Geltendmachung handelt es sich um einen steuerbaren Vorgang.

Beispiel:

Die verwitwete Erblasserin Klara Schwarz hinterlässt ihre drei Kinder Kurt, Karl und Kalena. Leider hat sie nach einem Streit zu Kalena keinen Kontakt mehr, sodass sie in ihrem Testament nur Kurt und Karl bedacht hat.

Lösung:

Hierdurch hat Klara ihre Tochter Kalena konkludent enterbt. Kalena hat aber einen Anspruch auf ihren Pflichtteil in Höhe von 1/6 (Hälfte des gesetzlichen Erbteils, d.h. die Hälfte von 1/3) des hinterlassenen Vermögens, da sie die Tochter von Klara ist (Abkömmling) und kein Hinweis auf einen Grund für eine Pflichtteilsentziehung vorliegt. Um den Pflichtteil zu erhalten, muss sie diesen aktiv bei ihren beiden Brüdern als Erben geltend machen. Wird dieser auf Geldzahlung gerichtete Anspruch ausgezahlt, handelt es sich um einen Erwerb von Todes wegen i.S.d. §3 Abs.1 Nr.1 3. Alt. ErbStG.

Als Erwerb von Todes wegen gilt auch die **Schenkung auf den Todesfall** (§3 Abs.1 Nr.2 ErbStG), jedoch basiert sie auf einem noch zu Lebzeiten des Schenkers abgeschlossenen Rechtsgeschäft.[21] Zivilrechtlich wird nach §516 Abs.1 BGB unter einer Schenkung[22] eine Zuwendung verstanden, durch die der Schenker aus seinem Vermögen den Beschenkten bereichert und beide darüber einig sind, dass dies unentgeltlich erfolgt.[23] Für eine Schenkung im zivilrechtlichen Sinne sind die folgenden drei Voraussetzungen relevant: (1) Zuwendung eines Vermögensgegenstandes aus dem Vermögen der einen Person zu Gunsten einer anderen Person, (2) Bereicherung der anderen Person als Folge der Zuwendung, (3) beide Personen wollen die Unentgeltlichkeit, d.h.,

[19] Eltern können nur pflichtteilsberechtigt sein, wenn sie gesetzliche Erben gewesen wären. Das ist bei der gesetzlichen Erbfolge nur der Fall, wenn der Erblasser keine Abkömmlinge (Erben 1. Ordnung) hinterlässt.

[20] Vgl. Terpitz (2001), S.22, 24.

[21] Vgl. Götzenberger (2001), S.181.

[22] Diese wird auch als Handschenkung bezeichnet, vgl. Koch (2023), Rn.5 zu §516 BGB.

[23] Vgl. Weidenkaff (2023), Rn.1–9a zu §516 BGB.

es erfolgt keine Gegenleistung. Dabei ist immer von der objektiven Sachlage auszugehen, allerdings müssen sich die Parteien auch subjektiv über die Unentgeltlichkeit einig sein.[24] Dies erfolgt durch eine Schenkungsabrede, die erforderlich, aber auch stillschweigend möglich ist.[25] Hiervon ist die Schenkung von Todes wegen (§2301 BGB) zu unterscheiden, der ein Schenkungsversprechen zugrunde liegt, das nach §518 BGB einer notariellen Beurkundung bedarf, d.h., der Beschenkte erhält den Schenkungsgegenstand erst mit Tod des Schenkers. Dabei wird folglich unterstellt, dass der Beschenkte den Schenker überlebt. Erst dann erwirbt der Beschenkte einen Anspruch auf Herausgabe des Vermögensgegenstandes. Grundsätzlich müssen für das Vorliegen einer Schenkung auf den Todesfall die gleichen Voraussetzungen erfüllt sein wie bei der Schenkung unter Lebenden (R E 3.3 Satz 1 ErbStR). Nach §516 Abs.2 BGB ist eine Schenkung auch ohne Zustimmung des Beschenkten möglich, wobei dieser innerhalb einer bestimmten Frist die Schenkung ablehnen kann. Ansonsten gilt die Schenkung als angenommen. Nach §362 Abs.1 BGB wird die Schenkung durch das Erbringen der Leistung vollzogen. Wird die Form nicht eingehalten, ist die Schenkung nach §125 Satz 1 BGB nichtig, jedoch wird nach §518 Abs.2 BGB der Mangel der Form durch Bewirkung der versprochenen Leistung geheilt.[26] In Abhängigkeit vom Güterstand sind für die unentgeltliche Übertragung ggf. Zustimmungserfordernisse des Ehegatten notwendig.

Zudem gilt als Erwerb von Todes wegen **jeder sonstige Erwerb**, auf den die für Vermächtnisse geltenden Vorschriften des bürgerlichen Rechts Anwendungen finden (§3 Abs.1 Nr.3 ErbStG) sowie jeder Vermögensvorteil, der aufgrund eines vom Erblasser geschlossenen Vertrags bei dessen Tode von einem Dritten unmittelbar erworben wird (§3 Abs.1 Nr.4 ErbStG). Zu Letzterem gehören beispielsweise Auszahlungen von Versicherungssummen aus Lebens-/Unfallversicherungen an einen Dritten, also nicht an den Versicherungsnehmer. §3 Abs.2 ErbStG fingiert darüber hinaus bestimmte Vermögensübergänge als Erwerbe von Todes wegen, wie z.B. Erwerbe in Folge einer Auflage oder Erfüllung einer Bedingung (Nr.2), Abfindungen für die Ausschlagung einer Erbschaft oder eines Vermächtnisses oder für den Verzicht auf den entstandenen Pflichtteilsanspruch (Nr.4).

Schenkungen unter Lebenden

Zivilrechtlich wird unter dem Begriff „vorweggenommene Erbfolge" die schon vor dem Erbfall erfolgende Übertragung von Vermögensgegenständen durch ein Rechtsgeschäft unter Lebenden an die späte-

24 Vgl. BGH vom 02.10.1991, XII ZR 132/90, NJW 1992, S.239.
25 Vgl. RG vom 25.06.1925, IV 39/25, RGZ 111, S.153.
26 Vgl. Klunzinger (2019), S.508.

ren Erben verstanden.[27] Dieser Auffassung ist der BFH[28] gefolgt. Der zivilrechtliche Schenkungsbegriff (§ 516 BGB) unterscheidet sich vom steuerlichen insoweit, als steuerlich keine Einigung zwischen den beiden Parteien über die Unentgeltlichkeit vorliegen muss (R E 7.1 Abs. 1 Satz 1 ErbStR).[29] Eine Schenkung i. S. einer **freigebigen Zuwendung** (§ 7 Abs. 1 Nr. 1 ErbStG) als wichtigster Tatbestand der Schenkungen unter Lebenden liegt folglich dann vor, wenn der Beschenkte objektiv aus dem Vermögen des Schenkers bereichert wird, die Zuwendung unentgeltlich erfolgt und der Beschenkte diese Unentgeltlichkeit subjektiv auch wollte (R E 7.1 Abs. 1 Sätze 2 und 3 ErbStR). Bereicherung kann dabei jede Vermögensmehrung, aber auch jede Minderung von Schulden oder sonstigen Belastungen beim Beschenkten sein (R E 7.1 Abs. 2 Sätze 1 und 2 ErbStR). Unentgeltlichkeit ist dann gegeben, wenn keine Gegenleistung erbracht wird (R E 7.1 Abs. 2 Satz 3 ErbStR). Gem. § 1 Abs. 1 Nr. 2 ErbStG unterliegen Schenkungen unter Lebenden der Schenkungsteuer. Eine abschließende Auflistung der Tatbestände, die als Schenkung unter Lebenden gelten, wird in § 7 ErbStG gegeben.

Eine **Schenkung** liegt vor, wenn eine Zuwendung unter Lebenden aus dem Vermögen des einen ohne Gegenleistung des anderen erfolgt. Zwingende Voraussetzungen sind dabei:

- Vermögenszuwendung
- Unentgeltlichkeit
- Schenkungsabsicht

Beispiel:

Die verwitwete Schenkerin Klara Schwarz schenkt ihrer Tochter Kalena ein Einfamilienhaus in der Pariser Str. 10 in Mannheim mit einem gemeinen Wert nach BewG von 500.000 € und einem Verkehrswert von 600.000 €.

Lösung:

Es handelt sich um eine unmittelbare Grundstücksschenkung, die mit dem gemeinen Wert von 500.000 € als Schenkung unter Lebenden steuerbar ist.

[27] Vgl. BGH vom 30.01.1991, IV ZR 299/89, NJW 1991, S. 1345; BGH vom 01.02.1995, IV ZR 36/94, NJW 1995, S. 1349–1350.

[28] Vgl. BFH vom 08.12.1993, II R 61/89, BFH/NV 1994, S. 373.

[29] Es genügt folglich der Wille zur Unentgeltlichkeit beim Zuwendenden. Der Begriff der „freigebigen Zuwendung" reicht daher in manchen Bereichen teils weiter als der Schenkungsbegriff des § 516 BGB, vgl. Jülicher (2022), Rn. 4 zu § 1 ErbStG.

Hiervon ist die **mittelbare Grundstücksschenkung** abzugrenzen, bei der nicht das Grundstück, sondern der Geldbetrag zugewendet wird, allerdings unter der konkreten Auflage das entsprechende Grundstück zu kaufen. Voraussetzung ist, dass der Beschenkte nicht frei über den Geldbetrag verfügen kann, die Schenkung zeitlich vor dem Grundstückserwerb erfolgt und damit der Geldbetrag vor dem Kauf an den Beschenkten fließt. Folglich gilt das Grundstück und nicht der Geldbetrag als Schenkung unter Lebenden.[30] In Abhängigkeit davon, wie das Grundstück zu bewerten ist, kann dies ggf. steuerlich vorteilhaft sein.

Beispiel:

Die verwitwete Schenkerin Klara Schwarz schenkt ihrer Tochter Kalena 600.000 € unter der Auflage, dafür das Einfamilienhaus in der Pariser Str. 10 in Mannheim zum Kaufpreis von 600.000 € zu kaufen. Das Grundstück (Grund und Boden inkl. Gebäude) hat nach BewG einen gemeinen Wert von 500.000 €. Der Wert nach BewG wurde unter Anwendung des Vergleichswertverfahrens ermittelt und basiert auf von den Gutachterausschüssen ermittelten Vergleichspreisen.

Lösung:

Es liegt eine Schenkung unter Lebenden (mittelbare Grundstücksschenkung) i. H. v. 500.000 € vor.

Wenn der Gutachterausschuss keine Vergleichspreise oder Vergleichsfaktoren mitteilt, ist laut BFH der Rückgriff auf andere Berechnungsgrundlagen und -methoden möglich. In einem solchen Fall kann sich der Vergleichspreis (i. S. d. § 183 Abs. 1 Satz 1 BewG) auch aus einem zeitnah zum Bewertungsstichtag vereinbarten Kaufpreis für das zu bewertende Grundstück selbst ergeben.[31] Das wäre im o. g. Beispielsfall der Kaufpreis von 600.000 €, sodass in dieser Konstellation (ohne Vorliegen von Vergleichspreisen/Vergleichsfaktoren der Gutachterausschüsse) der steuerliche (Bewertungs-)Vorteil der mittelbaren Grundstücksschenkung entfiele, da die mittelbare Grundstücksschenkung mit dem tatsächlichen Kaufpreis von 600.000 € zu bewerten wäre.

Als Schenkung unter Lebenden gilt auch die **Schenkung durch Vollziehung einer Auflage** (§7 Abs. 1 Nr. 2 1. Alt. ErbStG). Dabei belastet der Schenker den Beschenkten mit einer Auflage zu Gunsten eines Dritten. Mit Erfüllung der Auflage vollzieht sich eine Schenkung des Schenkers an den Dritten und nicht vom Beschenkten an den Dritten.

Von einer solchen Schenkung unter Auflage ist die **Kettenschenkung** abzugrenzen. Dabei werden vor dem Hintergrund der Ausnutzung persönlicher Freibeträge Vermögenswerte von einem Schenker über einen Zwischenerwerber dem Beschenkten zugewendet.

[30] Vgl. BFH vom 15.11.1978, II R 69/72, BStBl. II 1979, S. 201; BFH vom 13.04.1977, II R 162/71, BStBl. II 1977, S. 663; R E 7.3 ErbStR.

[31] Vgl. BFH vom 24.8.2022, II R 14/20, BFH/NV 2023, S. 170.

Vorteile können dabei sein:

- Höhere persönliche Freibeträge: Da die persönlichen Freibeträge vom Verwandtschaftsverhältnis zwischen Schenker und Beschenktem abhängig sind, kann die Zwischenschaltung eines Zwischenerwerbers vorteilhaft sein, z. B. indem die Mutter an den Sohn schenkt und der Sohn an seine Ehefrau. In diesem Fall greift für die erste Schenkung ein persönlicher Freibetrag von 400.000 € und für die zweite Schenkung ein Freibetrag von 500.000 €. Würde die Mutter direkt an die Schwiegertochter schenken, dann würde nur ein Freibetrag von 20.000 € greifen.
- Günstigere Steuerklasse: Auch die Steuerklasse ist vom Verwandtschaftsverhältnis zwischen Schenker und Beschenktem abhängig. So kommt im gerade skizzierten Fall für beide Schenkungen Steuerklasse I zur Anwendung. Im Fall der Direktschenkung seitens der Mutter an die Schwiegertochter würde Steuerklasse II greifen, mit der Folge, dass ein höherer Steuersatz zur Anwendung käme.
- Optimale Nutzung persönlicher Freibeträge in der Familie: Durch die Zwischenschaltung eines Zwischenerwerbers kann ggf. eine Zusammenrechnung mit Vorerwerben i. S. d. § 14 ErbStG vermieden werden. Wurde beispielsweise der persönliche Freibetrag des Sohnes gegenüber seiner Mutter bereits ausgeschöpft, und soll weiteres Vermögen von der Mutter auf den Sohn übergehen, so könnte die Mutter zunächst den Vermögensgegenstand an ihren Ehemann verschenken, der dann diesen weiter an den gemeinsamen Sohn schenkt.

Ein solches Konstrukt wird nur dann nicht als Gestaltungsmissbrauch i. S. d. § 42 AO angesehen, wenn der Schenker dem Zwischenerwerber keine Weiterschenkklausel auferlegt, d. h. der Zwischenerwerber über den Vermögenswert frei verfügen kann.[32] Die Feststellungslast, dass eine solche Kettenschenkung nur aufgrund von steuerlichen Gesichtspunkten gewählt wurde und damit nicht anzuerkennen ist, trägt die Finanzverwaltung.[33]

Der BFH hat in seinem Beschluss vom 28.07.2022[34] die Möglichkeit eröffnet, beide Verträge in einer Urkunde zusammenzufassen oder in zwei unmittelbar aufeinanderfolgenden Urkunden abzuschließen, mit der Auflage, dass aus diesem Vertrag oder den Umständen die freie Dispositionsbefugnis des Zwischenerwerbers eindeutig hervorgehen muss. Für die Praxis empfiehlt sich zur Anerkennung der Kettenschenkung jedoch die Einhaltung einer

32 Vgl. BFH vom 13.10.1993, II R 92/91, BStBl. II 1994, S. 128.

33 Vgl. BFH vom 06.05.1969, II R 141/64, BStBl. II 1969, S. 630; BFH vom 24.06.1969, II R 132/66, BStBl. II 1970, S. 22; FG Hamburg vom 28.08.2019, 3 K 123/18, UVR 2020, S. 9.

34 BFH vom 28.07.2022, II B 37/21, GWR 2022, S. 327.

Schamfrist. Die beiden Schenkungen sollten in getrennten Urkunden und nicht am selben oder darauffolgenden Tag erfolgen.

Unschädlich ist dagegen der Fall, in dem der Erstschenker weiß oder damit einverstanden ist, dass der Beschenkte den erhaltenen Vermögensgegenstand unmittelbar nach Erhalt an einen Dritten weiterschenkt.[35]

Beispiel:
Die verheiratete Schenkerin Klara Schwarz schenkt ihrer Tochter Kalena das Einfamilienhaus in der Pariser Str. 10 in Mannheim mit einem gemeinen Wert nach BewG von 500.000 €.

Lösung:
Es handelt sich um eine Schenkung unter Lebenden. Der steuerpflichtige Erwerb beläuft sich auf 100.000 €, da die Tochter vom Wert der Bereicherung einen persönlichen Freibetrag i. H. v. 400.000 € zum Abzug bringen kann.

Beispiel:
Die verheiratete Schenkerin Klara Schwarz schenkt ihrem Ehemann Klaus und ihrer Tochter Kalena das (nicht selbst bewohnte) Einfamilienhaus in der Pariser Str. 10 in Mannheim mit einem gemeinen Wert nach BewG von 500.000 € je zur Hälfte.

Lösung:
Es handelt sich jeweils um eine Schenkung unter Lebenden im Wert von jeweils 250.000 € pro Person, die beide keine Schenkungsteuer auslösen, da dem Ehemann ein persönlicher Freibetrag i. H. v. 500.000 € und der Tochter von 400.000 € zusteht.

In einem zweiten Schritt kann nun der Vater Klaus seine Hälfte am Einfamilienhaus an die Tochter verschenken, mit der Folge, dass auch für diese Schenkung keine Steuer ausgelöst wird, da der Tochter auch vom Vater ein persönlicher Freibetrag i. H. v. 400.000 € zusteht.

Durch die Kettenschenkung werden persönliche Freibeträge von mehreren Personen in Anspruch genommen, die im Todesfall innerhalb der nächsten zehn Jahre nicht erneut genutzt werden können.

Die vorweggenommene Erbfolge hat mehrere Vorteile. So können durch die Schenkung von Teilbeträgen alle zehn Jahre die Freibeträge ausgenutzt, die Steuerprogression reduziert, Pflichtteilsansprüche frühzeitig abgegolten und eventuell drohenden Steuersatzerhöhungen entgegengewirkt werden.[36] Dadurch fallen bei im Wege der vorweggenommenen Erbfolge übertragenen Gesellschaftsbeteiligungen die

[35] Vgl. FG Hamburg vom 28.08.2019, 3 K 123/18, UVR 2020, S. 9.
[36] Vgl. Pohl (2002), Rn. 504; Vinken (1999), S. 19.

künftigen Erträge (ggf. teilweise) bereits bei den Erben an, sodass diese, wie auch entstehende stille Reserven, im Erbfall nicht der Erbschaftsteuer unterliegen.[37] Grundsätzlich sollte die vorweggenommene Erbfolge im Vergleich zum Erbfall besser planbar sein, sodass eventuelle Streitigkeiten zwischen den Erben (eher) vermieden werden können.[38]

Zweckzuwendungen

Zweckzuwendungen sind nach § 8 ErbStG Zuwendungen von Todes wegen oder freigebige Zuwendungen unter Lebenden, die zu einem bestimmten Zweck (nicht zugunsten einer bestimmten Person) verwendet werden müssen, sofern hierdurch eine Bereicherung des Erwerbers gemindert wird.[39] Die Zweckzuwendung setzt folglich eine Übertragung auf eine andere Person voraus.[40] Der Beschwerte wird i. d. R. einen Teil seines Erwerbs zur Durchführung der Zweckzuwendung verwenden müssen, sodass dieser Betrag den Wert seiner Bereicherung mindert.[41] Somit bildet dieses Zweckvermögen, also jener Teil des Erwerbs, der zur Erfüllung der Verpflichtung aufgebracht werden muss, den Besteuerungsgegenstand, d. h., es wird wie verselbstständigtes Zweckvermögen behandelt.[42] Die Empfänger zu besteuern scheitert daran, dass eine Übertragung im Rahmen einer Zweckzuwendung immer dann gewählt wird, wenn die Zuwendung weder dem Geber noch dem Empfänger noch einem Dritten zugutekommen soll, und somit keiner als Erwerber zur Steuerzahlung herangezogen werden kann. Es muss sich somit um einen **Verwendungszweck** handeln, der entweder unpersönlich, beispielsweise die Pflege eines Tieres, oder einem unbestimmten Personenkreis, beispielsweise den Bedürftigen einer Gemeinde, dient.[43]

---

[37] Vgl. zu den Vorteilen der vorweggenommenen Erbfolge Binz/Sorg (1989), S. 1521; Vinken (1999), S. 19.

[38] Vgl. Pohl (2002), Rn. 504.

[39] Vgl. BFH vom 30.09.1987, II R 122/85, BStBl. II 1987, S. 861.

[40] Vgl. BFH vom 13.03.1953, III 29/52 U, BStBl. III 1953, S. 144.

[41] Vgl. Gottschalk (2022), Rn. 3 zu § 8 ErbStG.

[42] Vgl. Gottschalk (2022), Rn. 4 zu § 8 ErbStG.

[43] Vgl. RFH vom 14.03.1919, II A 27/19, RStBl. 1919, S. 232; RFH vom 13.03.1936, II A 20/36, RStBl. 1936, S. 545; BFH vom 20.12.1957, III 250/56 U, BStBl. III 1958, S. 82; BFH vom 30.09.1987, II R 122/85, BStBl. II 1987, S. 862; BFH vom 05.11.1992, II R 62/89, BStBl. II 1993, S. 162. Vgl. auch Gottschalk (2022), Rn. 3 zu § 8 ErbStG.

Beispiel:

Die verwitwete Erblasserin Klara Schwarz hat in ihrem Testament bestimmt, dass ihre Tochter Kalena 10.000 € für die Pflege ihres hinterlassenen Hundes verwenden soll. Gleichzeitig hinterlässt sie ihrer Tochter Kalena ein Sparbuch mit 50.000 €.

Lösung:

In Höhe von 10.000 € liegt eine Zweckzuwendung von Todes wegen vor, welche den Erwerb von Todes wegen bei der Tochter mindert. Sie ist dabei berechtigt, die darauf zu entrichtende Steuer aus der Zweckzuwendung zu entnehmen.

Vermögen von Familienstiftungen und -vereinen

§1 Abs. 1 Nr. 4 ErbStG fingiert für inländische Familienstiftungen, also Stiftungen, die im Wesentlichen im Interesse einer Familie errichtet wurden, in Zeitabständen von 30 Jahren eine Erbschaftsteuerpflicht (Erbersatzsteuer[44]). Diese kann gem. §24 ErbStG in 30 gleichen jährlichen Teilbeträgen entrichtet werden. Gesetzlich ist nicht geregelt, ob ausschließlich die beiden Möglichkeiten der sofortigen vollständigen Bezahlung oder der Bezahlung über 30 Jahre bestehen. Daher lässt die Finanzverwaltung auch die Verrentung eines Teilbetrages oder über einen verkürzten Zeitraum zu.[45] Allerdings unterliegt die Steuer dann einer Verzinsung zu einem Zinssatz von 5,5%.[46] Das Gleiche gilt für Vereine, deren Zweck wesentlich im Interesse einer Familie auf die Bindung von Vermögen gerichtet ist.

Zugewinngemeinschaft

Sofern Ehegatten keine konkrete Regelung bzgl. ihres Güterstandes durch einen Ehevertrag treffen, leben sie kraft Gesetzes im Güterstand der Zugewinngemeinschaft (§1363 Abs. 1 BGB). Zivilrechtlich hat der Güterstand der Zugewinngemeinschaft aber nicht die Konsequenz, dass das bei Eheschließung vorhandene Vermögen sowie das während der Ehe erworbene Vermögen der Ehegatten gemeinschaftliches Vermögen wird (§1363 Abs. 2 Satz 1 BGB). Jeder Ehegatte bleibt Alleineigentümer seiner Vermögenswerte, allerdings wird das während der Ehe geschaffene Vermögen bei Beendigung der Zugewinngemeinschaft ausgeglichen, d.h., es steht den Ehegatten zu gleichen Teilen zu (§1363 Abs. 2 Satz 2 BGB). Dabei sieht §1371 BGB zwei Arten des Zugewinnausgleichs im Todesfall vor:

[44] Zur Verfassungsmäßigkeit der Erbersatzsteuer vgl. BFH vom 08.04.1981, II R 47/79, BStBl. II 1981, S. 581–584; BVerfG vom 08.03.1983, 2 BvL 27/81, BStBl. II 1983, S. 779–785.

[45] Vgl. Erlass vom 14.03.1984, S 3836 – 1 – 34, DB 1984, S. 751.

[46] Bei einer Laufzeit von 30 Jahren ermittelt sich die einzelne Jahresleistung, die nach §24 Satz 2 ErbStG einen Tilgungs- und einen Verzinsungsanteil enthält, als 6,70% (100/14,933) der Steuerschuld. Vgl. Anlage 9a BewG.

1. Erbrechtliche Lösung (§ 1371 Abs. 1 BGB): pauschaler Ausgleich i. H. v. ¼ des gesetzlichen Erbanspruchs
2. Güterrechtliche Lösung (§ 1371 Abs. 2 und 3 i. V. m. § 1378 BGB): tatsächlicher Ausgleich i. H. der Hälfte des Überschusses des Ehegatten mit dem höheren Zugewinn

§ 5 Abs. 1 ErbStG regelt dabei, dass der **Zugewinnausgleich** im Rahmen der erbrechtlichen Lösung nicht als Erwerb von Todes wegen i. S. d. § 3 ErbStG gilt und somit steuerfrei gestellt wird. Das gleiche Ergebnis ergibt sich bei der güterrechtlichen Lösung über § 5 Abs. 2 ErbStG. Das gilt auch für Fälle, in welchen die Ehe auf andere Weise als durch Tod beendet wird (z. B. durch Scheidung).

Hinweis: Die Regelung des § 5 Abs. 2 ErbStG kann auch bei Fortbestehen einer Ehe genutzt werden, um Vermögen zwischen Ehegatten schenkungsteuerfrei zu transferieren. Dazu kann der Güterstand der Zugewinngemeinschaft – auch bei fortbestehender Ehe – beendet und anschließend wieder neu begründet werden (sog. Güterstandsschaukel).[47] Damit dieser Vorgang schenkungsteuerlich anerkannt wird, muss die Zugewinngemeinschaft tatsächlich güterrechtlich abgewickelt werden.[48] Es sollten aber (insb. bei Übertragung von Wirtschaftsgütern des Privat- oder Betriebsvermögens zum Ausgleich der Zugewinnausgleichsforderung) u. a. ertrag- und verkehrsteuerliche Risiken beachtet werden.[49]

Bei der Ermittlung der Zugewinnausgleichsforderung ist für jeden Ehegatten das Anfangs- und Endvermögen nach Verkehrswerten gegenüberzustellen. Die infolge des Kaufkraftschwunds nur nominale Wertsteigerung des Anfangsvermögens eines Ehegatten während der Ehe stellt keinen Zugewinn dar (R E 5. 1 Abs. 2 Sätze 2 und 5 ErbStR). Hierzu wird das Anfangsvermögen mit dem Lebenshaltungskostenindex[50] bei Beendigung der Ehe multipliziert und durch die für den Beginn des Güterstandes geltende Indexzahl dividiert.

$$\frac{\text{Wert Anfangsvermögen} \times \text{Lebenshaltungskostenindex am Ende der Ehe}}{\text{Lebenshaltungskostenindex bei Beginn der Ehe}}$$

$= \text{indexiertes Anfangsvermögen}$

[47] Dies wird zivilrechtlich durch die in § 1408 Abs. 1 BGB statuierte Vertragsfreiheit gewährleistet.
[48] Vgl. BFH vom 12.07.2005, II R 29/02, BStBl. II 2005, S. 843.
[49] Vgl. Kensbock/Menhorn (2006), S. 1073.
[50] Vgl. BMF vom 01.02.2022, IV C 7-S 3804/20/10001:002, BStBl. I 2022, S. 190.

Beispiel:

Klara und Klaus Schwarz haben am 25.03.1995 geheiratet und lebten seitdem im gesetzlichen Güterstand. Im Dezember 2020 verstirbt Klara überraschend und hinterlässt Klaus ein Vermögen im Wert von 1,25 Mio. €. Klaras Anfangsvermögen bei Eheschließung betrug 230.000 €, Klaus' Vermögen bei Eheschließung betrug 0 €. Im Zeitpunkt von Klaras Tod verfügte Klaus über Vermögen im Wert von 450.000 €.[51]

Lösung:

	Klara	Klaus
Anfangsvermögen	230.000 €	0 €
Indexiertes Anfangsvermögen	324.021 €	0 €
Endvermögen	1.250.000 €	450.000 €
Zugewinn	925.979 €	450.000 €
Abzgl. Zugewinn Klaus	450.000 €	
Zugewinnüberschuss	475.979 €	
Zugewinnausgleichforderung Klaus (1/2)	237.990 €	

$$\text{indexiertes Anfangsvermögen} = \frac{230.000\,€ \times 105{,}8}{75{,}1} = 324.021€$$

Somit hat Klaus lediglich einen Erwerb von Todes wegen i. H. v. 1.012.010 €.

Vor- und Nacherbschaft

Der Erblasser kann einen Erben (**Nacherbe**) in der Weise einsetzen, dass dieser erst Erbe wird, nachdem zunächst ein anderer Erbe (**Vorerbe**) geworden ist (§ 2100 BGB). Dabei kann der Nacherbfall an den Tod des Vorerben oder an den Eintritt eines Ereignisses (z. B. Wiederheirat des überlebenden Ehegatten) geknüpft werden.

Gem. § 6 Abs. 1 ErbStG gilt der Vorerbe als Erbe, d. h., er muss den Erwerb von Todes wegen der Erbschaftsteuer unterwerfen. Er kann allerdings die aus der Vorerbschaft veranlasste Steuer aus den Mitteln der Vorerbschaft entrichten (§ 20 Abs. 4 ErbStG).

Tritt die Nacherbfolge ein, hat der Nacherbe den Erwerb als vom Vorerben stammend zu versteuern. Auf Antrag ist jedoch das Verhältnis vom Nacherben zum Erblasser zugrunde zu legen (§ 6 Abs. 2 Sätze 1 und 2 ErbStG). Konsequenz einer Vor- und Nacherbschaft ist somit aber immer eine Doppelbesteuerung des Erwerbs.

[51] Es wird unterstellt, dass der Verkehrswert dem Steuerwert entspricht.

Tritt die Nacherbfolge ein, so sind immer zwei Erwerbe zu versteuern. 

Eine pauschale Aussage über die Vor- oder Nachteilhaftigkeit des Antrags kann nicht getroffen werden, da das Verwandtschaftsverhältnis Einfluss auf die Steuerklasse, persönliche Freibeträge und den Steuersatz hat.

Sofern mit Eintritt der Nacherbschaft auch eigenes Vermögen des Vorerben auf den Nacherben übergeht, sind beide Vermögensanfälle hinsichtlich der Steuerklasse getrennt zu behandeln (§6 Abs. 2 Satz 3 ErbStG). Dabei kann der Nacherbe für den Erwerb des Eigenvermögens des Vorerben aber nur dann einen persönlichen Freibetrag in Anspruch nehmen, soweit der Freibetrag für das der Nacherbfolge unterliegende Vermögen nicht bereits verbraucht ist (§6 Abs. 2 Satz 4 ErbStG). Die Steuer ist dabei für beide Erwerbe nach dem Steuersatz zu erheben, der für den gesamten Erwerb gelten würde (vergleichbar eines Progressionsvorbehalts[52]; §6 Abs. 2 Satz 4 ErbStG).

Beispiel:

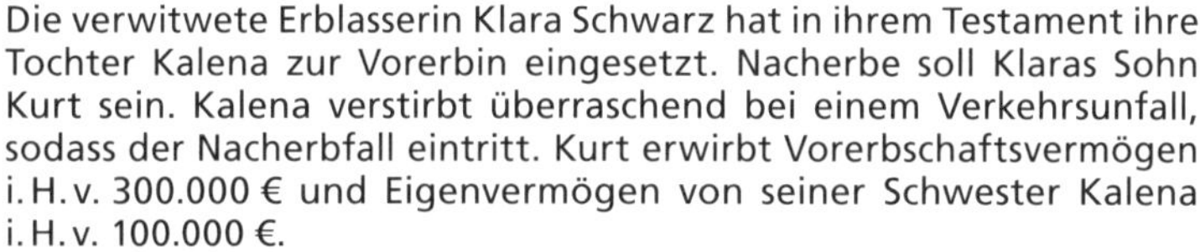

Die verwitwete Erblasserin Klara Schwarz hat in ihrem Testament ihre Tochter Kalena zur Vorerbin eingesetzt. Nacherbe soll Klaras Sohn Kurt sein. Kalena verstirbt überraschend bei einem Verkehrsunfall, sodass der Nacherbfall eintritt. Kurt erwirbt Vorerbschaftsvermögen i. H. v. 300.000 € und Eigenvermögen von seiner Schwester Kalena i. H. v. 100.000 €.

Lösung:

Kurt steht im Verhältnis zu seiner Schwester (Kalena) ein persönlicher Freibetrag i. H. v. 20.000 € zu. Wenn er den Antrag stellt, kommt das verwandtschaftliche Verhältnis zu seiner Mutter zur Anwendung, sodass ihm ein Freibetrag von 400.000 € zusteht (§ 16 Abs. 1 Nr. 2 ErbStG), der aber nur i. H. v. 300.000 € verbraucht wird. Da dieser Freibetrag nicht voll genutzt wurde, ist ihm der persönliche Freibetrag im Verhältnis zu Kalena i. H. v. 20.000 € (§ 16 Abs. 1 Nr. 5 ErbStG) in voller Höhe zu gewähren, da er unter dem nicht verbrauchten Freibetrag i. H. v. 100.000 € liegt.

Damit ergibt sich insoweit ein steuerpflichtiger Erwerb i. H. v. 80.000 € (100.000 € ./. 20.000 €).

Der BFH hat mit Urteil vom 02.12.1998[53] entschieden, dass der Freibetrag für das eigene Vermögen von Kalena i. H. v. 20.000 € nicht durch den nicht verbrauchten höheren Restfreibetrag aus der Nacherbschaft i. H. v. 100.000 € ersetzt werden kann, so dass sich ein steuerpflichtiger Erwerb von 0 € (100.000 € ./. 100.000 €) ergeben würde.

52 Vgl. Hannes/Holtz (2021), Rn. 21 zu §6 ErbStG.

53 Vgl. BFH vom 02.12.1998, II R 43/97, BStBl. II 1999, S. 235.

Beispiel:

Die verwitwete Erblasserin Klara Schwarz hat in ihrem Testament ihre Tochter Kalena zur Vorerbin eingesetzt. Nacherbe soll Klaras Sohn Kurt sein. Kalena verstirbt überraschend bei einem Verkehrsunfall, so dass der Nacherbfall Kurt eintritt. Kurt erwirbt Vorerbschaftsvermögen i. H. v. 390.000 € und Eigenvermögen von seiner Schwester Kalena i. H. v. 100.000 €.

Lösung:

Sofern Kurt wieder den Antrag auf Zugrundelegung des verwandtschaftlichen Verhältnisses zu seiner Mutter stellt, wird der Freibetrag i. H. v. 400.000 € im Rahmen der Besteuerung des Nacherbschaftsvermögens i. H. v. 10.000 € nicht verbraucht. Nun reduziert sich der Freibetrag für den anderen Erwerb von 20.000 € um 10.000 € auf 10.000 €, um eine Gleichbehandlung zu gewährleisten.

Tritt die Nacherbfolge nicht durch Tod, sondern durch Eintritt eines Ereignisses ein, gilt die Vorerbfolge als auflösend bedingter und die Nacherbfolge als aufschiebend bedingter Erwerb. In diesem Fall ist dem Nacherben die vom Vorerben entrichtete Steuer abzüglich desjenigen Steuerbetrags anzurechnen, welcher der tatsächlichen Bereicherung des Vorerben entspricht (§ 6 Abs. 3 ErbStG).

Beispiel:

Die verwitwete Erblasserin Klara Schwarz hat in ihrem Testament ihre Tochter Kalena zur Vorerbin eingesetzt. Nacherbin soll Klaras Enkeltochter Elsa sein, die zugleich Kalenas Nichte ist. Kalena verstirbt überraschend bei einem Verkehrsunfall. Sie hinterlässt ihrer Nichte Elsa ein Vermögen aus der Vorerbschaft im Wert von 500.000 € sowie eigenes Vermögen im Wert von 100.000 €.

Lösung:

Elsa ist Erbin von beiden Erwerben, die jedoch in Bezug auf die Steuerklasse getrennt zu behandeln sind. In Bezug auf die Nacherbschaft kommt grundsätzlich das Verwandtschaftsverhältnis zwischen Vorerbin und Nacherbin zur Anwendung. Dies wäre gem. § 15 Abs. 1 ErbStG Steuerklasse II (Tante-Nichte). Auf Antrag kommt allerdings die Steuerklasse I zur Anwendung, da dann das Verwandtschaftsverhältnis zwischen Erblasserin und Nacherbin greift (Oma-Enkelin). Diesen wird Elsa stellen, da neben dem niedrigeren Steuersatz auch ein persönlicher Freibetrag i. H. v. 200.000 € anstelle von nur 20.000 € greift. Für den Erwerb des eigenen Vermögens von Kalena greift Steuerklasse II. Da der Freibetrag bereits aufgebraucht ist, kommt keine weitere Steuerbefreiung zum Einsatz.

Für die Vorerbschaft (Erwerb bei Kalena) ergibt sich folgende Berechnung:

	Vermögensanfall	500.000 €
./.	Persönlicher Freibetrag	400.000 €
=	Steuerpflichtiger Erwerb	100.000 €
×	Steuersatz (Steuerklasse I)	11 %
=	Erbschaftsteuer	11.000 €

Hinweis: Härteausgleich (§ 19 Abs. 3 ErbStG) greift nicht.

Für die Nacherbschaft (Erwerb bei Elsa) ergibt sich folgende Berechnung:

		von Klara	von Kalena
	Vermögensanfall	500.000 €	100.000 €
./.	Persönlicher Freibetrag	200.000 €	0 €
=	Steuerpflichtiger Erwerb	300.000 €	100.000 €
×	Steuersatz (Steuerklasse I bzw. II) abgeleitet aus Gesamterwerb	15 %	25 %
=	Erbschaftsteuer	45.000 €	25.000 €

Hinweis: Dabei wird die Steuer, die Kalena als Vorerbin gezahlt hat, in voller Höhe (11.000 €) angerechnet, da diese nicht aus Mitteln der Vorerbschaft entrichtet wurde. Elsa zahlt daher noch 59.000 € (45.000 € ./. 11.000 € + 25.000 €) Erbschaftsteuer.

Beispiel:

Die verwitwete Erblasserin Klara Schwarz hat in ihrem Testament ihre Schwester Ida zur Vorerbin eingesetzt. Nacherbin soll Klaras Tochter Kalena sein. Die Nacherbfolge soll dann eintreten, wenn Ida erneut heiratet, spätestens aber mit ihrem Tod. Der gemeine Wert des Vermögens von Klara beträgt 800.000 €. Drei Jahre nach Klaras Tod heiratet ihre Schwester Ida erneut, sodass die Nacherbschaft eintritt. Ida hat die Erbschaftsteuer aus dem geerbten Vermögen bezahlt, sodass Vermögen mit einem gemeinen Wert von 605.000 € auf Kalena übergeht. Darüber hinaus hat Ida die Erträge aus dem Vermögen i. H. v. 25.000 € verbraucht.

Lösung:

Vorerbschaft:

Beim Tod von Klara wird Ida Vorerbin und hat die Erbschaft zu versteuern (§ 3 Abs. 1 Nr. 1 ErbStG).

	Vermögensanfall (§ 3 Abs. 1 Nr. 1 i. V. m. § 6 Abs. 1 ErbStG)	800.000 €
./.	Persönlicher Freibetrag (§ 16 Abs. 1 Nr. 5 ErbStG)	20.000 €
=	steuerpflichtiger Erwerb	780.000 €
=	ErbSt bei Steuersatz von 25 % (§ 19 Abs. 1 ErbStG)	195.000 €

Nacherbschaft:

Mit Idas Heirat tritt der Nacherbfall ein. Kalena erhält nun die Erbschaft und hat diese ebenfalls zu versteuern (§ 3 Abs. 1 Nr. 1 ErbStG).

Tatsächliche Bereicherung Ida

	Steuerliche Bereicherung Ida (195.000 € + 25.000 €) (§ 3 Abs. 1 Nr. 1 i. V. m. § 6 Abs. 3 ErbStG)	220.000 €
./.	Persönlicher Freibetrag (§ 16 Abs. 1 Nr. 5 ErbStG)	20.000 €
=	steuerpflichtiger Erwerb	200.000 €
=	ErbSt bei Steuersatz von 20 % (§ 19 Abs. 1 ErbStG)	40.000 €

Nacherbschaftsvermögen Kalena

Anschließend ist die ErbSt auf das Nacherbschaftsvermögen von Kalena zu berechnen. Sie stellt den Antrag nach § 6 Abs. 2 Satz 2 ErbStG, um den höheren Freibetrag in Anspruch nehmen zu können.

	Vermögensanfall Kalena	605.000 €
./.	Persönlicher Freibetrag (§ 16 Abs. 1 Nr. 2 ErbStG)	400.000 €
=	steuerpflichtiger Erwerb	205.000 €
=	ErbSt bei Steuersatz von 11 % (§ 19 Abs. 1 ErbStG)	22.550 €

Anrechnungstheorie (§ 6 Abs. 3 Satz 2 ErbStG)

Steuer von Kalena für Erwerb des Nacherbschaftsvermögen		22.550 €
Steuer, die die Vorerbin Ida entrichtet hat	195.000 €	
Abzüglich Steuer, die auf die verbleibende Bereicherung des Vorerben entfällt	./.40.000 €	
Ergibt anrechenbare Steuer des Vorerben	= 155.000 €	./.22.550 €
Steuerschuld des Nacherben		0 €

Da es sich um eine Anrechnung handelt, ist eine Steuererstattung eines Anrechnungsüberhangs nicht möglich.

2.2 Persönliche Steuerpflicht

Das Erbschaftsteuerrecht kennt wie das Ertragsteuerrecht die unbeschränkte und beschränkte Steuerpflicht. Dabei knüpft die persönliche Steuerpflicht an die persönlichen Umstände des Erblassers und/oder Erben an. Konkret bedeutet dies, dass die in § 1 ErbStG genannten Vorgänge nur dann steuerbar sind, wenn entweder Vermögen von einem Steuerinländer (§ 2 Abs. 1 Nr. 1 Satz 2 ErbStG) oder auf einen Steuerinländer übergeht (unbeschränkte Steuerpflicht). Ein steuerbarer Vorgang liegt aber auch dann vor, wenn weder der Erwerber noch der Übertragende die Inländereigenschaft erfüllt, im übertragenen Vermögen jedoch Inlandsvermögen enthalten ist (beschränkte Steuerpflicht). Abbildung 1 fasst dies zusammen:[54]

[54] In Anlehnung an Rose/Watrin (2022), S. 42.

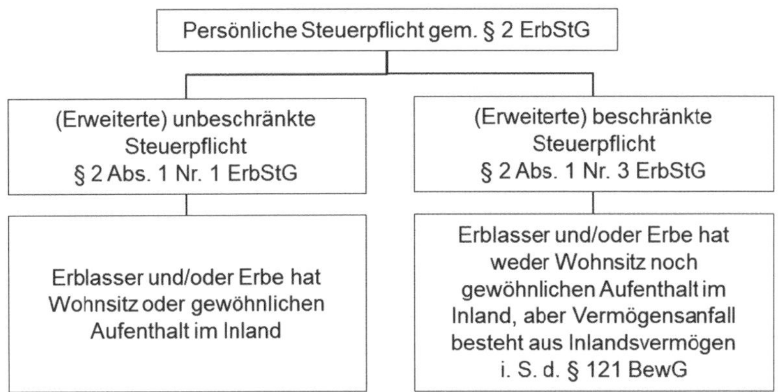

Abbildung 1: Persönliche Steuerpflicht

Der deutsche Gesetzgeber knüpft folglich die **unbeschränkte Steuerpflicht** sowohl an den Erblasser als auch an den Erben. Entscheidend ist, dass mindestens einer von beiden im Zeitpunkt der Steuerentstehung (§9 ErbStG) die Inländereigenschaft erfüllt (§2 Abs.1 Nr.1 Satz 1 ErbStG). Als Inländer gelten zum einen natürliche Personen, die ihren Wohnsitz oder gewöhnlichen Aufenthalt in Deutschland haben (**Wohnsitzprinzip;** §2 Abs.1 Nr.1 Satz 2 Buchst. a ErbStG i.V.m. §§8, 9 AO), und zum anderen Körperschaften, Personenvereinigungen und Vermögensmassen sowie Familienstiftungen und -vereine, die ihre Geschäftsleitung oder ihren Sitz in Deutschland haben (§2 Abs.1 Nr.1 Satz 2 Buchst. d und Nr.2 ErbStG i.V.m. §§10, 11 AO).

Daneben gelten aber auch deutsche Staatsangehörige als Steuerinländer, die sich nicht länger als fünf Jahre dauernd im Ausland aufgehalten haben, ohne in Deutschland einen Wohnsitz zu haben,[55] oder die zu einer inländischen juristischen Person des öffentlichen Rechts in einem Dienstverhältnis stehen und dafür ihren Arbeitslohn aus einer inländischen öffentlichen Kasse beziehen (§2 Abs.1 Nr.1 Satz 2 Buchst. b und c ErbStG). Diese **erweiterte unbeschränkte Steuerpflicht** soll einer Umgehung der deutschen Erbschaftsteuer durch Wegzug entgegenwirken. Es kommt somit lediglich auf die Staatsangehörigkeit an (Nationalitätsprinzip). Wird Vermögen auf Gesamthandsgemeinschaften übertragen, dann entscheidet die Inländereigenschaft des einzelnen Gesamthänders unabhängig vom Zivilrecht, ob ein steuerbarer Vorgang gegeben ist, d.h., der Sitz oder Ort der Geschäftsleitung ist nicht entscheidend.[56]

---

[55] Diese deutschen Staatsangehörigen werden auch als Wegzügler bezeichnet. Vgl. Ostertun (2007), Rn.314–317 zu §12.
[56] Vgl. BFH vom 14.09.1994, II R 95/92, BStBl. II 1995, S.83.

Beispiel:

Haben beispielsweise zwei Brüder, die beide deutsche Staatsbürger sind, im Ausland eine Gesamthandsgemeinschaft gegründet und die Mutter schenkt ihren beiden Söhnen als Gesamthandsgemeinschaft zwei Grundstücke, dann gelten die Brüder als Beschenkte und nicht die Gesamthandsgemeinschaft.

Ist eine unbeschränkte Steuerpflicht gegeben, dann unterliegt der gesamte Vermögensanfall der deutschen Erbschaftsteuer unabhängig davon, ob sich das Vermögen im Inland oder Ausland befindet **(Weltvermögensprinzip)**. Erfüllt der Erblasser die Inländereigenschaft, greift die deutsche Erbschaftsteuer ohne Beachtung des Erben auf das gesamte vererbte Vermögen zu. Weist dagegen der Erbe die Inländereigenschaft auf, dann ist der auf ihn entfallende Erbteil steuerpflichtig, welcher gegebenenfalls nur einen Teil des Erbes ausmacht. Die Inländereigenschaft beim Erblasser hat Vorrang vor der Einstufung des Erben als Inländer.[57]

Beispiel:

Die verwitwete Erblasserin Klara Schwarz verbrachte ihren Lebensabend bis zu ihrem Tode in Spanien. Sie hinterlässt ihrer Tochter Kalena, die in Mannheim wohnt, ein Einfamilienhaus in Mannheim, eine Gewerbeimmobilie in Villingen-Schwenningen sowie eine Eigentumswohnung in Spanien.

Lösung:

Kalena ist unbeschränkt erbschaftsteuerpflichtig, da sie zum Zeitpunkt des Todes ihrer Mutter ihren Wohnsitz im Inland (Mannheim) hat und damit Inländerin i. S. d. § 2 Abs. 1 Nr. 1 Buchst. a ErbStG ist. Der Erbschaftsteuer unterliegt der gesamte Vermögensanfall, also neben dem Einfamilienhaus und der Gewerbeimmobilie auch die Eigentumswohnung in Spanien.

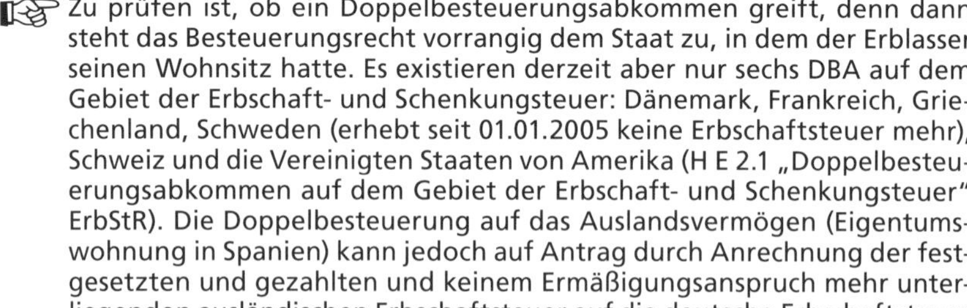

Zu prüfen ist, ob ein Doppelbesteuerungsabkommen greift, denn dann steht das Besteuerungsrecht vorrangig dem Staat zu, in dem der Erblasser seinen Wohnsitz hatte. Es existieren derzeit aber nur sechs DBA auf dem Gebiet der Erbschaft- und Schenkungsteuer: Dänemark, Frankreich, Griechenland, Schweden (erhebt seit 01.01.2005 keine Erbschaftsteuer mehr), Schweiz und die Vereinigten Staaten von Amerika (H E 2.1 „Doppelbesteuerungsabkommen auf dem Gebiet der Erbschaft- und Schenkungsteuer" ErbStR). Die Doppelbesteuerung auf das Auslandsvermögen (Eigentumswohnung in Spanien) kann jedoch auf Antrag durch Anrechnung der festgesetzten und gezahlten und keinem Ermäßigungsanspruch mehr unterliegenden ausländischen Erbschaftsteuer auf die deutsche Erbschaftsteuer vermieden werden (§ 21 ErbStG).

[57] Vgl. Ostertun (2007), Rn. 307 zu § 12.

Auch ein Zweitwohnsitz in Deutschland begründet die Inländereigenschaft. 

Erfüllen weder der Erbe noch der Erblasser die Inländereigenschaft, dann unterliegt im Rahmen der **beschränkten Steuerpflicht** der Vermögensanfall der Erbschaftsteuer, der in Inlandsvermögen i. S. d. § 121 BewG besteht (§ 2 Abs. 1 Nr. 3 ErbStG). Es kommt somit ausschließlich auf die Belegenheit des Vermögens an. Zum **Inlandsvermögen** gehören:

1. Inländisches land- und forstwirtschaftliches Vermögen,
2. Inländisches Grundvermögen,
3. Inländisches Betriebsvermögen,
4. Anteile an Kapitalgesellschaften, sofern diese ihren Sitz oder ihre Geschäftsleitung im Inland haben und der Gesellschafter entweder allein oder zusammen mit ihm nahestehenden Personen (i. S. d. § 1 Abs. 2 AStG) zu mindestens 10 % unmittelbar oder mittelbar am Grund- oder Stammkapital der Gesellschaft beteiligt ist,
5. Erfindungen und Gebrauchsmuster, die in ein inländisches Buch oder Register eingetragen sind (insb. Patentschutz),
6. An einen inländischen Gewerbebetrieb vermietete oder verpachtete Wirtschaftsgüter,
7. Hypotheken, Grundschulden, Rentenschulden und andere Forderungen oder Rechte, sofern sie durch inländischen Grundbesitz gesichert sind,
8. Forderungen aus Beteiligungen an Handelsgewerben als stiller Gesellschafter und partiarische Darlehen, wenn der Schuldner die Inländereigenschaft erfüllt sowie
9. Nutzungsrechte an den oben genannten Vermögensgegenständen.

Die der beschränkten Steuerpflicht unterliegenden Vermögensgegenstände sind in § 121 BewG abschließend aufgezählt.

Beispiel:

Die verwitwete Erblasserin Klara Schwarz verbrachte ihren Lebensabend bis zu ihrem Tode in Spanien. Sie hinterlässt ihrer Tochter Kalena, die in Florenz wohnt, ein Einfamilienhaus in Mannheim, eine Gewerbeimmobilie in Villingen-Schwenningen sowie eine Eigentumswohnung in Spanien.

Lösung:

Kalena ist beschränkt erbschaftsteuerpflichtig, da weder sie noch ihre Mutter zum Zeitpunkt des Todes ihren Wohnsitz im Inland hatten (§ 2 Abs. 1 Nr. 3 ErbStG). Der Erbschaftsteuer unterliegt daher nur das Inlandsvermögen i. S. d. § 121 BewG, also das Einfamilienhaus in Mannheim und die Gewerbeimmobilie in Villingen-Schwenningen.

Ziehen deutsche Staatsangehörige ins Ausland, dann greift ggf. die **erweiterte beschränkte Steuerpflicht** nach §4 AStG. Diese trifft natürliche Personen, wenn sie als deutsche Staatsangehörige in den letzten zehn Jahren mindestens fünf Jahre nach §1 Abs.1 EStG unbeschränkt einkommensteuerpflichtig waren. Gleichzeitig müssen die natürlichen Personen während dieses Zeitraums in einem ausländischen Gebiet ansässig sein, in dem sie mit ihrem Einkommen niedrig oder gar nicht besteuert werden und wesentliche wirtschaftliche Interessen in Deutschland haben (§4 i.V.m. §2 AStG). Als Niedrigsteuerländer gelten nach §4 Abs.2 AStG solche Länder, in denen eine Steuer zu entrichten ist, die weniger als 30% der deutschen Erbschaftsteuer beträgt.[58] Der erweiterten beschränkten Steuerpflicht unterliegen neben dem Inlandsvermögen i.S.d. §121 BewG alle Vermögensteile, deren Erträge bei unbeschränkter Einkommensteuerpflicht nicht ausländische Einkünfte i.S.d. §34c Abs.1 EStG wären **(erweitertes Inlandsvermögen)**. Hierzu gehören beispielsweise Kapitalforderungen gegen Schuldner im Inland, Versicherungsansprüche gegen Versicherungsunternehmen im Inland, bewegliche inländische Wirtschaftsgüter, Spareinlagen und Bankguthaben bei Geldinstituten sowie Aktien und Anteile an inländischen Kapitalgesellschaften.[59] Entscheidend für den Umfang des steuerpflichtigen Vermögens ist, ob der Erblasser unter Beibehaltung oder unter Aufgabe der deutschen Staatsangehörigkeit ins Ausland zieht. Ziehen natürliche Personen unter Beibehaltung der deutschen Staatsangehörigkeit ins Ausland, dann greift nach Ablauf der fünfjährigen unbeschränkten Steuerpflicht (Weltvermögen) für weitere fünf Jahre die erweiterte beschränkte Steuerpflicht (erweitertes Inlandsvermögen). Geben natürliche Personen dagegen die deutsche Staatsangehörigkeit bei Wegzug ins Ausland auf, dann greift für zehn Jahre die erweiterte beschränkte Steuerpflicht (erweitertes Inlandsvermögen). Der Gesetzgeber verfolgt mit dieser Ausweitung der erweiterten beschränkten Steuerpflicht das Ziel, einer Vermeidung der deutschen Erbschaftsteuer durch kurzfristige Wohnsitzverlagerungen entgegenzuwirken. Falls der Wegzug ins Ausland innerhalb der Zehnjahresfrist erfolgte, kann durch Nachweis einer Mindestbelastung die erweiterte beschränkte Erbschaftsteuerpflicht umgangen werden. Hierzu muss nachgewiesen werden, dass im Ausland hinsichtlich des erweiterten Inlandsvermögens (ohne das Inlandsvermögen nach §121 BewG) eine der deutschen Erbschaftsteuer entsprechende Steuer ent-

---

[58] Hierzu gehören in der EU beispielsweise Österreich, Tschechien, Rumänien, aber auch Zypern und Malta, da sie keine Erbschaftsteuer erheben, sowie Bulgarien, wo der Steuersatz zwischen 0,4% und 6,6% liegt.

[59] Vgl. BMF-Schreiben vom 14.05.2004, IV B 4 – S 1340 – 11/04, BStBl. I 2004, Sondernummer 1, S.17.

richtet wurde, die mindestens 30 % der deutschen Erbschaftsteuer auf diese Vermögensteile ausmacht.[60]

Beispiel:

Die verwitwete deutsche Erblasserin Klara Schwarz verbrachte ihren Lebensabend bis zu ihrem Tode in Bulgarien (Niedrigsteuerland). Ebenso lebt ihre Tochter Kalena dort, die ebenfalls deutsche Staatsangehörige ist. Sie hinterlässt ihrer Tochter Kalena ein Einfamilienhaus in Mannheim sowie eine Eigentumswohnung in Bulgarien.

1. Klara verstirbt 3 Jahre nach dem Wohnsitzwechsel.

   Kalena ist erweitert unbeschränkt erbschaftsteuerpflichtig (§ 2 Abs. 1 Nr. 1 Buchst. b ErbStG) mit dem gesamten Vermögensanfall (Einfamilienhaus und Eigentumswohnung).

2. Klara verstirbt 6 Jahre nach dem Wohnsitzwechsel.

   Kalena ist erweitert beschränkt erbschaftsteuerpflichtig (§ 4 i. V. m. § 2 Abs. 1 Satz 1 AStG) mit dem erweiterten Inlandsvermögen (Einfamilienhaus).

3. Klara verstirbt 11 Jahre nach dem Wohnsitzwechsel.

   Kalena ist beschränkt erbschaftsteuerpflichtig (§ 2 Abs. 1 Nr. 3 ErbStG) mit dem Inlandsvermögen (Einfamilienhaus).

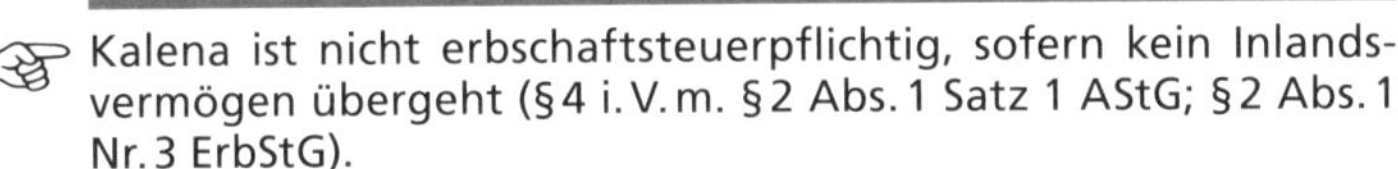

☞ Kalena ist nicht erbschaftsteuerpflichtig, sofern kein Inlandsvermögen übergeht (§ 4 i. V. m. § 2 Abs. 1 Satz 1 AStG; § 2 Abs. 1 Nr. 3 ErbStG).

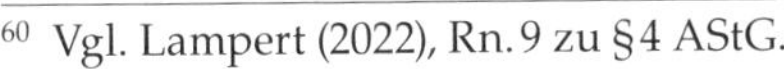

60 Vgl. Lampert (2022), Rn. 9 zu § 4 AStG.

Tabelle 1 fasst die Regelungen zur persönlichen Steuerpflicht in Deutschland zusammen:[61]

Fallgruppe	Vorschrift	Voraussetzungen	Vermögensumfang
Unbeschränkte Steuerpflicht			
Steuerinländer mit Auslandsvermögen: „allgemeine unbeschränkte Steuerpflicht"	§ 2 Abs. 1 Nr. 1 Buchst. a und d ErbStG	Erblasser oder Erwerber haben Wohnsitz oder gewöhnlichen Aufenthalt im Inland (bei Körperschaften Sitz oder Geschäftsleitung im Inland)	Weltvermögen
Fiktiver Steuerinländer: „verlängerte unbeschränkte Steuerpflicht"	§ 2 Abs. 1 Nr. 1 Buchst. b ErbStG	Erblasser oder Erwerber haben keinen Wohnsitz oder gewöhnlichen Aufenthalt im Inland, sind aber deutsche Staatsangehörige, die weniger als fünf Jahre im Ausland weilten	Weltvermögen
Fiktiver Steuerausländer: „erweiterte unbeschränkte Steuerpflicht"	§ 2 Abs. 1 Nr. 1 Buchst. c ErbStG	Erblasser oder Erwerber haben keinen Wohnsitz oder gewöhnlichen Aufenthalt im Inland, sind aber deutsche Staatsangehörige und haben unabhängig von Fünfjahresfrist ein Dienstverhältnis zu einer inländischen juristischen Person	Weltvermögen

[61] In Anlehnung an Zipfel, Unternehmensübertragungen im deutschen und internationalen Erbschaftsteuerrecht, 2001, S. 4–5.

Fallgruppe	Vorschrift	Voraussetzungen	Vermögensumfang
Beschränkte Steuerpflicht			
Steuerausländer mit Inlandsvermögen	§ 2 Abs. 1 Nr. 3 ErbStG	Erblasser und Erwerber haben keinen Wohnsitz oder gewöhnlichen Aufenthalt im Inland	Inlandsvermögen i. S. d. § 121 BewG
Steuerausländer mit erweitertem Inlandsvermögen (kein deutscher Staatsangehöriger)	§ 4 Abs. 1 AStG	Wegzug des Erblassers ins Ausland unter Aufgabe der deutschen Staatsangehörigkeit	Erweitertes Inlandsvermögen über die Dauer von zehn Jahren
Steuerausländer mit erweitertem Inlandsvermögen (deutscher Staatsangehöriger)	Erste fünf Jahre: § 2 Abs. 1 Nr. 1 Buchst. b ErbStG Zweite fünf Jahre: § 4 Abs. 1 AStG	Wegzug des Erblassers ins Ausland unter Beibehaltung der deutschen Staatsangehörigkeit	Erste fünf Jahre: Weltvermögen Zweite fünf Jahre: Erweitertes Inlandsvermögen

Tabelle 1: Unbeschränkte und beschränkte Steuerpflicht

2.3 Zeitpunkt der Steuerentstehung

§ 38 AO bestimmt, dass die Steuer entsteht, sobald der Tatbestand verwirklicht ist, an den das Gesetz die Leistungspflicht knüpft. Die steuerbaren Tatbestände sind in den §§ 1–8 ErbStG definiert. Den **Zeitpunkt der Steuerentstehung** bestimmt § 9 ErbStG. Danach soll die Erbschaftsteuer dann entstehen, wenn der Erwerber wirtschaftlich bereichert ist, er folglich tatsächlich aus dem erfolgten Vermögensübergang die Steuer entrichten kann.

Die Erbschaftsteuer entsteht erst mit Eintritt der wirtschaftlichen Bereicherung des Erwerbers.

Bei Erwerben von Todes wegen entsteht die Steuer grundsätzlich mit dem Tode des Erblassers (§9 Abs. 1 Nr. 1 ErbStG). Dies bezieht sich insb. auf den Erwerb durch Erbanfall, durch Vermächtnis, durch Schenkung auf den Todesfall und durch Verträge zu Gunsten Dritter (§3 Abs. 1 Nr. 1, 2, 4 ErbStG).

§9 Abs. 1 Nr. 1 Buchst. a-j ErbStG definiert von diesem Grundsatz zahlreiche Ausnahmen. So entsteht die Steuer bei einem Erwerb unter aufschiebender Bedingung oder einer Befristung im Zeitpunkt des Eintritts der Bedingung oder des Ereignisses (§9 Abs. 1 Nr. 1 Buchst. a ErbStG). Die Steuer auf einen geltend gemachten Pflichtteil entsteht erst mit dem Zeitpunkt der Geltendmachung (§9 Abs. 1 Nr. 1 Buchst. b ErbStG), denn erst mit Geltendmachung liegt ein steuerbarer Vorgang vor (§3 Abs. 1 Nr. 1 3. Alt. ErbStG). Ebenso entsteht für denjenigen, der durch eine Auflage oder durch eine dem Erben/Vermächtnisnehmer gestellte Bedingung bereichert wird, erst ein steuerbarer Vorgang mit Vollziehung der Auflage oder Erfüllung der Bedingung. Dieser Zeitpunkt entspricht demzufolge auch dem Steuerentstehungszeitpunkt (§9 Abs. 1 Nr. 1 Buchst. d ErbStG).

Zivilrechtlich erwirbt der Nacherbe mit dem Tod des Erblassers ein Anwartschaftsrecht. Steuerbar ist der Vorgang aber erst im Zeitpunkt des Eintritts der Nacherbfolge. Somit ist ebenfalls dieser Zeitpunkt der Steuerentstehungszeitpunkt (§9 Abs. 1 Nr. 1 Buchst. h ErbStG).

Tabelle 2 stellt die Ausnahmen systematisch dar:

§9 Abs. 1 Nr. 1 ErbStG	**Regelung**	**Zeitpunkt der Steuerentstehung**
Buchst. a	Erwerb unter aufschiebender Bedingung, Betagung oder Befristung	Zeitpunkt des Eintritts der Bedingung oder des Ereignisses
Buchst. b	Erwerb eines geltend gemachten Pflichtteils	Zeitpunkt der Geltendmachung
Buchst. c	Vermögensübertragung auf eine vom Erblasser angeordnete Stiftung oder gleichgestellte ausländische Vermögensmasse	Zeitpunkt der Anerkennung der Rechtsfähigkeit der Stiftung
Buchst. d	Erwerb durch Vollziehung einer angeordneten Auflage oder durch Eintritt einer Bedingung	Zeitpunkt der Vollziehung der Auflage oder der Erfüllung der Bedingung

§9 Abs. 1 Nr. 1 ErbStG	Regelung	Zeitpunkt der Steuerentstehung
Buchst. e	Erwerb im Zusammenhang mit der Genehmigung einer Zuwendung	Zeitpunkt der Genehmigung
Buchst. f	Erwerb als Abfindung für Verzicht oder Ausschlagung oder für Zurückweisung eines Rechts aus einem Vertrag zugunsten Dritter	Zeitpunkt des Verzichts, der Ausschlagung, der Zurückweisung oder Erklärung über die Nichtgeltendmachung
Buchst. g	Erwerb aufgrund einer Abfindung für noch nicht fällige Vermächtnisse	Zeitpunkt der Vereinbarung der Abfindung
Buchst. h	Erwerb des Nacherben	Zeitpunkt des Eintritts der Nacherbfolge
Buchst. i	Entgelt für die Anwartschaft eines Nacherben	Zeitpunkt der Übertragung der Anwartschaft
Buchst. j	Erwerb aufgrund eines Herausgabeanspruchs des Vertragserben	Zeitpunkt der Geltendmachung

Tabelle 2: Sondertatbestände des §9 Abs. 1 Nr. 1 ErbStG

Nach §9 Abs. 1 Nr. 2 ErbStG entsteht bei Schenkungen unter Lebenden die Steuer mit dem Zeitpunkt der Ausführung der Schenkung. Laut BFH[62] ist eine Schenkung bzw. freigebige Zuwendung demnach ausgeführt, wenn der Bedachte das erhalten hat, was ihm nach der Schenkungsabrede, im Fall der freigebigen Zuwendung nach dem Willen des Zuwendenden, verschafft werden soll. Beruhen Zuwendungen auf einer vertraglichen Grundlage (z. B. einem Schenkungsvertrag), entsteht die Steuer demnach nicht bereits bei Vertragsabschluss und auf Basis des vertraglich begründeten Anspruchs auf die Leistung, sondern erst die Leistung selbst führt zur Steuerentstehung.[63]

Eine Grundstücksschenkung gilt als ausgeführt, wenn die Vertragsparteien die für die Eintragung der Rechtsänderung in das Grundbuch erforderlichen Erklärungen in gehöriger Form abgegeben haben und der Beschenkte auf Grund dieser Erklärungen in der Lage ist, beim

[62] Vgl. BFH vom 06.03.1985, II R 19/84, BStBl. II 1985, S. 383. Vgl. hierzu auch RFH vom 07.01.1921, I D 3/20, RFHE 4, S. 243; BFH vom 19.08.1959, II 259/57 S, BStBl. III 1959, S. 417; BFH vom 17.04.1974, II R 4/67, BStBl. II 1974, S. 521.

[63] Vgl. BFH vom 28.11.1967, II 72/63, BStBl. II 1968, S. 239; BFH vom 23.06.1971, II R 59/67, BStBl. II 1972, S. 43.

Grundbuchamt die Eintragung der Rechtsänderung zu bewirken. Eine Grundstücksschenkung gilt demnach dann als ausgeführt, wenn die Auflassung i. S. d. §925 BGB und Eintragungsbewilligung (§19 Grundbuchordnung, GBO) vorliegen (R E 9.1 Abs. 1 Sätze 1 und 2 ErbStR).

Auch bei einer mittelbaren Grundstücksschenkung müssen Auflassung und Eintragungsbewilligung vorliegen.

Beispiel:

Schenkerin Klara Schwarz schenkt ihrer Tochter Kalena am 20.10.01 500.000 €, um damit das Einfamilienhaus in der Pariser Str. 10 in Mannheim zu erwerben. Am 25.10.01 wird der Kaufvertrag unterzeichnet, es werden die Auflassungserklärungen abgegeben und der Verkäufer erteilt die Eintragungsbewilligung. Der Notar beantragt am selben Tag die Eintragung einer Auflassungsvormerkung im Grundbuch. Nachdem am 20.11.01 alle Fälligkeitsvoraussetzungen vorliegen, wird am 30.11.01 der Kaufpreis an den Verkäufer überwiesen. Am 10.12.01 wird die Auflassung vollzogen und mit dem Antrag auf Eigentumsumschreibung an das Grundbuchamt übermittelt. Die tatsächliche Grundbucheintragung erfolgt am 30.03.02.

Lösung:

Es handelt sich um eine mittelbare Grundstücksschenkung, d. h., Klara schenkt ihrer Tochter nicht den Geldbetrag, sondern das Einfamilienhaus. Für die Steuerentstehung gelten die gleichen Voraussetzungen wie für eine unmittelbare Grundstücksschenkung. Laut BFH-Rechtsprechung, welcher sich die Finanzverwaltung angeschlossen hat, reicht es demnach auch für die Steuerentstehung bei einer mittelbaren Grundstücksschenkung aus, wenn die Auflassung erklärt und die Eintragungsbewilligung erteilt ist (wenn der Schenker den zum Erwerb erforderlichen Geldbetrag bereits zur Verfügung gestellt hat). Die Steuer entsteht damit am 25.10.01.

2.4 Bewertungsstichtag

Da sich im Zeitablauf die persönliche Situation zwischen Schenker und Beschenktem verändern kann (z. B. Heirat zwischen Schenker und Beschenktem) und damit auch die rechtliche Situation (z. B. Steuerklasse, persönlicher Freibetrag, Steuersatz), definiert §11 ErbStG den Bewertungsstichtag. Danach ist, soweit das Gesetz nichts anderes bestimmt hat, der Zeitpunkt der Entstehung der Steuer maßgebend.

Der Zeitpunkt der Steuerentstehung ist zugleich der Bewertungsstichtag.

2.5 Steuerschuldner

Nach §20 Abs. 1 Satz 1 ErbStG gilt grundsätzlich der **Erwerber** als Steuerschuldner. Dies ist im Fall des Erwerbs von Todes wegen typischerweise der Erbe, Vermächtnisnehmer oder Pflichtteilsberechtigte. Erben mehrere Personen, so schuldet jeder nur einzeln und anteilig die Steuer auf seinen Erwerb, d.h., eine Erbengemeinschaft kann nicht Steuerschuldner sein, denn laut BFH[64] kann eine Gesamthand mangels Rechtsfähigkeit weder Schenker sein noch zu den Erwerbern gehören. Diesen Grundsatz wendet der BFH auch auf die zumindest teilrechtsfähigen Personenhandelsgesellschaften (OHG, KG) und die GbR an.[65] Dagegen sind Kapitalgesellschaften als juristische Personen voll rechtsfähig und können damit selbst als Erwerber oder Zuwendende beteiligt sein.[66]

Im Fall einer Schenkung unter Lebenden ist neben dem Erwerber auch der **Schenker** Steuerschuldner (§20 Abs. 1 Satz 1 ErbStG). Sie sind daher Gesamtschuldner gem. §44 AO. Dabei steht es der Steuerbehörde grundsätzlich frei, gegenüber wem sie die Schenkungsteuer festsetzen möchte. Diese Regelung widerspricht der Konzeption der Erbschaftsteuer als eine Erbanfallsteuer, denn in diesem Fall wird nicht der Vermögenszuwachs, sondern sogar eine Vermögensminderung beim Schenker besteuert.[67] Daher sollte das Finanzamt im Rahmen des pflichtgemäßen Ermessens (§5 AO) zunächst auf den Beschenkten zugehen, sofern nicht eine explizite Vereinbarung getroffen wurde, dass der Schenker die Steuerlast übernimmt.

Übernimmt der Schenker die Zahlung der Schenkungsteuer für den Beschenkten, dann stellt diese Zahlung erneut eine Schenkung dar, die wiederum Schenkungsteuer auslöst (§ 10 Abs. 2 ErbStG).

---

64 Vgl. BFH vom 15.07.1998, II R 82/96, BStBl. II 1998, S. 630.

65 Vgl. BFH vom 14.09.1994, II R 95/92, BStBl. II 1995, S. 81; BFH vom 15.07.1998, II R 82/96, BStBl. II 1998, S. 630; BFH vom 05.02.2020, II R 9/17, BStBl. II 2020, S. 658.

66 Vgl. z.B. BFH vom 25.10.1995, II R 67/93, BStBl. II 1996, S. 160; Gottschalk (2022), Rn. 35 zu §20 ErbStG.

67 Vgl. Gottschalk (2022), Rn. 26 zu §20 ErbStG.

3 Wertermittlung

3.1 Steuerpflichtiger Erwerb

3.1.1 Definition des steuerpflichtigen Erwerbs

Erbschaftsteuerliche Bemessungsgrundlage ist der steuerpflichtige Erwerb, dessen Ermittlung in § 10 ErbStG geregelt ist. Dabei gilt nach § 10 Abs. 1 Satz 1 ErbStG als steuerpflichtiger Erwerb im Falle des Erwerbs von Todes wegen und einer Schenkung unter Lebenden die **Bereicherung** des Erwerbers, soweit diese nicht steuerfrei ist.[68]

Als Bereicherung gilt nach § 10 Abs. 1 Satz 2 ErbStG beim Erwerb von Todes wegen der Betrag, der sich ergibt, wenn von dem nach § 12 ErbStG zu ermittelnden Wert des gesamten Vermögensanfalls die Nachlassverbindlichkeiten (§ 10 Absätze 3 bis 9 ErbStG) abgezogen werden.

Folglich sind zunächst alle positiven Vermögenswerte zu erfassen und zu bewerten. Dabei sind sachliche Steuerbefreiungen zu berücksichtigen. Die Summe ergibt den Wert des gesamten Vermögensanfalls.

Darauf aufbauend sind alle abzugsfähigen Nachlassverbindlichkeiten zu erfassen und zu bewerten. Ihre Summe ergibt den Wert der abzugsfähigen Nachlassverbindlichkeiten.

Die Differenz zwischen dem Wert des gesamten Vermögensanfalls und dem Wert der abzugsfähigen Nachlassverbindlichkeiten ergibt die Bereicherung.

Werden von der Bereicherung noch persönliche Freibeträge abgezogen, so ergibt sich der steuerpflichtige Erwerb. Dieser ist gem. § 10 Abs. 1 Satz 6 ErbStG auf volle hundert Euro abzurunden.

Das folgende Berechnungsschema verdeutlicht die Berechnungsschritte:[69]

---

[68] Hierunter fallen der Zugewinn (§ 5 ErbStG), die sachlichen Steuerbefreiungen nach §§ 13, 13a, 13c, 13d ErbStG, die persönlichen Freibeträge nach § 16 ErbStG und der besondere Versorgungsfreibetrag nach § 17 ErbStG sowie die Mitgliederbeiträge nach § 18 ErbStG.

[69] R E 10.1 ErbStR.

Schritt 1: Ermittlung des Vermögensanfalls nach Steuerwerten:

Steuerwert des Wirtschaftsteils des land- und forstwirtschaftlichen Vermögens
\+ Steuerwert des Betriebsvermögens
\+ Steuerwert der Anteile an Kapitalgesellschaften
= Zwischensumme
./. Befreiungen nach §§ 13a, 13c ErbStG
./. Befreiungen nach § 13 Abs. 1 Nr. 2 und 3 ErbStG
./. Befreiung nach § 13d ErbStG
\+ Steuerwert des Wohnanteils und der Betriebswohnungen des land- und forstwirtschaftlichen Vermögens
./. Befreiungen nach § 13 Abs. 1 Nr. 2, 3 und 4b und 4c ErbStG
./. Befreiung nach § 13d ErbStG
\+ Steuerwert des übrigen Vermögens
./. Befreiungen nach § 13 Abs. 1 Nr. 1 und 2 ErbStG
= **Vermögensanfall nach Steuerwerten**

Schritt 2: Ermittlung der abzugsfähigen Nachlassverbindlichkeiten

Steuerwert der Nachlassverbindlichkeiten, soweit nicht vom Abzug ausgeschlossen, mindestens Pauschbetrag für Erbfallkosten (einmal je Erbfall)
= **abzugsfähige Nachlassverbindlichkeiten**

Schritt 3: Ermittlung der Bereicherung des Erwerbers

Vermögensanfall nach Steuerwerten (aus Schritt 1)
./. abzugsfähige Nachlassverbindlichkeiten (aus Schritt 2)
./. weitere Befreiungen nach § 13 ErbStG
= **Bereicherung des Erwerbers**

Schritt 4: Ermittlung des steuerpflichtigen Erwerbs

Bereicherung des Erwerbers (aus Schritt 3)
./. ggf. steuerfreier Zugewinnausgleich § 5 Abs. 1 ErbStG
\+ ggf. hinzuzurechnende Vorerwerbe § 14 ErbStG
./. persönlicher Freibetrag § 16 ErbStG
./. besonderer Versorgungsfreibetrag § 17 ErbStG
= **steuerpflichtiger Erwerb** (abzurunden auf volle hundert Euro; § 10 Abs. 1 Satz 6 ErbStG)

Auch für den Fall der Schenkung unter Lebenden gilt als steuerpflichtiger Erwerb die Bereicherung, wobei gesetzlich nicht definiert ist, wie sich diese bestimmt. Es kann folglich nur eine dem Erwerb von Todes wegen entsprechende Ermittlung vorgenommen werden.

3.1.2 Vermögensanfall nach Steuerwerten

Um den steuerpflichtigen Erwerb zu ermitteln, muss in einem ersten Schritt der gesamte Vermögensanfall festgestellt werden, allerdings nur insoweit, wie er der Erbschaftsteuer unterliegt (§ 10 Abs. 1 Satz 2 ErbStG). Dabei ist der **Vermögensanfall** die Summe der noch nicht bewerteten Erwerbsgegenstände, die der Erwerber vom Zuwendenden erhalten und die den zivilrechtlichen Vermögensbestand des Erwerbers durch den Erwerbsvorgang am Stichtag erhöht haben.[70]

Der Vermögensanfall ist nach § 12 ErbStG i. V. m. dem Bewertungsgesetz zu bewerten. 

Hierbei ist zwischen Vermögenszugang und Vermögenszuwachs zu differenzieren. Während Ersterer der Saldo aus den steuerbaren positiven und negativen Vermögenswerten ist, werden zur Ermittlung des Vermögenszuwachses vom Vermögenszugang die (weiteren) Nachlassverbindlichkeiten subtrahiert. Das Erbschaftsteuergesetz versteht folglich unter dem Vermögensanfall weder den Vermögenszugang noch den Vermögenszuwachs, sondern den Vermögenszugang ohne die mitübertragenen Schulden und Lasten.[71] Diese gehören zu den Nachlassverbindlichkeiten. Somit folgt das Erbschaftsteuergesetz dem Nettoprinzip.

Zu den **positiven Nachlassgegenständen** können u. a. land- und forstwirtschaftliche Betriebe, Grundbesitz, gewerbliches und freiberufliches Betriebsvermögen, Aktien, GmbH-Anteile, Anteile an Personengesellschaften, Anteile an Gesamthandsgemeinschaften, Wertpapiere, Sparguthaben, Kapitalforderungen, Versicherungsansprüche, Steuererstattungsansprüche, Zahlungsmittel, bewegliche körperliche Gegenstände, Kunstgegenstände, Hausrat, sonstige Rechte wie Patente, Urheberrechte, Gewinnanteile, Zeitrenten u. a. mehr gehören.[72] Ebenso sind Steuererstattungsansprüche des Erblassers zu berücksichtigen, auch wenn sie rechtlich erst nach dem Tod des Erblassers entstanden sind (§ 10 Abs. 1 Satz 3 ErbStG).

Dagegen gehören nicht zum Vermögensanfall Rechte und Ansprüche, die zwar aufgrund des Todes des Erblassers, aber unmittelbar beim Erben oder einem Dritten entstehen. Dies sind beispielsweise Zahlungen aus Lebensversicherungen bzw. aus Verträgen zugunsten Dritter.[73]

---

[70] Vgl. Gottschalk (2022), Rn. 15 zu § 10 ErbStG.
[71] Vgl. Gebel (2009), Rn. 15 zu § 10 ErbStG.
[72] Vgl. Gottschalk (2022), Rn. 17 zu § 10 ErbStG.
[73] Vgl. Gottschalk (2022), Rn. 18 zu § 10 ErbStG.

Die Regelungen für den Erwerb von Todes wegen gelten analog für Schenkungen unter Lebenden. Etwas anderes ergibt sich bei Zweckzuwendungen und Familienstiftungen. Da es Zweckzuwendungen an der Bereicherung mangelt, tritt an die Stelle des Vermögensanfalls der Wert, den die aus der Zweckauflage oder -bedingung resultierende Verpflichtung für den Beschwerten hat (§ 10 Abs. 1 Satz 5 ErbStG). Dabei hängt es vom Inhalt der Zweckauflage ab, ob der Steuerwert des durch die Verpflichtung gebundenen Zweckvermögens oder nur die Erträge aus diesem Vermögen für die Wertermittlung maßgeblich sind.[74] Sachliche Steuerbefreiungen werden wertmindernd berücksichtigt. Bei Familienstiftungen und -vereinen tritt nach § 10 Abs. 1 Satz 7 ErbStG an die Stelle des Vermögensanfalls das Vermögen der Stiftung oder des Vereins. Auch hier sind steuerfreie Beträge abzugsfähig.

3.1.3 Nachlassverbindlichkeiten nach Steuerwerten

Bei der Ermittlung der Bereicherung ist vom Wert des gesamten Vermögensanfalls der Wert der abzugsfähigen **Nachlassverbindlichkeiten** abzuziehen. Letztere unterteilt das Gesetz in § 10 Abs. 5 ErbStG in drei Gruppen:

1. Erblasserschulden (Nr. 1)
2. Erbfallschulden (Nr. 2)
3. sonstige Nachlassverbindlichkeiten (Erwerbsaufwand) (Nr. 3)

Nachlassverbindlichkeiten sind nur dann abzugsfähig, wenn sie für den Erwerber wirtschaftlich belastend sind.

Als **Erblasserschulden** sind nur solche Schulden abzugsfähig, die vom Erblasser herrühren, soweit sie nicht mit einem Gewerbebetrieb, Anteil an einem Gewerbebetrieb, Betrieb der Land- und Forstwirtschaft oder Anteil an einem Betrieb der Land- und Forstwirtschaft in wirtschaftlichem Zusammenhang stehen und bereits bei der Bewertung dieser wirtschaftlichen Einheit berücksichtigt worden sind (§ 10 Abs. 5 Nr. 1 ErbStG). Dabei ist zu unterscheiden, ob die Verbindlichkeiten vom Erblasser begründet wurden, oder erst durch den Erwerber. Während Erstere abzugsfähige Erblasserschulden darstellen, sind Letztere allenfalls als Erwerbsaufwand (§ 10 Abs. 5 Nr. 3 ErbStG) zu berücksichtigen.[75] Erblasserschulden können dabei beispielsweise Hypotheken, Grundschulden oder Darlehen, die auf übergehenden Vermögenswerten lasten, sein. Hierzu gehört aber auch die Zugewinnausgleichsschuld nach § 1371 Abs. 2 BGB (§ 5 Abs. 2 ErbStG), da diese tatsächlich vom Erblasser

[74] Vgl. Gottschalk (2022), Rn. 61 zu § 10 ErbStG.
[75] Vgl. Gottschalk (2022), Rn. 119 zu § 10 ErbStG.

herrührt.[76] Einkommensteuerschulden aus Veranlagungszeiträumen, die vor dem Tod des Erblassers endeten, sind mit Ablauf des jeweiligen Kalenderjahres entstanden. Daher sind sie unabhängig davon, ob sie am Todestag des Erblassers bereits festgesetzt waren oder nicht, als Erblasserschuld abzugsfähig (R E 10.8 Abs. 2 ErbStR).

Erbfallschulden sind Verbindlichkeiten aus Vermächtnissen, Auflagen, geltend gemachten Pflichtteilen sowie Erbersatzansprüchen. Sie sind von Erblasserschulden in der Form abzugrenzen, als dass sie nicht zu Lebzeiten des Erblassers entstanden sind, sondern durch den Erbfall. Erbfallschulden korrespondieren dabei immer mit einem Erwerb von Todes wegen einer anderen Person, z. B. stellt ein Vermächtnis beim Vermächtnisnehmer einen Erwerb von Todes wegen dar und gleichzeitig beim Erben eine abzugsfähige Nachlassverbindlichkeit. Das Gleiche gilt für einen geltend gemachten Pflichtteil.

Zu den **sonstigen Nachlassverbindlichkeiten (Erwerbsaufwand)** gehören die Kosten der Bestattung des Erblassers, die Kosten für ein angemessenes Grabdenkmal, die Kosten für die übliche Grabpflege sowie Kosten, die dem Erwerber unmittelbar im Zusammenhang mit der Abwicklung, Regelung oder Verteilung des Nachlasses oder mit der Erlangung des Erwerbs entstehen. Ohne Nachweis wird nach § 10 Abs. 5 Nr. 3 ErbStG für diese Kosten ein Betrag i. H. v. **10.300 € (Erbfallkostenpauschale)** abgezogen. Dieser wird insgesamt pro Erbfall nur einmal gewährt. Somit muss dieser bei mehreren Erben aufgeteilt werden.

§ 10 Abs. 6–9 ErbStG definiert dabei **Abzugsverbote**, d. h., grundsätzlich abzugsfähige Nachlassverbindlichkeiten werden explizit vom Abzug ausgenommen. Hintergrund dieser Abzugsverbote ist, dass diese Nachlassverbindlichkeiten beispielsweise mit (teilweise) steuerfreiem Vermögen in wirtschaftlichem Zusammenhang stehen (§ 10 Abs. 6 ErbStG) oder dass die Aufwendungen nicht dem Erwerbsaufwand, sondern der Erwerbsverwendung zuzuordnen sind (§ 10 Abs. 7–9 ErbStG).

Nach § 10 Abs. 6 Satz 1 ErbStG sind Schulden und Lasten, soweit sie im wirtschaftlichen Zusammenhang mit Vermögensgegenständen stehen, die nicht der Besteuerung unterliegen, nicht abzugsfähig. Diese dem § 3c Abs. 1 EStG ähnliche Regelung verhindert damit eine ungerechtfertigte Mehrfachbegünstigung des Erwerbers. Hierunter fallen folglich Aufwendungen, die im wirtschaftlichen Zusammenhang mit einem nicht steuerbaren Vermögensanfall stehen (Ansatzverbot) sowie Aufwendungen, die im wirtschaftlichen Zusammenhang mit einem vollständig steuerbefreiten Vermögensanfall stehen (Abzugsverbot). Nicht steuerbar sind beispielsweise Anwartschaften oder bloße Er-

[76] Vgl. BFH vom 10.03.1993, II R 27/89, BStBl. II 1993, S. 368.

werbsaussichten. Vollständig steuerfrei sind dagegen beispielsweise u. U. Erbschaften und Schenkungen von Familienheimen i. S. d. § 13 Nr. 4a-c ErbStG.

Liegt eine beschränkte Steuerpflicht vor, dann ist der Abzug von Schulden und Lasten insofern eingeschränkt, als dass nach § 10 Abs. 6 Satz 2 ErbStG nur diejenigen Schulden abgezogen werden dürfen, die mit dem steuerpflichtigen Inlandsvermögen in wirtschaftlichem Zusammenhang stehen. Diese Einschränkung, die z. B. dazu führt, dass Pflichtteilsverbindlichkeiten bei beschränkter Steuerpflicht nicht abgezogen werden können, ist europarechtswidrig.[77]

§ 10 Abs. 6 Satz 3 ErbStG enthält ein Abzugsverbot für Schulden und Lasten, die im wirtschaftlichen Zusammenhang mit teilweise steuerbefreitem Vermögensanfall stehen.

Ähnlich dem Teileinkünfteverfahren (§ 3 Nr. 40 i. V. m. § 3c Abs. 2 EStG) können Schulden und Lasten nur mit einem entsprechenden Prozentsatz abgezogen werden, wenn der damit im wirtschaftlichen Zusammenhang stehende Vermögensgegenstand nur mit einem Prozentsatz des gemeinen Werts anzusetzen ist.[78] Diese Vorschrift greift beispielsweise bei § 13d ErbStG, wonach zu Wohnzwecken vermietete Grundstücke nur mit 90 % ihres Werts anzusetzen sind. Folglich dürfen auch nur 90 % der damit im Zusammenhang stehenden Schulden als Nachlassverbindlichkeit abgezogen werden.

Eine ähnliche Regelung enthält § 10 Abs. 6 Satz 4 ErbStG. Danach sind Schulden, die im wirtschaftlichen Zusammenhang mit nach §§ 13a und 13c ErbStG steuerbefreitem Vermögen (land- und forstwirtschaftliches Vermögen, Betriebsvermögen, Anteile an Kapitalgesellschaften von mehr als 25 %) stehen, nur mit dem Betrag abzugsfähig, der dem Verhältnis des nach Anwendung der §§ 13a und 13c ErbStG anzusetzenden Werts dieses Vermögens zu dem Wert vor Anwendung der §§ 13a und 13c ErbStG entspricht. Gemeint sind nicht die Betriebsschulden, da diese bereits bei der Bewertung der wirtschaftlichen Einheit berücksichtigt worden sind, sondern private Schulden, die vom Erblasser herrühren (z. B. Darlehen zur Finanzierung der Beteiligung).

Schulden und Lasten, die in keinem wirtschaftlichen Zusammenhang mit einzelnen Vermögensgegenständen stehen, sind anteilig allen Vermögensgegenständen des Erwerbs zuzurechnen (§ 10 Abs. 6 Satz 5 ErbStG). Diese anteilige Aufteilung gilt aber über § 10 Abs. 6 Satz 6 ErbStG explizit nicht für die Bestattungskosten im Sinne des § 10 Abs. 5 Nr. 3 ErbStG. Wie die anteilige Zurechnung sich bemisst, regelt § 10 Abs. 6 Satz 7 ErbStG. Danach ist der Anteil nach dem Verhältnis des

[77] Vgl. EuGH vom 21.12.2021, C-394/20, XY/FA V, ECLI:EU:C:2021:1044.
[78] Vgl. BFH vom 02.05.1969, III 207/65, BStBl. II 1969, S. 717.

Werts des Vermögensgegenstands nach Abzug der mit diesem Vermögensgegenstand in wirtschaftlichem Zusammenhang stehenden Schulden und Lasten zum Gesamtwert der Vermögensgegenstände nach Abzug aller mit diesem Vermögensgegenstand in wirtschaftlichem Zusammenhang stehenden Schulden und Lasten zu bilden.

Nach § 10 Abs. 6 Satz 8 ErbStG ist bei einer Steuerbefreiung nach §§ 13a und 13c ErbStG bei der Aufteilung der wirtschaftlich nicht direkt zurechenbaren Schulden nicht auf den einzelnen Vermögensgegenstand, sondern auf die Summe des begünstigten Vermögens i. S. d. § 13b Abs. 2 ErbStG abzustellen. Die Kürzung des auf einen steuerbefreiten Vermögensgegenstand entfallenden Teils regelt dabei § 10 Abs. 6 Satz 9 ErbStG. Finden Nachversteuerungsregelungen Anwendung, weil beispielsweise gegen Behaltensfristen verstoßen wurde, wird die Steuer neu festgesetzt und folglich der Abzug der Schulden und Lasten neu berechnet. Über § 10 Abs. 6 Satz 10 ErbStG gilt diese Regelung auch für Steuerbefreiungen nach §§ 13a und 13c ErbStG.[79]

Nicht abzugsfähige Erwerbsverwendungen sind in § 10 Abs. 7 bis 9 ErbStG definiert. Konkret handelt es sich um die Folgenden:

- Leistungen an die nach der Stiftungsurkunde oder nach der Vereinssatzung Berechtigten (Abs. 7).
- die vom Erwerber zu entrichtende Erbschaftsteuer (Abs. 8).
- Auflagen, die dem Beschwerten selbst zugutekommen (Abs. 9).

Beispiel:

Die verwitwete Erblasserin Klara Schwarz hinterlässt ihrer Tochter Kalena ein Einfamilienhaus im Wert von 500.000 € sowie Bargeld i. H. v. 100.000 €. Gleichzeitig verpflichtet Klara ihre Tochter im Testament, die 100.000 € für die Renovierung des Einfamilienhauses zu nutzen.

Lösung:

Es handelt sich bei der Verpflichtung das Bargeld für die Renovierung des Einfamilienhauses zu nutzen um eine Auflage, die aber Kalena als Beschwerte selbst zugutekommt. Daher kann sie diese Erbfallschuld (§ 10 Abs. 5 Nr. 2 ErbStG) nicht vom Vermögensanfall abziehen (§ 10 Abs. 9 ErbStG).

[79] Vgl. Hannes/Holtz (2021), Rn. 73 zu § 10 ErbStG.

3.1.4 Anwendungsbeispiele zur Ermittlung des steuerpflichtigen Erwerbs

Beispiel:

Die verwitwete Erblasserin Klara Schwarz hinterlässt ihrer 23-jährigen Tochter Kalena folgende in ihrem Privatvermögen gehaltenen Vermögenswerte: Bürogebäude 1.000.000 €, Wertpapiere 100.000 €, Barvermögen 50.000 €. Wie hoch ist der steuerpflichtige Erwerb?

Lösung:

	Bürogebäude	1.000.000 €
+	Wertpapiere	100.000 €
+	Barvermögen	50.0000 €
=	Wert des gesamten Vermögensanfalls	1.150.000 €
./.	Erbfallkosten (§ 10 Abs. 5 Nr. 3 ErbStG)	10.300 €
=	Bereicherung (§ 10 Abs. 1 Satz 2 ErbStG)	1.139.700 €
./.	Persönlicher Freibetrag (§ 16 Abs. 1 Nr. 2 ErbStG)	400.000 €
./.	Versorgungsfreibetrag (§ 17 Abs. 2 Nr. 5 ErbStG)	10.300 €
=	**Steuerpflichtiger Erwerb (§ 10 Abs. 1 Satz 1 ErbStG)**	**729.400 €**

Beispiel:

Die verwitwete Erblasserin Klara Schwarz hinterlässt ihrer 23-jährigen Tochter Kalena und ihrer 19-jährigen Nichte Emma zu gleichen Teilen folgende im Privatvermögen gehaltene Vermögenswerte: Bürogebäude 1.000.000 €, Wertpapiere 100.000 €, Barvermögen 50.000 €. Klara ordnet in ihrem Testament aber an, dass das Bürogebäude hälftig übergehen soll, Kalena die Wertpapiere und Emma das Barvermögen erhält. Wie hoch ist der steuerpflichtige Erwerb der beiden Erbinnen?

Lösung:

Gem. R E 3.1 Abs. 1 ErbStR gilt für die Teilungsanordnung Folgendes: Teilungsanordnungen (§ 2048 BGB) sind schuldrechtlich im Verhältnis der Miterben zueinander wirkende letztwillige Regelungen des Erblassers über die Zuweisung bestimmter Nachlassgegenstände im Rahmen der Erbauseinandersetzung. Sie sind dem Wert nach auf den jeweiligen Erbteil anzurechnen und führen somit zu keiner Veränderung oder Verschiebung der Erbanteile. Wie eine freie Erbauseinandersetzung sind Teilungsanordnungen für die Ermittlung des Anteils der einzelnen Erbin am Nachlass (Erwerb durch Erbanfall, § 3 Abs. 1 Nr. 1 ErbStG) ohne Bedeutung. Der nach den steuerlichen Bewertungsvorschriften ermittelte Reinwert des Nachlasses ist den Erbinnen folglich auch bei Teilungsanordnungen nach Maßgabe der Erbanteile zuzurechnen.

Das heißt, dass zunächst die Bereicherung anhand der Erbquote ermittelt wird und damit die Teilungsanordnung außer Acht gelassen wird. Es ergibt sich:

	Bürogebäude	1.000.000 €
+	Wertpapiere	100.000 €
+	Barvermögen	50.0000 €
=	Wert des gesamten Vermögensanfalls	1.150.000 €
./.	Erbfallkosten (§ 10 Abs. 5 Nr. 3 ErbStG)	10.300 €

=	**Bereicherung (§ 10 Abs. 1 Satz 2 ErbStG)**	**1.139.700 €**
=	**Bereicherung pro Erbin**	**569.850 €**
	Bereicherung Kalena	569.850 €
./.	Persönlicher Freibetrag (§ 16 Abs. 1 Nr. 2 ErbStG)	400.000 €
./.	Versorgungsfreibetrag (§ 17 Abs. 2 Nr. 5 ErbStG)	10.300 €
=	**Steuerpflichtiger Erwerb Kalena (§ 10 Abs. 1 Satz 1 ErbStG)**	**159.550 €**
	Bereicherung Emma	569.850 €
./.	Persönlicher Freibetrag (§ 16 Abs. 1 Nr. 2 ErbStG)	20.000 €
./.	KEIN Versorgungsfreibetrag (§ 17 ErbStG)	-
=	**Steuerpflichtiger Erwerb Emma (§ 10 Abs. 1 Satz 1 ErbStG)**	**549.850 €**

Beispiel:

Die Schenkerin Klara Schwarz schenkt ihrer 23-jährigen Tochter Kalena folgende im Privatvermögen gehaltene Vermögenswerte: Bürogebäude 1.000.000 €, Wertpapiere 100.000 €, Barvermögen 50.000 €. Dabei erklärt sich Klara bereit, auch die darauf entfallende Schenkungsteuer zu übernehmen. Wie hoch ist der steuerpflichtige Erwerb?

Lösung:

§ 10 Abs. 2 ErbStG regelt dabei, dass die von der Schenkerin übernommene Schenkungsteuer als zusätzlicher Erwerb gilt, d. h., die gezahlte Steuer ist zum Erwerb hinzuzurechnen. Die sich dann ergebende Steuer ist die tatsächlich zu entrichtende Steuer.

	Bürogebäude	1.000.000 €
+	Wertpapiere	100.000 €
+	Barvermögen	50.0000 €
=	Wert des gesamten Vermögensanfalls	1.150.000 €
./.	Erbfallkosten (§ 10 Abs. 5 Nr. 3 ErbStG)	10.300 €
=	Bereicherung (§ 10 Abs. 1 Satz 2 ErbStG)	1.139.700 €
./.	Persönlicher Freibetrag (§ 16 Abs. 1 Nr. 2 ErbStG)	400.000 €
./.	Versorgungsfreibetrag (§ 17 Abs. 2 Nr. 5 ErbStG)	10.300 €
=	**Steuerpflichtiger Erwerb (§ 10 Abs. 1 Satz 1 ErbStG)**	**729.400 €**
×	Steuersatz (§ 19 Abs. 1 ErbStG)	15 %
=	**Schenkungsteuer**	**109.410 €**
	Steuerpflichtiger Erwerb inkl. Schenkungsteuer (§ 10 Abs. 2 ErbStG); abgerundet auf volle hundert Euro	**838.800 €**
×	Steuersatz (§ 19 Abs. 1 ErbStG)	15 %
=	**zu entrichtende Schenkungsteuer**	**125.820 €**

3.1.5 Bewertung

Zum Zwecke der Erbschaftsteuerfestsetzung ist der Wert der übergegangenen Vermögensgegenstände zu ermitteln. Hierbei wird zwischen der Wertermittlung und der Bewertung im engeren Sinne unterschieden. Für die Wertermittlung wird aus dem Vermögensanfall (Erfassung der Summe der Erwerbsgegenstände ohne Bewertung) unter Abzug der Nachlassverbindlichkeiten der steuerpflichtige Erwerb ermittelt. Der Ermittlung des steuerpflichtigen Erwerbs liegt folglich die Bewertung zugrunde, die lediglich einen Teilschritt der Wertermittlung darstellt, denn den einzelnen Vermögensgegenständen und Schulden wird ein Geldbetrag zugeordnet. Aus dem sich hieraus ergebenden Saldo wird die Steuerbemessungsgrundlage ermittelt.[80] Folglich handelt es sich beim erbschaftsteuerlichen Wert (§ 12 ErbStG) um den Wert vor Abzug von sachlichen und persönlichen Befreiungen.[81] Es bedarf somit für die Umrechnung von Vermögensgegenständen in Geld eines objektiven, allgemein anerkannten und sachgerechten Maßstabs.[82]

Auf Verlangen des Bundesverfassungsgerichts ist seit dem 01.01.2009 für sämtliche Vermögensgegenstände zwingend der **gemeine Wert** festzustellen. Dieser entspricht dem jeweiligen Verkehrswert.[83]

§ 10 Abs. 1 Satz 2 ErbStG verweist für Zwecke der Ermittlung des steuerpflichtigen Erwerbs auf § 12 ErbStG. Nach § 12 Abs. 1 ErbStG richtet sich die Bewertung grundsätzlich nach den Vorschriften des Ersten Teils des Bewertungsgesetzes (§§ 1–16 BewG). Abweichende Regelungen zu Anteilen an Kapitalgesellschaften, Grundbesitz, Bodenschätzen und inländischem Betriebsvermögen finden sich in § 12 Abs. 2 bis 7 ErbStG.

! Als Bewertungsgrundsatz definiert § 9 Abs. 1 BewG den **gemeinen Wert**, der gem. § 9 Abs. 2 Satz 1 BewG durch den Preis bestimmt wird, der im gewöhnlichen Geschäftsverkehr nach der Beschaffenheit des Wirtschaftsgutes bei einer Veräußerung zu erzielen wäre. Hierbei kommt es auf die Beschaffenheit des Wirtschaftsgutes an, worunter die tatsächlichen und rechtlichen Verhältnisse zu verstehen sind, die dem zu bewertenden Wirtschaftsgut zu eigen sind.[84] Nicht zu berücksichtigen sind nach § 9 Abs. 2 Satz 3 ErbStG ungewöhnliche und persönliche Verhältnisse. Ungewöhnliche Verhältnisse sind solche Umstände, mit denen bei Schätzung des Wertes des Wirtschaftsguts im normalen Geschäftsverkehr nicht gerechnet werden kann.[85] Zu den außer Acht zu lassenden persönlichen Verhältnissen gehören insbesondere Verfügungsbeschränkungen.

---

80 Vgl. Jülicher/Gottschalk (2022), Rn. 1 zu § 12 ErbStG.
81 Vgl. Jülicher/Gottschalk (2022), Rn. 2 zu § 12 ErbStG.
82 Vgl. Jülicher/Gottschalk (2022), Rn. 3 zu § 12 ErbStG.
83 Vgl. BFH vom 13.10.1983, I R 76/79, BStBl. II 1984, S. 296; BFH vom 02.02.1990, III R 173/86, BStBl. II 1990, S. 499.
84 Vgl. BFH vom 17.01.1975, III R 68/73, BStBl. II 1975, S. 377.
85 Vgl. Gottschalk/Jülicher (2022), Rn. 71 zu § 12 BewG.

Bewertungsgegenstand bildet die wirtschaftliche Einheit (§2 ErbStG). Die wirtschaftliche Einheit kann entweder aus einem einzelnen Wirtschaftsgut oder aus der Zusammenfassung mehrerer Wirtschaftsgüter bestehen, sofern diese demselben Eigentümer[86] gehören.[87] Bei Letzterem erfolgt nach §2 Abs. 1 Satz 2 BewG eine Bewertung im Ganzen (Konzept der Gesamtbewertung), d. h., die der wirtschaftlichen Einheit zugrunde liegenden Wirtschaftsgüter werden nicht mehr selbstständig bewertet.[88] Die Zusammenfassung von Wirtschaftsgütern zu einer wirtschaftlichen Einheit darf aber nicht willkürlich erfolgen, sondern es muss ein einheitlicher wirtschaftlicher Zweck erkennbar sein, d. h., die Wirtschaftsgüter müssen eine Sachgesamtheit bilden.[89]

Wie die Ermittlung des gemeinen Werts für die Vermögensgegenstände des Vermögensanfalls erfolgt, wird im Band „Bewertungsrecht" ausführlich erläutert.

3.2 Sachliche Steuerbefreiungen

3.2.1 Katalog sachlicher Steuerbefreiungen

§13 ErbStG enthält einen **Katalog an sachlichen Steuerbefreiungen**. Danach werden wirtschaftliche Einheiten bzw. Wirtschaftsgüter ganz oder teilweise steuerfrei gestellt, indem Freibeträge vom bewertungsrechtlichen Wert (gemeiner Wert) abgezogen werden, soweit die Voraussetzungen hierfür im Zeitpunkt der Entstehung der Steuer vorliegen. Diese sachlichen Freibeträge beziehen sich nicht auf den gesamten Nachlass, sondern auf die einzelnen Wirtschaftsgüter des Nachlasses. Es können folglich mehrere Freibeträge gleichzeitig zur Anwendung kommen. Auch können die Freibeträge von jedem Erwerber (nebeneinander) geltend gemacht werden. Ein nicht ausgeschöpfter Freibetrag kann aber nicht auf einen anderen Erwerber übertragen werden, wie dies beispielsweise im Rahmen der Zusammenveranlagung beim Sparerpauschbetrag möglich ist (§20 Abs. 9 Satz 3 EStG).

---

[86] §3 Satz 1 BewG ermöglicht eine Gesamtbewertung der wirtschaftlichen Einheit auch dann, wenn mehrere Personen das Eigentum an den Wirtschaftsgütern haben.

[87] Vgl. BFH vom 30.11.1993, II R 27/90, BFH/NV 1994, S. 505.

[88] Vgl. BFH vom 12.07.1968, III 181/64, BStBl. II 1968, S. 795.

[89] Vgl. RFH vom 22.11.1934, III A 176 und 247/34, RStBl. 1935, S. 109.

Im Folgenden werden die wichtigsten Befreiungstatbestände des §13 ErbStG erläutert:

Hausrat und andere bewegliche Gegenstände (Nr. 1)

Erwerbern der Steuerklasse I wird für Hausrat einschließlich Wäsche und Kleidungsstücken ein Freibetrag von 41.000 € gewährt. Zusätzlich steht ihnen für andere bewegliche körperliche Gegenstände ein Freibetrag von 12.000 € zu. Zum Hausrat gehören alle beweglichen körperlichen Gegenstände, die der Wohnung, der Hauswirtschaft und dem Zusammenleben der Familie dienen.[90] Erfasst sind daher die gesamte Wohnungseinrichtung, auch einer Zweitwohnung, inkl. Wäsche, Kleidung, Geschirr, Bücher, Lebensmittel (z. B. Weinkeller) sowie der privat genutzte Pkw[91] und elektronische Geräte, die vorwiegend im Haushalt verwendet werden (z. B. Fernseher, Haushaltsgeräte wie Staubsaugerroboter etc.).

Zu den anderen beweglichen körperlichen Gegenständen zählen beispielsweise Schmuck, Fotoapparate, Computer, Sportgeräte etc. Explizit ausgenommen von der Steuerbefreiung sind Gegenstände, die zum land- und forstwirtschaftlichen Vermögen, Grundvermögen oder Betriebsvermögen gehören, aber auch Zahlungsmittel, Wertpapiere, Münzen, Edelmetalle, Edelsteine und Perlen (§13 Abs. 1 Nr. 1 Satz 2 ErbStG).

Personen der Steuerklasse II und III steht insgesamt ein Freibetrag i. H. v. 12.000 € für Hausrat und andere bewegliche Gegenstände zu.

Gegenstände, deren Erhaltung im öffentlichen Interesse liegt (Nr. 2)

Hiernach werden Grundbesitz, Teile von Grundbesitz (z. B. Schloss oder Burg), Kunstgegenstände, Kunstsammlungen, wissenschaftliche Sammlungen, Bibliotheken und Archive, die sich im Inland oder in einem Mitgliedstaat der Europäischen Union oder in einem Staat des Europäischen Wirtschaftsraums befinden und für mindestens zehn Jahre dort verbleiben, und deren Erhaltung im öffentlichen Interesse liegt, teilweise oder vollständig steuerfrei gestellt.

§13 Abs. 1 Nr. 2 Buchst. a stellt dabei 60 % des Werts der Kulturgüter und sogar 85 % des Werts des Grundbesitzes oder des Teils des Grundbesitzes steuerfrei, wenn folgende Voraussetzungen erfüllt sind:

1. Die Erhaltung dieser Gegenstände liegt wegen ihrer Bedeutung für Kunst, Geschichte oder Wissenschaft im öffentlichen Interesse.
2. Die jährlichen Kosten übersteigen i. d. R. die erzielten Einnahmen.

---

[90] Vgl. Jülicher/Gottschalk (2022), Rn. 8 zu §13 ErbStG.

[91] Vgl. zustimmend Hannes/Holtz (2021), Rn. 3 zu §13 ErbStG; Jülicher/Gottschalk (2022), Rn. 8 zu §13 ErbStG; Erle, ZEV 2016, S. 244; OLG FfM vom 25.02.2015, 2 UF 356/14, NJW 2015, S. 2346; wohl eher a. A. Kien-Hümbert (2023), Rn. 9 zu §13 ErbStG; Kobor, (2023) Rn. 7 zu §13.

3. Die Gegenstände werden in einem den Verhältnissen entsprechenden Umfang den Zwecken der Forschung oder Volksbildung nutzbar gemacht.

Eine vollständige Steuerbefreiung gewährt § 13 Abs. 1 Nr. 2 Buchst. b, wenn zusätzlich zu den genannten Voraussetzungen des § 13 Abs. 1 Nr. 2 Buchst. a die Folgenden gelten:

1. Der Steuerpflichtige muss bereit sein, die Gegenstände den geltenden Bestimmungen der Denkmalpflege zu unterstellen.
2. Die Gegenstände müssen sich entweder bereits seit mindestens 20 Jahren im Besitz der Familie befinden oder im Verzeichnis national wertvollen Kulturguts eingetragen sein.

Die Steuerbefreiung fällt allerdings mit Wirkung für die Vergangenheit weg, wenn die Gegenstände innerhalb von 10 Jahren nach dem Erwerb veräußert werden oder die Voraussetzungen für die Steuerbefreiung innerhalb dieses Zeitraums entfallen. Es tritt folglich eine Nachversteuerung ein, bei der der Steuerpflichtige so gestellt wird, wie wenn keine Steuerbefreiung gegriffen hätte (rückwirkendes Ereignis i. S. d. § 175 Abs. 1 Satz 1 Nr. 2 AO).

Entgelt für unentgeltliche Pflege- und Unterhaltsleistungen (Nr. 9)

Erwerbern, die den Erblasser unentgeltlich oder gegen unzureichendes Entgelt gepflegt haben oder Unterhalt gewährt haben, steht ein Freibetrag von 20.000 € zu, soweit die Zuwendung als angemessenes Entgelt anzusehen ist.

Pflege in diesem Sinne ist die regelmäßige und dauerhafte Fürsorge für das körperliche, geistige oder seelische Wohlbefinden einer wegen Krankheit, Behinderung, Alters oder eines sonstigen Grundes hilfsbedürftigen Person.[92] !

Dabei ist nicht Voraussetzung, dass der Erblasser pflegebedürftig i. S. d. § 14 Abs. 1 SGB XI und einer Pflegestufe nach § 15 Abs. 1 Satz 1 SGB XI zugeordnet war. Die Pflegeleistungen müssen aber regelmäßig und über eine längere Dauer erbracht worden sein, über ein übliches Maß der zwischenmenschlichen Hilfe hinausgehen und im allgemeinen Verkehr einen Geldwert haben. Weiter muss der Erwerber die Hilfsbedürftigkeit des Erblassers sowie Art, Dauer, Umfang und Wert der erbrachten Pflegeleistungen schlüssig darlegen und glaubhaft machen.[93]

---

[92] Vgl. RFH vom 05.07.1921, I a A 74/21, RFHE 6, S. 252; BFH vom 11.09.2013, II R 37/12, BStBl. II 2014, S. 114; Hannes/Holtz (2021), Rn. 51 zu § 13 ErbStG.

[93] Vgl. BFH vom 11.09.2013, II R 37/12, BStBl. II 2014, S. 114.

Im Gegensatz zur Pflege ist **Unterhalt** die Leistung von Mitteln zur Sicherstellung von Verköstigung, Unterkunft und Bekleidung in natura oder durch entsprechende Geldbeträge.[94]

Der Freibetrag greift auch für den Fall, dass der Erwerber gesetzlich zur Pflege (z. B. Ehegatten nach § 1353 BGB, Lebenspartner nach § 2 LPartG) oder zum Unterhalt (z. B. Ehegatten nach § 1360 BGB oder Verwandte in gerader Linie nach § 1601 BGB, Lebenspartner nach § 5 LPartG) verpflichtet sind. Weitere Voraussetzung ist aber, dass die Pflege- oder Unterhaltsleistungen unentgeltlich oder gegen zu geringes Entgelt im persönlichen oder privaten Bereich erbracht werden oder wurden (R E 13.5 Abs. 1 Sätze 2 und 3 ErbStR).

Handelt es sich um einen Erwerb von Todes wegen, kann der Freibetrag für Pflege- oder Unterhaltsleistungen nicht gewährt werden, wenn insoweit ein Abzug als Nachlassverbindlichkeit möglich ist (weil z. B. ein Dienstvertrag über die Pflegeleistung geschlossen wurde), denn § 13 Abs. 1 Nr. 9 ErbStG ist gegenüber § 10 Abs. 5 Nr. 1 ErbStG nachrangig.

Handelt es sich bei dem zugewendeten Entgelt um Lohn, da die Pflege im Rahmen eines Dienstverhältnisses (§ 611 BGB) erbracht wird, so liegt eine als Erblasserschuld abzugsfähige Nachlassverbindlichkeit vor (R E 13.5 Abs. 2 ErbStR). Liegt ein teilentgeltlicher Vorgang zugrunde, dann bestimmt sich die schenkungsteuerrechtliche Bereicherung nach den Grundsätzen der gemischten Schenkung (R E 13.5 Abs. 3 Satz 5 ErbStR).

Pflegebezogene Geldzuwendungen unter Lebenden (Nr. 9a)

Nach dieser Vorschrift werden Geldzuwendungen unter Lebenden, die eine Pflegeperson für körperbezogene Pflegemaßnahmen und pflegerische Betreuungsmaßnahmen sowie Hilfen bei der Haushaltsführung vom Pflegebedürftigen erhält, in Höhe des nach dem Sozialgesetzbuch gewährten Pflegegelds oder eines entsprechenden Pflegegeldes aus einer privaten Pflegeversicherung steuerfrei gestellt. Damit ist also die Weitergabe des Pflegegeldes zu Lebzeiten des Pflegebedürftigen steuerfrei. Eine nachträgliche Berücksichtigung im Todesfall ist nicht möglich.

Beispiel:

Tochter Kalena pflegt ihre Mutter Klara Schwarz bis zu ihrem Tode. Hierfür hätte eine angestellte Pflegerin ein Entgelt von insgesamt 100.000 € erhalten. Kann die Pflege beim Erwerb von Todes wegen berücksichtigt werden?

[94] Vgl. Jülicher/Gottschalk (2022), Rn. 103 zu § 13 ErbStG.

Lösung:
Da Kalena mit ihrer Mutter keinen Dienstvertrag geschlossen hat, liegen in Höhe des Entgelts keine Nachlassverbindlichkeiten vor (§ 10 Abs. 5 Nr. 1 ErbStG). § 13 Abs. 1 Nr. 9a ErbStG greift ebenfalls nicht, da die Weitergabe des Pflegegeldes nur im Fall der Schenkung unter Lebenden zur Anwendung kommt. Folglich kann Kalena nur den Freibetrag i. H. v. 20.000 € nach § 13 Abs. 1 Nr. 9 ErbStG in Anspruch nehmen.

Vermögensrückfall an Eltern und Voreltern (Nr. 10)

Haben Eltern ihren Abkömmlingen Vermögensgegenstände geschenkt oder aufgrund eines Übergabevertrags zugewendet und fallen diese Vermögensgegenstände als Erwerb von Todes wegen wieder an die Eltern zurück, so unterliegen diese nicht erneut der Besteuerung, sondern sind über § 13 Abs. 1 Nr. 10 ErbStG steuerfrei gestellt. Die Steuerfreistellung greift aber nur für den Fall des Rückerwerbs von Todes wegen, nicht dagegen für die Rückschenkung.[95] Dabei muss es sich um den identischen Gegenstand handeln, d. h., der zurückgefallene Gegenstand darf kein Surrogat für den zugewendeten Gegenstand sein.[96] Die Befreiung ist damit grundsätzlich ausgeschlossen, wenn ein Erwerb von Vermögensgegenständen erfolgt, die im Austausch der zugewendeten Gegenstände in das Vermögen des Beschenkten gelangt waren.

Die Finanzverwaltung sieht nur dann etwas anderes vor, wenn zwischen dem zugewendeten und dem zurückfallenden Vermögensgegenstand bei objektiver Betrachtung Art- und Funktionsgleichheit besteht.[97]

Wertsteigerungen der geschenkten Vermögensgegenstände stehen dabei der Steuerfreiheit des Rückfalls nicht entgegen. Hat der Beschenkte dagegen den Wert der zugewendeten Vermögensgegenstände durch Einsatz von Kapital oder Arbeit erhöht, ist der hierdurch entstandene Mehrwert steuerpflichtig.[98] Auch die aus dem zugewendeten Vermögensgegenstand gezogenen Früchte sowie die aus diesen Früchten erworbenen Gegenstände sind bei einem Rückfall nicht steuerbefreit[99] (R E 13.6 Abs. 2 ErbStR).

Beispiel:
Klara Schwarz schenkt ihrer Tochter Kalena ein Einfamilienhaus. Völlig unerwartet verstirbt Kalena bei einem Autounfall, sodass ihre Eltern Klara und Klaus als gesetzliche Erben das Einfamilienhaus erhalten.

[95] Vgl. BFH vom 16.04.1986, II R 135/83, BStBl. II 1986, S. 622.
[96] Vgl. BFH vom 22.06.1994, II R 1/92, BStBl. II 1994, S. 656.
[97] Vgl. BFH vom 22.06.1994, II R 1/92, BStBl. II 1994, S. 656.
[98] Vgl. RFH vom 07.03.1940, III e 1/40, RStBl. 1940, S. 614.
[99] Vgl. BFH vom 22.06.1994, II R 13/90, BStBl. II 1994, S. 759.

Lösung:

Der Befreiungstatbestand des § 13 Abs. 1 Nr. 10 ErbStG setzt voraus, dass es sich um den identischen Gegenstand handelt, der an die identische Person als Schenker zurückfällt. Da Kalena das Einfamilienhaus nur von ihrer Mutter geschenkt bekommen hat, nicht dagegen von ihrem Vater, wird nur dieser Teil steuerfrei gestellt. Der Anteil, den der Vater erhält, ist nicht begünstigt.

Abwandlung:

Kalena hat das Einfamilienhaus verkauft und der dafür erhaltene Kaufpreis fällt an die Eltern.

Lösung:

Nun greift weder für die Mutter noch für den Vater die Steuerbefreiung des § 13 Abs. 1 Nr. 10 ErbStG, da es sich nicht um den identischen Gegenstand handelt, sondern um ein Surrogat. Der Geldbetrag erfüllt auch nicht bei objektiver Betrachtung die Art- und Funktionsgleichheit zum Einfamilienhaus.

Unterhalts- und Ausbildungszuwendungen (Nr. 12)

Zuwendungen unter Lebenden zum Zwecke des angemessenen Unterhalts oder zur Ausbildung sind nach § 13 Abs. 1 Nr. 12 ErbStG steuerfrei, soweit die Zahlungen ohne rechtliche Verpflichtung des Schenkers, also freiwillig übernommen werden. Wird der Unterhalt und/oder die Ausbildung auf Grund einer gesetzlichen Unterhaltsverpflichtung gezahlt (§§ 1360 ff., 1601 ff., 1371 Abs. 4 BGB), handelt es sich nicht um eine Schenkung im erbschaftsteuerlichen Sinne, sodass es gar keines Befreiungstatbestands bedarf (H E 7.2 „Unterhaltszuwendungen" ErbStH). Die Steuerbefreiung greift nur, wenn der Bedachte seinen Lebensbedarf nicht aus eigenem Vermögen bestreiten kann[100] und es sich um laufende Zahlungen handelt.[101]

Für die Frage der Angemessenheit des Unterhalts ist nach § 13 Abs. 2 ErbStG auf die Vermögensverhältnisse und Lebensstellung des Bedachten abzustellen.[102] Eine dieses Maß übersteigende Zuwendung ist in vollen Umfang steuerpflichtig.

Die Vorschrift stellt auch Zuwendungen zum Zweck der Ausbildung des Bedachten steuerfrei. Für den Begriff Ausbildung ist auf die einkommensteuerrechtlichen Vorschriften des § 10 Abs. 1 Nr. 7 EStG zu-

[100] Vgl. RFH vom 11.04.1935, III e A 1/34, RStBl. 1935, S. 904.
[101] Vgl. RFH vom 04.11.1930, I e A 402/30, RStBl. 1930, S. 819; BFH vom 13.02.1985, II R 227/81, BStBl. II 1985, S. 333.
[102] Vgl. RFH vom 08.07.1932, V e A 991/31, RStBl. 1932, S. 1147.

rückzugreifen[103], wonach eine Berufsausbildung dann vorliegt, wenn der Steuerpflichtige durch eine berufliche Ausbildungsmaßnahme die notwendigen fachlichen Fertigkeiten und Kenntnisse erwirbt, die zur Aufnahme eines Berufs befähigen.[104] Wie bei Unterhaltszuwendungen ist auch bei Ausbildungszuwendungen Voraussetzung für die Steuerbefreiung, dass der Empfänger bedürftig ist und die Ausbildungskosten nicht aus eigenen Mitteln bestreiten kann.[105]

Eine Angemessensheitsgrenze gibt es Ausbildungszuwendungen nicht.[106]

Beispiel:

Klara Schwarz zahlt ihrer Enkelin Elsa einen monatlichen Unterhalt von 500 €, damit sie ihren Lebensunterhalt während ihres Studiums bestreiten kann. Ihr Vater Karl ist leider finanziell nicht so gestellt, als dass es ihm möglich wäre, seine Tochter finanziell zu unterstützen. Elsa ist folglich auf die Unterstützung ihrer Oma angewiesen. Sind die Zahlungen steuerbefreit?

Lösung:

Da Klara die Zahlungen freiwillig übernimmt und diese für ein Studium auch als angemessen gelten, Elsa auch nicht über ausreichendes eigenes Vermögen verfügt und die Zahlungen regelmäßig erfolgen, sind diese gem. § 13 Abs. 1 Nr. 12 ErbStG steuerbefreit.

Übliche Gelegenheitsgeschenke (Nr. 14)

Ebenfalls steuerbefreit sind übliche Gelegenheitsgeschenke. Ob ein Geschenk seiner Art nach üblich ist, wird nicht anhand einer absoluten Höchstgrenze beurteilt. Entscheidend ist dabei eine relative Betrachtungsweise, die die Umstände des Einzelfalles, wie beispielsweise den Anlass und die Art des Geschenks, das Verwandtschaftsverhältnis zwischen Schenker und Beschenktem sowie die Vermögensverhältnisse des Schenkers berücksichtigt.[107]

Mögliche Anlässe können sowohl regelmäßig wiederkehrende Ereignisse wie Geburtstage, Weihnachten, als auch einmalige Ereignisse wie Hochzeit, Abitur, Examen, etc. sein.[108] Für die Frage, ob die Art des Geschenkes üblich ist, ist entscheidend, dass es sich bei dem verschenkten Gegenstand um einen zu diesem Anlass üblichen handelt. Es darf nicht die Absicht einer vorweggenommenen Erbfolge zugrunde

103 Vgl. Jülicher/Gottschalk (2022), Rn. 144 zu § 13 ErbStG.
104 Vgl. BMF-Schreiben vom 22.09.2010, IV C 4 – S 2227/07/10002, BStBl. I 2010, Rn. 4.
105 Vgl. Hannes/Holtz (2021), Rn. 62 zu § 13 ErbStG.
106 Vgl. Hannes/Holtz (2021), Rn. 62 zu § 13 ErbStG.
107 Vgl. Hannes/Holtz (2021), Rn. 65 zu § 13 ErbStG.
108 Vgl. BFH vom 01.07.1964, II 180/62, HFR 1965, S. 164.

liegen.[109] Dafür kann auf die Möglichkeit der Wiederholbarkeit der Schenkung abgestellt werden. Für ein übliches Gelegenheitsgeschenk spricht auch die Tatsache, dass die Vermögenssubstanz des Schenkers nicht wesentlich angegriffen wird und er seinen Lebensunterhalt weiterhin aus seinen laufenden Einkünften bestreiten kann.

Sollten Sie in der Praxis unsicher sein, ob die zugrundliegende Schenkung unter die Regelung der Steuerbefreiung nach § 13 Abs. 1 Nr. 14 ErbStG fällt, dann sollten Sie den Sachverhalt vorsorglich beim Schenkungsteuerfinanzamt unter Erläuterung Ihres Standpunkts zur Schenkungsteuerfreiheit anzeigen.[110] Eine Anzeigepflicht nach § 30 ErbStG entfällt nämlich nur dann, wenn eindeutig keine Steuerpflicht bestehen kann.[111]

3.2.2 Steuerbefreiungen für Grundvermögen

3.2.2.1 Steuerbefreiungen für das Familienheim

§§ 13 Abs. 1 Nr. 4a-4c ErbStG sieht für Familienheime besondere Befreiungstatbestände vor.

Familienheim ist ein im Inland oder in einem Mitgliedstaat der Europäischen Union oder Staat des Europäischen Wirtschaftsraums belegenes bebautes Grundstück, soweit darin eine Wohnung gemeinsam zu eigenen Wohnzwecken genutzt wird, d. h., in der Wohnung muss sich der Mittelpunkt des familiären Lebens befinden (R E 13.3 Abs. 2 Satz 4 ErbStR). Damit kann ein begünstigtes Familienheim in jeder Art von bebautem Grundstück i. S. d. § 181 Abs. 1 Nr. 1 bis 5 BewG vorhanden sein, beispielsweise auch in einem Mietwohn- oder Geschäftsgrundstück oder in einem Gebäude, das im Erbbaurecht errichtet worden ist (R E 13.3. Abs. 2 Satz 12 ErbStR).

Es muss sich um den Hauptwohnsitz der Ehegatten handeln.[112] Damit kann eine natürliche Person nur ein Familienheim bewohnen.[113]

Zweit-, Ferien- und Wochenendwohnungen sind nicht begünstigt (R E 13.3 Abs. 2 Satz 5 ErbStR). Dabei kommt es auf die tatsächliche Nutzung und nicht auf die Meldeadresse an.[114]

[109] Vgl. Jülicher/Gottschalk (2022), Rn. 167 zu § 13 ErbStG.
[110] Vgl. Bowitz (2021), S. 285.
[111] Vgl. v. Oertzen/Blasweiler (2019), S. 520.
[112] Vgl. BFH vom 18.07.2013, II R 35/11, BStBl. II 2013, S. 1051.
[113] Vgl. FG Köln vom 30.01.2019, 7 K 1000/17, rkr., DStRE 2019, S. 1344.
[114] Vgl. FG München vom 22.10.2014, 4 K 2517/12, EFG 2015, S. 238; OFD Rheinland vom 04.07.2012 Kurzinfo Nr. 001/2012, DStR 2012, S. 2082.

§§ 13 Nr. 4a-4c ErbStG sieht keine Begrenzung der Höhe nach vor. Damit fallen auch Luxuswohnungen unter die Steuerbefreiung. Allerdings gibt es beim Erwerb von Todes wegen durch Kinder Einschränkungen hinsichtlich der Größe des Familienheims.

Die Regelungen unterscheiden sich dabei hinsichtlich des steuerbaren Vorgangs (Erwerb von Todes wegen vs. Schenkung unter Lebenden) und Erwerbers (Ehegatte vs. Kinder bzw. verwaiste Enkel).

Schenkung unter Ehegatten (§ 13 Abs. 1 Nr. 4a ErbStG)

Nach dieser Vorschrift sind **Zuwendungen unter Lebenden**, mit denen ein Ehegatte dem anderen **Ehegatten** Eigentum oder Miteigentum an einem im Inland oder in einem Mitgliedstaat der Europäischen Union oder Staat des Europäischen Wirtschaftsraums belegenen bebauten Grundstück verschafft, soweit darin eine Wohnung zu eigenen Wohnzwecken genutzt wird (Familienheim), steuerfrei. Der Güterstand der Eheleute ist unbeachtlich. Entscheidend für die Steuerbefreiung ist, dass die Ehe zum Zeitpunkt der Ausführung der Zuwendung noch bestanden hat[115] und das Familienheim von beiden Ehegatten zu eigenen Wohnzwecken genutzt wurde. Umstritten ist nach wie vor der Fall des Getrenntlebens von Ehegatten. Der BFH sieht für diesen Fall ausnahmsweise eine Selbstnutzung vor, wenn der andere Ehegatte die Wohnung ggf. gemeinsam mit den Kindern zu eigenen Wohnzwecken nutzt.[116]

Da das Gesetz bei der Steuerbefreiung von „soweit" spricht, greift diese bei einer Mischnutzung nur anteilig für die zu eigenen Wohnzwecken genutzte Wohnung. Die Aufteilung des gemeinen Werts eines Gebäudes, das einer Mischnutzung unterliegt, erfolgt nach der Wohn-/Nutzfläche; Garagen, Nebenräume und Nebengebäude sind hierbei nicht einzubeziehen (R E 13.3 Abs. 2 Satz 14 ErbStR).

Das Lagefinanzamt hat die gesamte Wohn-/Nutzfläche des Grundstücks und die Wohnfläche des Familienheims zu ermitteln und bei der Feststellung des Grundbesitzwerts nachrichtlich mitzuteilen (R E 13.3 Abs. 2 Satz 15 ErbStR).

Steuerbefreit ist auch der Fall, dass ein Ehegatte den anderen Ehegatten von eingegangenen Verpflichtungen im Zusammenhang mit der Anschaffung oder Herstellung eines Familienheims freistellt sowie der Fall, dass ein Ehegatte nachträgliche Herstellungskosten (An- und Umbauten) oder Erhaltungsaufwand (Instandhaltungsaufwand) für ein Familienheim übernimmt, das im gemeinsamen Eigentum der

115 Vgl. Hannes/Holtz (2021), Rn. 22 zu § 13 ErbStG.

116 Vgl. BFH vom 26.02.2009, II R 69/06, BStBl. II 2009, S. 480; Wachter (2014), S. 193.

Ehegatten oder im Alleineigentum des anderen Ehegatten steht (§ 13 Abs. 1 Nr. 4a Satz 1 2 Hs. und Satz 2 ErbStG).

Die Finanzverwaltung fasst die steuerbefreiten Sachverhalte wie folgt zusammen (R E 13.3 Abs. 4 ErbStR):

1. Übertragung des Alleineigentums oder Miteigentums an dem einem Ehegatten bereits gehörenden Grundstück,
2. Kauf oder Herstellung aus den Mitteln eines Ehegatten unter Einräumung einer Miteigentümerstellung des anderen Ehegatten,
3. Anschaffung oder Herstellung (ganz oder teilweise) durch einen Ehegatten aus Mitteln, die allein oder überwiegend vom anderen, zuwendenden Ehegatten stammen (mittelbare Grundstückszuwendung),
4. Tilgung eines im Zusammenhang mit dem Kauf oder der Herstellung des Familienheims von einem oder beiden Ehegatten aufgenommenen Darlehens aus Mitteln des zuwendenden Ehegatten,
5. Befreiung von einer Schuld des einen Ehegatten gegenüber dem anderen Ehegatten, die im Zusammenhang mit dem Kauf oder der Herstellung des Familienheims gegenüber dem anderen Ehegatten eingegangen wurde,
6. Begleichung nachträglicher Herstellungs- oder Erhaltungsaufwendungen am Familienheim aus Mitteln eines Ehegatten, wenn der andere Ehegatte Eigentümer oder Miteigentümer ist.

§ 13 Abs. 1 Nr. 4a ErbStG enthält **keine Behaltenspflicht** für das begünstigt erworbene Grundstück. Damit kommt es zu keiner Nachversteuerung für den Fall, dass der Ehegatte das Familienheim aufgibt.

Unter Ehegatten ist die Schenkung eines Familienheims zu Lebzeiten einem Erwerb von Todes wegen vorzuziehen, da das Gesetz im Schenkungsfall keine Behaltensfrist nennt, bei Erwerb von Todes wegen jedoch eine Behaltensfrist von zehn Jahren besteht.

Beispiel:

Schenkerin Klara Schwarz beteiligt ihren Ehemann Klaus durch Schenkung von 50 % eines in Stuttgart belegenen bebauten Grundstücks am Eigentum. In dem Gebäude befinden sich zwei Wohnungen, von denen eine durch die Eheleute bewohnt ist (OG), in der anderen wird eine Arztpraxis betrieben (EG). Der festgestellte Grundbesitzwert beträgt 1.200.000 €. Die Summe der Wohnflächen der beiden Wohnungen beträgt 300 qm. Die Arztpraxis hat eine Nutzfläche von 100 qm. Ist die Schenkung steuerpflichtig?

Lösung:

Es handelt sich um eine Zuwendung unter Lebenden, bei der die Ehefrau ihrem Ehemann 50 % an einem im Inland belegenen gemischt genutzten Grundstück unentgeltlich zuwendet. Da beide Ehegatten das Obergeschoss bewohnen, handelt es sich um ihr Familienheim i. S. d. § 13 Abs. 1 Nr. 4a ErbStG. Damit greift die Steuerbefreiung, soweit das Gebäude zu eigenen Wohnzwecken genutzt ist. Die Aufteilung erfolgt nach dem Verhältnis der Wohnfläche zur Gesamtwohn- bzw. -nutzfläche, folglich 200/300 des gemeinen Werts (50 % von 1.200.000 €). 400.000 € (600.000 € × 2/3) sind damit für Klaus steuerfrei.

Erwerb von Todes wegen unter Ehegatten (§ 13 Abs. 1 Nr. 4b ErbStG)

Nach § 13 Abs. 1 Nr. 4b Satz 1 ErbStG ist der **Erwerb von Todes wegen** eines im Inland oder in einem Mitgliedstaat der Europäischen Union oder Staat des Europäischen Wirtschaftsraums belegenen bebauten Grundstücks durch den überlebenden **Ehegatten** steuerfrei, soweit der Erblasser darin bis zum Erbfall eine Wohnung zu eigenen Wohnzwecken genutzt hat oder aus zwingenden Gründen an einer Selbstnutzung zu eigenen Wohnzwecken gehindert war. Die Wohnung muss beim Erwerber unverzüglich zur Selbstnutzung zu eigenen Wohnzwecken bestimmt sein (Familienheim).

Die Voraussetzungen für das Vorliegen eines Familienheims sind analog zu § 13 Abs. 1 Nr. 4a ErbStG definiert. Ähnlich sieht es bezüglich der Nutzung des Familienheims aus. Auch im Fall des Erwerbs von Todes wegen muss der Erblasser bis zu seinem Tode in der Wohnung gelebt haben, es sei denn er war aus objektiv zwingenden Gründen wie beispielsweise aufgrund von Pflegebedürftigkeit daran gehindert. Gleichzeitig muss der überlebende Ehegatte entweder bereits in der Wohnung leben oder unverzüglich, d. h. ohne schuldhaftes Zögern (§ 121 Satz 1 BGB) einziehen. Dabei sieht der BFH einen Zeitraum von grundsätzlich **sechs Monaten** als angemessen an, es sei denn es liegen Gründe außerhalb seines Einflussbereichs vor.[117]

Ist der überlebende Ehegatte ebenfalls aus objektiv zwingenden Gründen an einer Selbstnutzung gehindert, ist dies für die Steuerbefreiung unschädlich.

Anders als im Fall der Zuwendung unter Lebenden, bei der der BFH ausnahmsweise die Steuerbefreiung auch dann annimmt, wenn der Eigentümer selbst nicht die Wohnung zu eigenen Wohnzwecken genutzt hat, stattdessen aber der Erwerber mit den gemeinsamen Kindern in der ihm als Familienheim zugewandten Wohnung lebt, sieht § 13 Abs. 1 Nr. 4b ErbStG für den Fall des Erwerbs von Todes wegen als zwingende Voraussetzung für die Steuerbefreiung die Selbstnutzung der Wohnung durch den Erblasser bis zum Tode vor.[118] Damit ist bei

[117] Vgl. BFH vom 23.6.2015, II R 39/13, BStBl. II 2016, S. 225; BFH vom 28.05.2019, II R 37/16, BStBl. II 2019, S. 678.

[118] Vgl. FG München vom 22.10.2014, 4 K 2517/12, rkr., EFG 2015, S. 238; FG Köln vom 27.01.2016, 7 K 247/14, EFG 2016, S. 584; FG München vom 12.10.2016, 4 K 3006/15, rkr., EFG 2017, S. 229.

Getrenntleben der Ehegatten nur der Fall steuerfrei gestellt, in dem der überlebende Ehegatte unverzüglich in die Wohnung des Erblassers einzieht, da eine doppelte Selbstnutzung des Familienheims (Erblasser und Erbe) erforderlich ist.

Analog zu §13 Abs.1 Nr.4a ErbStG greift die Steuerbefreiung nicht, wenn der Erbe aufgrund einer letztwilligen Verfügung oder einer rechtsgeschäftlichen Verfügung des Erblassers das Familienheim auf einen Dritten übertragen muss oder der Erbe das Familienheim im Rahmen einer Teilung des Nachlasses auf einen Miterben übertragen muss (§13 Abs.1 Nr.4b Sätze 2 und 3 ErbStG). Als konkrete Anwendungsfälle nennt die Finanzverwaltung die Folgenden (R E 13.4 Abs.5 Satz 3 ErbStR):

1. Sachvermächtnisse, die auf begünstigtes Vermögen gerichtet sind,
2. Vorausvermächtnisse, die auf begünstigtes Vermögen gerichtet sind,
3. Ein Schenkungsversprechen auf den Todesfall oder
4. Auflagen des Erblassers, die auf die Weitergabe begünstigten Vermögens gerichtet sind.

§13 Abs.1 Nr.4b Satz 4 ErbStG der Vorschrift regelt den Fall, dass der Erbe das Familienheim im Rahmen der Nachlassteilung auf einen Dritten überträgt und im Gegenzug der Dritte dafür vom Erblasser erhaltenes nicht begünstigtes Vermögen, z.B. Bargeld, hingibt. Der Wert des begünstigten Vermögens des Dritten erhöht sich insoweit um den Wert des hingegebenen Vermögens, höchstens jedoch um den Wert des übertragenen Vermögens, denn der Dritte soll so gestellt werden, wie wenn er von Anfang an begünstigtes Vermögen erworben hätte (R E 13.4 Abs.5 Satz 6 ErbStR). Damit darf der gemeine Wert des begünstigten Familienheims nicht überschritten werden (R E 13.4 Abs.5 Satz 8 ErbStR).

Der Erwerb von Todes wegen steht unter einer zehnjährigen Nachversteuerungsfrist.

Nach §13 Abs.1 Nr.4b Satz 5 ErbStG fällt die Steuerbefreiung mit Wirkung für die Vergangenheit weg (vollumfänglich; Fallbeil), wenn der Erbe **innerhalb von zehn Jahren** das erworbene Familienheim nicht mehr zu eigenen Wohnzwecken nutzt. Ausnahme ist wiederum nur die Situation, dass der Erbe aufgrund **objektiv zwingender Gründe** an der Selbstnutzung gehindert ist. Diese liegen v.a. im Fall des Todes oder der Pflegebedürftigkeit vor, die die Führung eines eigenen Haushalts nicht mehr zulässt, nicht dagegen bei einer beruflichen Versetzung (R E 13.4 Abs.6 Satz 9 ErbStR).

> Ein objektiv zwingender Grund liegt beispielsweise vor, wenn ein Familienheim innerhalb des Zehnjahreszeitraums aufgrund höherer Gewalt (z.B. durch Hochwasser, Starkregen, Unwetter, Sturm, Brand, Explosion) zerstört und seine tatsächliche Selbstnutzung dadurch beendet wird. Der Erwerber ist in einem solchen Fall nicht zum Wiederaufbau des Familienheims verpflichtet.[119]

Der Erbe muss selbst den Wegfall der Befreiungsvoraussetzungen anzeigen (§153 Abs.2 AO). Der Steuerbescheid wird dann aufgrund der Realisierung eines rückwirkenden Ereignisses nach §175 Abs.1 Satz 1 Nr.2 AO geändert.

> In der Praxis dürfte der tatsächliche Nachweis der Selbstnutzung bzw. deren Verhinderung oftmals schwierig und streitanfällig sein. Da die Finanzverwaltung an ihrer strengen Linie festhält, sollte versucht werden, Familienheime unter Ehegatten noch zu Lebzeiten zu übertragen.

Erwerb von Todes wegen zu Gunsten von Kindern und verwaisten Enkeln (§13 Abs.1 Nr.4c ErbStG)

§13 Abs.1 Nr.4c ErbStG sieht eine zu Nr.4b analoge Regelung für den Erwerb von Todes wegen eines Familienheims zu Gunsten von (Stief-) Kindern und verwaisten (Stief-)Enkeln vor. Es gelten demzufolge die gleichen Voraussetzungen, Weitergabeverpflichtungen, Teilungsanordnungen und Nachversteuerungsregelungen wie bei Ehegatten. Zu erwähnen ist, dass für den Fall, dass das Kind wegen Minderjährigkeit rechtlich gehindert ist, einen Haushalt selbstständig zu führen, ein objektiver zwingender Grund zu sehen ist, der die Selbstnutzung ausschließt.

Zu den genannten Regelungen tritt für Kinder eine wesentliche weitere Einschränkung hinzu. So gilt die Steuerbefreiung nur, soweit das Familienheim die Wohnfläche von **200 qm** nicht übersteigt. Da das Gesetz an dieser Stelle von „soweit" spricht, hat der Erwerb eines Familienheims mit einer Wohnfläche von mehr als 200 qm nicht zur Folge, dass keine Steuerbefreiung greift, sondern dass lediglich der übersteigende Anteil steuerpflichtig ist. Damit ist die Höhe der Wohnfläche auf das Familienheim (Objekt) zu beziehen, nicht auf den Erwerber. Erben beispielsweise zwei Kinder das Familienheim und ziehen auch beide dort unverzüglich ein, dann gilt die Begrenzung von 200 qm insgesamt. Eine Verdoppelung auf 400 qm kann nicht mit dem Argument erfolgen, dass jedem Kind diese Befreiung zustehe.

[119] Vgl. Oberste Finanzbehörden der Länder vom 09.02.2022, S 3812, BStBl. I 2022, S.226.

Beispiel:

Die Erblasserin Klara Schwarz war Alleineigentümerin des zu eigenen Wohnzwecken genutzten und lastenfreien Einfamilienhauses (Wohnfläche 250 qm) Pariser Str. 10 in Mannheim. Der nach den Vorschriften des BewG auf den Todestag festgestellte zutreffende Grundbesitzwert beträgt 550.000 €. Nach dem Tod ihrer Mutter lässt Kalena das Einfamilienhaus renovieren und zieht fünf Monate später in das geerbte Einfamilienhaus ein. Ist der Erwerb steuerpflichtig?

Lösung:

Das Grundstück ist mit dem auf den Todestag festgestellten Grundbesitzwert von 550.000 € anzusetzen (§ 12 Abs. 3 ErbStG i. V. m. § 151 Abs. 1 Satz 1 Nr. 1 BewG). Der Erwerb des im Inland belegenen Einfamilienhauses ist dem Grunde nach steuerfrei (§ 13 Abs. 1 Nr. 4c ErbStG), weil es von der Erblasserin zu eigenen Wohnzwecken genutzt und von der Tochter als Alleinerbin unverzüglich zur Selbstnutzung zu eigenen Wohnzwecken bestimmt wurde. Die Steuerbefreiung ist für das Einfamilienhaus aber nicht in vollem Umfang zu gewähren, weil die Wohnfläche 200 qm übersteigt (§ 13 Abs. 1 Nr. 4c Satz 1 ErbStG). Somit ermitteln sich der Umfang der Steuerbefreiung und der anteilig der Besteuerung unterliegende Grundbesitzwert bei einer Wohnfläche von 250 qm wie folgt:

	Grundbesitzwert	550.000 €
./.	Steuerbefreiung (§ 13 Abs. 1 Nr. 4c ErbStG) (550.000 € × 200 qm/250 qm)	440.000 €
=	Wertansatz	110.000 €

3.2.2.2 *Steuerbefreiung für zu Wohnzwecken vermietete Grundstücke*

Nach § 13d Abs. 1 i. V. m. Abs. 3 ErbStG ist der gemeine Wert von vermieteten bebauten Grundstücken oder Grundstücksteilen um einen Verschonungsabschlag von 10 % zu kürzen, wenn die folgenden drei Voraussetzungen kumulativ vorliegen:

1. Das Grundstück/der Grundstücksteil ist zu Wohnzwecken vermietet.
2. Das Grundstück/der Grundstücksteil ist im Inland, einem Mitgliedstaat der Europäischen Union oder in einem Staat des Europäischen Wirtschaftsraums belegen.
3. Das Grundstück/der Grundstücksteil gehört nicht zum begünstigten Betriebsvermögen oder begünstigten Vermögen eines Betriebs der Land- und Forstwirtschaft i. S. d. § 13a ErbStG.

Dabei wird der Verschonungsabschlags nur gewährt, wenn die Verhältnisse im Besteuerungszeitpunkt vorliegen. Der Erwerber muss diese aber nicht über den Bewertungsstichtag hinaus fortführen.

§ 13d ErbStG kennt keine Behaltensfrist.

Eine nachträgliche Inanspruchnahme ist nicht möglich. Wird beispielsweise ein Familienheim i. S. d. § 13 Abs. 1 Nr. 4b oder 4c ErbStG vom Erwerber nach Beendigung der Selbstnutzung innerhalb des zehnjährigen Behaltenszeitraums zu Wohnzwecken vermietet, mit der Folge, dass die zunächst gewährte Steuerbefreiung rückwirkend entfällt, kann für dieses Grundstück oder diesen Grundstücksteil nicht nachträglich der Befreiungsabschlag nach § 13d ErbStG in Anspruch genommen werden (R E 13d Abs. 3 ErbStR).

Gem. § 181 BewG gehören zu den bebauten Grundstücken oder Grundstücksteilen, die zu Wohnzwecken vermietet werden, Ein- und Zweifamilienhäuser, Mietwohngrundstücke, Wohnungseigentum oder entsprechende Grundstücksteile anderer Grundstücksarten inkl. Garagen, Nebenräumen und Nebengebäuden, die sich auf dem Grundstück befinden und mit den vermieteten Wohnungen gemeinsam genutzt werden. Dabei muss es sich aber um eine entgeltliche Nutzungsüberlassung handeln. Steht dagegen ein zur Vermietung zu Wohnzwecken bestimmtes Grundstück nur vorübergehend leer, weil es zu einem Mieterwechsel oder Modernisierungsmaßnahmen kommt, greift dennoch der Verschonungsabschlag (R E 13d Abs. 6 Sätze 1–4 ErbStR).

Ist ein Gebäude teils zu Wohnzwecken, teils zu anderen (gewerblichen, freiberuflichen) Zwecken vermietet (Mischnutzung), kommt der Verschonungsabschlag nur für den zu Wohnzwecken vermieteten Teil zur Anwendung. Die Aufteilung erfolgt nach dem Verhältnis der zu Wohnzwecken vermieteten Wohnfläche des Gebäudes zur gesamten Wohn-/Nutzfläche; Garagen, Nebenräume und Nebengebäude sind hierbei aber nicht miteinzubeziehen (R E 13d Abs. 6 Sätze 5–8 ErbStR).

Die Aufteilung erfolgt nach dem Verhältnis der Wohnfläche zur gesamten Wohn-/Nutzfläche des Gebäudes. !

Das Lagefinanzamt hat die gesamte Wohn-/Nutzfläche des Grundstücks und die zu Wohnzwecken vermietete Fläche zu ermitteln und bei der Feststellung des Grundbesitzwerts nachrichtlich mitzuteilen (R E 13d Abs. 6 Satz 8 ErbStR).

Der Erwerber kann gem. § 13d Abs. 2 ErbStG den Verschonungsabschlag nicht in Anspruch nehmen, soweit er erworbene Grundstücke auf Grund einer letztwilligen Verfügung des Erblassers oder Schenkers auf einen Dritten übertragen muss (Weitergabeverpflichtung) oder im Rahmen einer Teilung des Nachlasses Vermögen auf einen Miterben überträgt (Teilungsanordnung).

Anwendungsfälle für eine Weitergabeverpflichtung sind laut R E 13d Abs. 8 Satz 3 ErbStR insbesondere:

1. Sachvermächtnisse, die auf begünstigtes Vermögen gerichtet sind,
2. Vorausvermächtnisse, die auf begünstigtes Vermögen gerichtet sind,
3. Schenkungsversprechen auf den Todesfall oder
4. Auflagen des Erblassers oder Schenkers, die auf die Weitergabe begünstigten Vermögens gerichtet sind.

Ziel dieser Regelung ist es, dass der Wertabschlag nur demjenigen gewährt wird, dem letztlich der Grundbesitz zufällt, und nicht demjenigen, der ihn auf Grund zivilrechtlicher Besonderheiten als Zwischenerwerber erhält.[120]

Stehen mit dem Grundstück Schulden und Lasten in wirtschaftlichem Zusammenhang, so sind diese nur zu 90 % abzugsfähig (§ 10 Absatz 6 Satz 5 ErbStG).

$$\text{Abzugsfähige Schulden in \%} = \frac{\text{Vermögen nach Anwendung des §13d ErbStG}}{\text{Vermögen vor Anwendung des §13d ErbStG}}$$

Beispiel:

Klara Schwarz war Alleineigentümerin des gemischt genutzten Grundstücks Hohenheimer Str. 10 in Stuttgart. Das EG und das 1. OG haben eine Nutzfläche von insgesamt 275 qm und werden zu fremdgewerblichen Zwecken genutzt. Im 2. OG befindet sich eine vermietete und zu Wohnzwecken genutzte Wohnung mit einer Wohnfläche von 125 qm. Der auf den Todestag festgestellte und nach den Vorschriften des BewG zutreffend ermittelte Grundbesitzwert beträgt 600.000 €. Zum Todestag bestand noch eine Darlehensschuld aus der Finanzierung des Grundstücks in Höhe von 200.000 €. Nach dem Tod ihrer Mutter erbt Kalena die Immobilie. Ist der Erwerb steuerpflichtig?

Lösung:

Das Grundstück ist mit dem auf den Todestag festgestellten Grundbesitzwert von 600.000 € anzusetzen (§ 12 Abs. 3 ErbStG i. V. m. § 151 Abs. 1 Satz 1 Nr. 1 BewG). Auf der Besteuerungsebene ist für das Grundstück die sachliche Befreiung des Verschonungsabschlags von 10 % (§ 13d ErbStG) zu gewähren, soweit es Wohnzwecken dient (§ 13d Abs. 3 ErbStG). Somit ist für die zu Wohnzwecken genutzte Wohnung im 2. OG die Steuerbefreiung zu gewähren. Maßgebend für die Aufteilung des festgestellten Grundbesitzwertes ist das Verhältnis der Wohn-/Nutzflächen der einzelnen Wohnungen zum Besteuerungszeitpunkt (R E 13d Abs. 6 Satz 7 ErbStR).

[120] Vgl. Jülicher (2022), Rn. 6 zu § 13d ErbStG. Zur Systematik vgl. Wälzholz (2009), S. 113–121.

Der der Besteuerung unterliegende Grundbesitzwert ist wie folgt zu ermitteln:

	Grundbesitzwert		600.000 €
	Hiervon entfallen auf die Wohnung im 2. OG 31,25 % (125 qm/400 qm)		
	600.000 € × 31,25 %	187.500 €	
./.	Steuerbefreiung (§ 13d Abs. 1 ErbStG)		
	187.500 € × 10 %	18.750 €	
=	**Wertansatz**		**581.250 €**

Die auf dem Grundstück lastende und zum Todestag mit 200.000 € valutierende Darlehensverbindlichkeit ist grundsätzlich als Erblasserschuld zu berücksichtigen (§ 10 Abs. 5 Nr. 1 ErbStG).

Wegen der zu gewährenden sachlichen Steuerbefreiung (§ 13d ErbStG) ist jedoch die Einschränkung des Schuldabzugs zu beachten (§ 10 Abs. 6 ErbStG).

Da das 2. OG zu Wohnzwecken vermietet ist und damit zu 10 % von der Besteuerung verschont bleibt (§ 13d ErbStG), ist die darauf entfallene Darlehensschuld auch nur zu 90 % abzugsfähig (§ 10 Abs. 6 Satz 3, 5 ErbStG).

	Wertansatz der Darlehensschuld		
	200.000 € × 90 % × 31,25 % (125 qm/400 qm)	56.250 €	
	200.000 € × 68,75 % (275 qm/400 qm)	137.500 €	
=	**Abzugsfähige Erblasserschuld**		**193.750 €**

3.2.3 Steuerbefreiung für Betriebsvermögen, Betriebe der Land- und Forstwirtschaft und Anteile an Kapitalgesellschaften

Für Betriebsvermögen, Betriebe der Land- und Forstwirtschaft und Anteile an Kapitalgesellschaften ab einer Mindestbeteiligungsquote des Übertragenden von mehr als 25 % gibt es besondere erbschaftsteuerliche Begünstigungstatbestände, die in den §§ 13a, 13b, 13c und 28a ErbStG geregelt sind. Abhängig von der Größe des Erwerbs begünstigten Vermögens i. S. d. § 13b Abs. 2 ErbStG kommt entweder der Abzug eines Regel- oder Optionsverschonungsabschlags (§ 13a ErbStG) zur Anwendung oder es gelten ab einem Erwerb begünstigten Vermögens von mehr als 26 Mio. Euro spezifische Vorschriften für sogenannte Großerwerbe (§§ 13c oder 28a ErbStG).

Eine Besonderheit der Steuerbefreiungen für Unternehmensvermögen ist, dass die Steuerfreistellung nicht auf das erworbene begünstigungsfähige Betriebsvermögen insgesamt anzuwenden ist. Stattdessen muss das erworbene Betriebsvermögen in (tatsächlich) begünstigtes Vermögen und Verwaltungsvermögen, das grundsätzlich begünstigungsschädlich wirkt, unterteilt werden.

3.2.3.1 Übersicht

Bevor die komplexen gesetzlichen Regelungen im Detail erläutert werden, soll Abbildung 2 schematisch den Weg vom begünstigungsfähigen Vermögen zum begünstigten Vermögen aufzeigen.

Danach ist das grobe Vorgehen das Folgende: In einem ersten Schritt ist der Einstiegstest vorzunehmen, wonach das begünstigungsfähige Vermögen nicht zu mehr als 90% aus Verwaltungsvermögen bestehen darf. Ist dieser Test bestanden, wird das begünstigungsfähige Vermögen in einem zweiten Schritt in „produktives" Vermögen und Verwaltungsvermögen aufgeteilt, wobei es auch zu einer (anteiligen) Schuldenverrechnung kommt. In einem dritten Schritt wird aus dem Verwaltungsvermögen das unschädliche Verwaltungsvermögen eliminiert, sodass dieses zusammen mit dem produktiven Vermögen das begünstigte Vermögen ergibt.

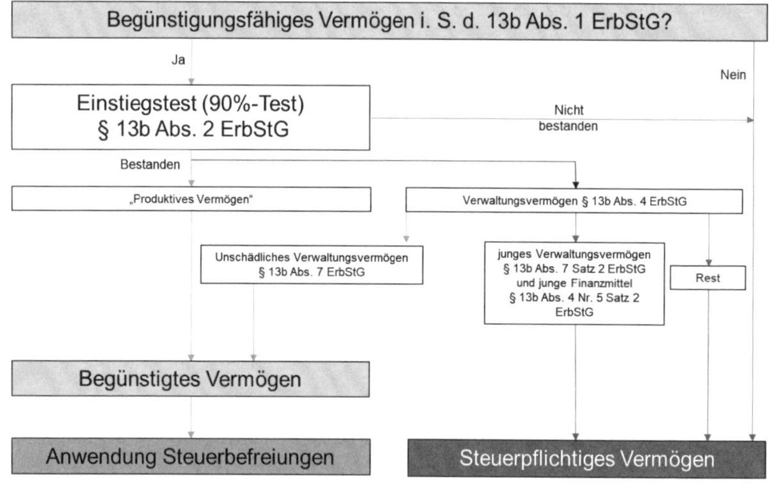

Abbildung 2: Der Weg vom begünstigungsfähigen zum begünstigten Vermögen

3.2.3.2 Begünstigungsfähiges Vermögen

3.2.3.2.1 Kategorien begünstigungsfähigen Vermögens

Ausgangsbasis für die Ermittlung des begünstigten Vermögens ist die Frage, ob das Vermögen begünstigungsfähig i.S.d. §13b Abs.1 ErbStG ist.

Einer Begünstigung zugänglich (d.h. **begünstigungsfähig** i.S.d. § 13b Abs. 1 ErbStG) sind grundsätzlich folgende Vermögensarten:

1. Land- und forstwirtschaftliches Vermögen (§ 168 Abs. 1 Nr. 1 BewG).
2. Inländisches Betriebsvermögen (§§ 95 bis 97 Abs. 1 Satz 1 BewG) beim Erwerb eines ganzen Gewerbebetriebs (Einzelunternehmen) oder Teilbetriebs, einer Beteiligung an einer Mitunternehmerschaft (Gesellschaft i.S.d. § 97 Abs. 1 Satz 1 Nr. 5 Satz 1 BewG), eines Komplementär-Anteils einer KGaA.
3. Anteile an Kapitalgesellschaften bei einer unmittelbaren Mindestbeteiligung des Erblassers oder Schenkers am Nennkapital der Gesellschaft von **mehr als 25 %.**

Begünstigungsfähig ist land- und forstwirtschaftliches Vermögen (Nr. 1) sowie Betriebsvermögen (Nr. 2) jeweils, wenn es entweder im **Inland** liegt oder einer Betriebsstätte in einem **EU- oder EWR-Staat** dient. Bei Kapitalgesellschaftsanteilen (Nr. 3) muss entweder der **Sitz oder die Geschäftsleitung** im Inland oder in einem EU-/EWR-Mitgliedstaat belegen sein.

Poolregelung bei Kapitalgesellschaftsanteilen:

Erfüllt ein Gesellschafter nicht die notwendige Mindestbeteiligungsquote von mehr als 25 %, kann er diese über einen **Stimmmrechtsbindungsvertrag** („Poolvereinbarung") erreichen (§ 13b Abs. 1 Nr. 3 Satz 2 ErbStG). Dafür müssen sich die an der Poolvereinbarung beteiligten Gesellschafter (Poolmitglieder) untereinander verpflichten, über ihre Anteile nur einheitlich zu verfügen oder sie ausschließlich auf andere Poolmitglieder zu übertragen und das Stimmrecht gegenüber Nicht-Poolmitgliedern einheitlich auszuüben. Vereinigt der Stimmrechtspool mehr als 25 % der Anteile, ist die Übertragung eines solchen „gepoolten" Anteils eines jeden Poolmitglieds begünstigungsfähig.

Eine einheitliche Verfügung über die Anteile kann bei Poolregelungen bedeuten, dass die Anteile nur an einen bestimmten Personenkreis (z.B. Familienmitglieder oder eine Familienstiftung) übertragen werden dürfen oder dass für Übertragungen die Zustimmung der (Mehrheit der) Poolmitglieder einzuholen ist (R E 13b.6 Abs. 4 Satz 3 ErbStR). Für die einheitliche Stimmrechtsausübung kann entweder ein Sprecher/eine Sprecherin oder ein Aufsichts- oder Leitungsgremium bestimmt werden oder einzelne Poolmitglieder verzichten zugunsten der Poolgemeinschaft auf ihr Stimmrecht (R E 13b.5 Abs. 5 Satz 3 ErbStR).

Die Prüfung der Mindestbeteiligungsquote des Übertragenden ist zum Zeitpunkt der Steuerentstehung vorzunehmen.

Beispiel:

Mutter Klara möchte einen Anteil von 50 % an der VS-GmbH mit Sitz in Villingen-Schwenningen auf ihre beiden Kinder Kurt und Kalena übertragen. Geplant ist, dass sie im ersten Schritt ihrer Tochter einen Anteil von 25 % überträgt und in zwei Jahren ihrem Sohn den noch verbliebenen 25 % Anteil.

Lösung:

Bei der Gestaltung von Anteilsübertragungen, die in mehreren Schritten vollzogen werden sollen, ist zu beachten, dass der bei der Schenkerin verbleibende Restanteil größer als 25 % sein muss, um ihn bei der späteren (zweiten) Übertragung als begünstigungsfähiges Vermögen einstufen zu können. Wer mit 50 % an einer GmbH beteiligt ist, sollte nicht im ersten Schritt der Tochter 25 % übertragen, denn im Zeitpunkt der Übertragung an den Sohn erfüllt der verbliebene Anteil von 25 % nicht mehr die Mindestbeteiligungsquote des § 13b Abs. 1 Nr. 3 ErbStG („mehr als 25 %"). Die zweite Schenkung wäre (ohne Poolregelung) nicht begünstigungsfähig.[121] Stattdessen sollte bei der ersten Schenkung darauf geachtet werden, dass bei der Schenkerin ein Anteil von mehr als 25 % zurückbleibt. Das ist für die erste Schenkung unproblematisch, da es auf die Höhe des Anteils der Schenkerin ankommt.

Seit Einführung des § 1a KStG durch das Gesetz zur Modernisierung des Körperschaftsteuerrechts vom 25.06.2021[122] können Personenhandelsgesellschaften und Partnerschaftsgesellschaften zur Körperschaftsbesteuerung optieren und damit das Besteuerungsregime wechseln. Zivilrechtlich bestehen sie aber trotz Optionsantrag als Personengesellschaften fort. Nach Auffassung der Obersten Finanzbehörden der Länder sind die Anteile an der optierenden Gesellschaft unter den Voraussetzungen des § 13b Abs. 1 Nr. 2 ErbStG begünstigungsfähiges Vermögen. Die Einhaltung einer Mindestbeteiligungsquote im Sinne von § 13b Abs. 1 Nr. 3 ErbStG von 25 % beim Erblasser ist nicht notwendig.[123]

3.2.3.2.2 *Bewertung des begünstigungsfähigen Vermögens*

Nach Feststellung der grundsätzlichen Begünstigungsfähigkeit ist zunächst der gemeine Wert des gesamten begünstigungsfähigen Vermögens (Unternehmenswert) auf den Bewertungsstichtag i. S. d. § 11 ErbStG zu ermitteln.

Die Bewertung von begünstigungsfähigem Vermögen variiert in Abhängigkeit von der Frage, ob eine Börsennotierung besteht oder nicht. Für die Bewertung börsennotierter Kapitalgesellschaftsante le ist auf

[121] Vgl. Hannes/Holtz (2021) Rn. 24 zu § 13b ErbStG.
[122] BGBl. I 2021, S. 2050.
[123] Vgl. Oberste Finanzbehörden der Länder vom 05.10.2022, S 3150; S 3700; S 3715; S 3730; S 3812b, BStBl. I 2022, S. 1494.

den Börsenkurs am Bewertungsstichtag abzustellen (§12 Abs.1 ErbStG i.V.m. §11 Abs.1 BewG). Für Betriebsvermögen, Mitunternehmeranteile und nicht börsennotierte Anteile an Kapitalgesellschaften enthält das Bewertungsgesetz in §11 Abs.2 BewG eine Rangfolge verschiedener Bewertungsmethoden, die zur Bestimmung des gemeinen (Unternehmens-)Werts für erbschaftsteuerliche Zwecke geeignet sind.

Das Bewertungsgesetz bietet u.a. ein eigenes steuerliches Verfahren zur Unternehmensbewertung, das unter bestimmten Voraussetzungen genutzt werden kann: das vereinfachte Ertragswertverfahren (§11 Abs.2 Satz 4 i.V.m. §§199 bis 203 BewG).

Eine ausführliche Darstellung der Bewertungsregelungen für erbschaft- und schenkungsteuerliche Zwecke enthält der Band „Bewertungsrecht".

3.2.3.3 *Begünstigtes Vermögen*

Nach Feststellung der Begünstigungsfähigkeit des übertragenen Vermögens i.S.d. §13b Abs.1 ErbStG ist im nächsten Schritt zu prüfen, ob und in welcher Höhe dieses Vermögen erbschaftsteuerlich begünstigt ist.

Nach der gesetzlichen Definition des §13b Abs.2 Satz 1 ErbStG ist das begünstigungsfähige Vermögen begünstigt, soweit sein gemeiner Wert den um das unschädliche Verwaltungsvermögen i.S.d. §13b Abs.7 ErbStG gekürzten Nettowert des Verwaltungsvermögens i.S.d. §13b Abs.6 ErbStG übersteigt. Eine Begünstigung ist allerdings ausgeschlossen, wenn das Verwaltungsvermögen mindestens 90% des gemeinen Werts des begünstigungsfähigen Vermögens beträgt (§13b Abs.2 Satz 2 ErbStG, **sog. Einstiegstest oder 90%-Test**).

3.2.3.3.1 *Schema zur Ermittlung des begünstigten Vermögens*

Einen ersten schematischen Überblick über die notwendigen Ermittlungsschritte zur Bestimmung des begünstigten Vermögens soll folgende Darstellung (R E 13b.9 ErbStR) bieten.

I. 90%-Test (Prüfung nach 13b Abs. 2 Satz 2 ErbStG)

	festgestellter Wert des Verwaltungsvermögens (einschließlich junges Verwaltungsvermögen) §13b Abs.4 Nr.1 bis 4 ErbStG
+	festgestellter Wert der Finanzmittel (einschließlich junger Finanzmittel) §13b Abs.4 Nr.5 ErbStG
=	Verwaltungsvermögen für den 90%-Test

$$\text{Verwaltungsvermögensquote} = \frac{\text{Verwaltungsvermögen für den 90 \% – Test}}{\text{festgestellter Wert des (Anteils) Betriebsvermögens}}$$

≥ 90 %, dann insgesamt kein begünstigtes Vermögen

II. Berechnung des begünstigten Vermögens

II.1 Finanzmitteltest i. S. d. § 13b Abs. 4 Nr. 5 ErbStG

festgestellter Wert der Finanzmittel
./. festgestellter Wert der jungen Finanzmittel nach § 13b Abs. 4 Nr. 5 Satz 2 ErbStG; höchstens festgestellter Wert der Finanzmittel

= Saldo
./. festgestellter Wert der Schulden

= Saldo
./. Sockelbetrag 15 % des festgestellten Werts des (Anteils) Betriebsvermögens (vorbehaltlich Hauptzweck gemäß § 13b Abs. 4 Nr. 5 Satz 4 ErbStG)

= verbleibender Wert der Finanzmittel, mindestens 0 € (§ 13b Abs. 4 Nr. 5 Satz 1 ErbStG)

II.2 Berechnung der verbleibenden Schulden

festgestellter Wert der Schulden
./. Wert der Schulden, die im Rahmen des Finanzmitteltests verrechnet wurden

= verbleibende Schulden

II.3 Nettowert des Verwaltungsvermögens

II.3.1 Saldo Verwaltungsvermögen

festgestellter Wert des Verwaltungsvermögens (§ 13b Abs. 4 Nr. 1 bis 4 ErbStG)
./. festgestellter Wert des jungen Verwaltungsvermögens
\+ verbleibender Wert der Finanzmittel II.1 (§ 13b Abs. 4 Nr. 5 Satz 1 ErbStG)

= Saldo Verwaltungsvermögen

II.3.2 Berechnung der anteilig verbleibenden Schulden

$$\frac{\text{verbleibende Schulden II.2} \times \text{Saldo Verwaltungsvermögen II.3.1}}{\text{festgestellter Wert des (Anteils) Betriebsvermögens} + \text{verbleibende Schulden II.2}}$$

= anteilig verbleibende Schulden

II.3.3 Berechnung des Nettowertes des Verwaltungsvermögens

Saldo Verwaltungsvermögen II.3.1
./. anteilig verbleibende Schulden II.3.2

= Nettowert des Verwaltungsvermögens

II.4 Steuerpflichtiger Wert des Verwaltungsvermögens

II.4.1 Berechnung der Bemessungsgrundlage des unschädlichen Verwaltungsvermögens (§13b Abs. 7 ErbStG)

festgestellter Wert des (Anteils) Betriebsvermögens
./. Nettowert des Verwaltungsvermögens II.3.3
./. festgestellter Wert des jungen Verwaltungsvermögens
./. festgestellter Wert der jungen Finanzmittel

= Bemessungsgrundlage für das unschädliche Verwaltungsvermögen

II.4.2 Gekürzter Nettowert des Verwaltungsvermögens

Nettowert des Verwaltungsvermögens II.3.3
./. 10% × Bemessungsgrundlage für das unschädliche Verwaltungsvermögen II.4.1

= gekürzter Nettowert des Verwaltungsvermögens

II.4.3 Berechnung des steuerpflichtigen Werts des Verwaltungsvermögens

gekürzter Nettowert des Verwaltungsvermögens II.4.2
\+ festgestellter Wert des jungen Verwaltungsvermögens
\+ festgestellter Wert der jungen Finanzmittel

= steuerpflichtiger Wert des Verwaltungsvermögens (nicht begünstigtes Vermögen)

II.5 Begünstigtes Vermögen (§13b Abs. 2 Satz 1 ErbStG)

festgestellter Wert des (Anteils) Betriebsvermögens
./. steuerpflichtiger Wert des Verwaltungsvermögens II.4.3

= begünstigtes Vermögen

In den folgenden Kapiteln wird auf die einzelnen Definitionen sowie Detailregelungen konkret eingegangen.

3.2.3.3.2 Einstiegstest (90%-Test)

Für die Inanspruchnahme der erbschaftsteuerlichen Begünstigung ist der sog. **Einstiegstest (90%-Test)** nach §13b Abs. 2 Satz 2 ErbStG zu bestehen.

Von der erbschaft- und schenkungsteuerlichen Begünstigung grundsätzlich nicht erfasst werden Wirtschaftsgüter des Verwaltungsvermögens gem. §13b Abs. 4 ErbStG (vgl. für die Bestandteile des Verwaltungsvermögen Kapitel 3.2.3.5).[124] Es ist daher erforderlich, das im übertragenen Betriebsvermögen oder Kapitalgesellschaftsanteil enthaltene Verwaltungsvermögen zu identifizieren.

[124] Von diesem Grundsatz gibt es aber auch Ausnahmen, z. B. das unschädliche Verwaltungsvermögen, vgl. Kapitel 3.2.3.8.

Beträgt der Anteil des **Brutto**-Verwaltungsvermögens am gemeinen Wert des begünstigungsfähigen Vermögens mindestens 90 %, ist gemäß § 13b Abs. 2 Satz 2 ErbStG jegliche Begünstigung ausgeschlossen. Hierbei ist zu beachten, dass das Verwaltungsvermögen weitgehend ungekürzt („brutto") in den Einstiegstest eingeht, obwohl die nachfolgenden Ermittlungsschritte zur Bestimmung des schädlichen Verwaltungsvermögen weitere Anpassungsmaßnahmen erfordern (u. a. eine Verrechnung mit Schulden, vgl. Kapitel 3.2.3.7).

Der Begünstigungsausschluss greift bei Überschreitung der 90 %-Grenze nicht nur für das Verwaltungsvermögen, sondern für den gesamten grundsätzlich begünstigungsfähigen Übertragungsgegenstand.

Verwaltungsvermögen, das der Erfüllung von Schulden aus Altersversorgungsverpflichtungen dient (§ 13b Abs. 3 ErbStG, vgl. Kapitel 3.2.3.4), ist nicht in den Einstiegstest einzubeziehen (R E 13b.10 Satz 5 ErbStR).

Es ist darauf hinzuweisen, dass der sog. Einstiegstest nach § 13b Abs. 2 Satz 2 ErbStG bereits seit seiner Einführung im Fachschrifttum stark kritisiert wird.[125] Durch die fehlende Verrechnung des Verwaltungsvermögens mit den Schulden (die jedoch im nächsten Schritt bei der Ermittlung der konkreten Höhe des begünstigungsschädlichen Verwaltungsvermögens vorzunehmen ist) können ein hoher Verwaltungsvermögensbestand in Kombination mit einer hohen Fremdverschuldung zu einem Begünstigungsausschluss führen, obwohl nach der Schuldenverrechnung (vgl. Kapitel 3.2.3.7 Schuldenverrechnung) nur ein geringer Bestand oder sogar gar kein schädliches Verwaltungsvermögen vorläge.[126]

Seitens der Rechtsprechung gibt es bereits eine erste Entscheidung des FG Münster, die eine teleologische Reduktion der Norm für geboten hält und damit einer uneingeschränkten Anwendung des Einstiegstests entgegentritt für Fälle, in welchen die Gesellschaft (im Streitfall eine GmbH) ihrem Hauptzweck nach einer originär gewerblichen, freiberuflichen oder land- und forstwirtschaftlichen Tätigkeit dient.[127] Gegen das Urteil des FG Münster ist die Revision beim BFH anhängig (Az. II R 49/21).

!

In betroffenen Fällen[128] sollten die Veranlagungen verfahrensrechtlich offen gehalten und die weitere Entwicklung der Rechtsprechung verfolgt werden.

---

125 Vgl. anstatt vieler Corsten/Corsten (2022), 479, 497–500 m. w. N.

126 Vgl. Kummer (2019), S. 25 sowie S. 122 ff. für Strategien zur Einhaltung der Verwaltungsvermögensquote(n).

127 Vgl. FG Münster vom 24.11.2021, 3 K 2174/19 Erb, EFG 2022, S. 343.

128 Im Fachschrifttum wurde häufig darauf hingewiesen, dass insbesondere die Übertragung von (Anteilen an) Handelsunternehmen in den Anwendungsbereich des Begünstigungsausschlusses nach § 13b Abs. 2 Satz 2 ErbStG fallen kann, vgl. zur Veranschaulichung anstatt vieler Althof (2019), S. 2035 (mit Beispielberechnung).

Beispiel:

Die im Inland ansässige Einzelunternehmerin Klara Schwarz betreibt ein Handelsgewerbe in Villingen-Schwenningen. Sie überträgt ihr Einzelunternehmen zum 31.12.01 im Wege der vorweggenommenen Erbfolge auf ihren Sohn Kurt. Zum 31.12.01, dem Zeitpunkt der Entstehung der Steuer (zugleich Bewertungsstichtag i.S.d. §11 ErbStG), beläuft sich der im vereinfachten Ertragswertverfahren für das Einzelunternehmen ermittelte Ertragswert auf 5 Mio. Euro. Die Bilanz stellt sich zum Bewertungsstichtag (vereinfacht) wie folgt dar:

Aktiva (TEUR)		Passiva (TEUR)	
Grundstücke (fremdvermietet)	2.000	Eigenkapital	3.000
Sonstige Aktiva (kein Verwaltungsvermögen)	4.000	Rückstellungen	2.000
Forderungen aus Lieferungen und Leistungen	3.000	Verbindlichkeiten aus Lieferungen und Leistungen	4.000
Kasse/Bank	1.000	Verbindlichkeiten ggü. Kreditinstituten	1.000
Bilanzsumme	10.000	Bilanzsumme	10.000

Ist die Übertragung schenkungsteuerlich begünstigt?

Lösung:

Die Summe aus Verwaltungsvermögen (fremdvermietetes Grundstück 2.000 TEUR) und Finanzmitteln (Forderungen aus Lieferungen und Leistungen sowie Kasse-/Bankbestand 4.000 TEUR) beträgt 6.000 TEUR. Diese Summe ist ins Verhältnis zum Unternehmenswert von 5.000 TEUR zu ersetzen. Der sich dabei ergebende Prozentsatz von 120% liegt über dem Grenzwert für Verwaltungsvermögen von 90%, ab welchem ein vollständiger Begünstigungsausschluss eintritt (§13b Abs.2 Satz 2 ErbStG). Damit ist die Übertragung insgesamt schenkungsteuerlich nicht begünstigt.

Das Beispiel zeigt, dass die Schulden i.H.v. insgesamt 5.000 TEUR beim Einstiegstest nach §13b Abs.2 Satz 2 ErbStG nicht zum Abzug gebracht werden können.

Wäre der Einstiegstest jedoch bestanden, dann würden die Schulden bei der Ermittlung der Höhe des Verwaltungsvermögens vorrangig von den Finanzmitteln abgezogen (§13b Abs.4 Nr.5 ErbStG). Ein über den Bestand der Finanzmittel hinausgehender Bestand an Schulden vermindert anteilig die sonstigen Verwaltungsvermögensgegenstände, denn der Nettowert des Verwaltungsvermögens ergibt sich durch Kürzung des gemeinen Werts des Verwaltungsvermögens um den nach Verrechnung mit Finanzmitteln (und nach Verrechnung mit Vermögen, das ausschließlich und dauerhaft der Erfüllung von Schulden aus Altersversorgungsverpflichtungen dient) verbleibenden anteiligen gemeinen Wert der Schulden (§13b Abs.6 ErbStG).

3.2.3.4 Altersversorgungsvermögen

Für die Teile des begünstigungsfähigen Vermögens, die ausschließlich und dauerhaft der Erfüllung von Schulden aus Altersversorgungsverpflichtungen dienen und dem Zugriff aller übrigen Gläubiger entzogen sind, gilt, dass sie bis zur Höhe des gemeinen Werts der Schulden aus Altersversorgungsverpflichtungen nicht zum Verwaltungsvermögen i. S. d. § 13b Abs. 4 Nr. 1 bis 5 ErbStG gehören (§ 13b Abs. 3 ErbStG).

Hintergrund dieser Regelung ist es, dass das sog. „Deckungsvermögen" für betriebliche Altersvorsorge von vorneherein nicht zum Verwaltungsvermögen gehören soll, da es eben nicht typischerweise der privaten Lebensführung, sondern der Absicherung von betrieblichen Pensionsverpflichtungen dient[129] und damit nicht als rein renditeorientierte Kapitalanlage ohne Bezug zum originären Geschäftsbetrieb anzusehen ist.

In Anlehnung an § 246 Abs. 2 Satz 2 HGB betrifft das vor allem sog. CTA-Strukturen (Contractual Trust Arrangement) sowie sonstige Regelungen, die einen nachhaltigen Insolvenzschutz zugunsten der Anspruchsberechtigten auf Altersversorgung vorsehen. Nicht von der Regelung erfasst sind für sich allein genommen Rückdeckungsversicherungen für Altersversorgungsverpflichtungen (R E 13b.11 Abs. 2 Sätze 4 bis 6 ErbStR).

☞ Übersteigen die Schulden aus Altersversorgungsverpflichtungen das entsprechende Deckungsvermögen, werden die übersteigenden Altersversorgungsverpflichtungen beim Finanzmitteltest und der quotalen Schuldenverrechnung nach § 13b Abs. 3 Satz 2 ErbStG berücksichtigt (R E 13b.11 Abs. 4 Satz 3 ErbStR).

Die betreffenden Wirtschaftsgüter sind in der folgenden Reihenfolge bis zur Höhe der Altersversorgungsverpflichtungen zu verrechnen (R E 13b.11 Abs. 4 ErbStR):

1. Junges Verwaltungsvermögen (§ 13b Abs. 7 Satz 2 ErbStG)
2. Verwaltungsvermögen (§ 13b Abs. 4 Nr. 1 bis 4 ErbStG)
3. Finanzmittel (§ 13b Abs. 4 Nr. 5 Satz 1 ErbStG)

Junge Finanzmittel i. S. d. § 13b Abs. 4 Nr. 5 Satz 2 ErbStG (vgl. Kapitel 3.2.3.5.5) sind nicht unter die Regelung für das Altersversorgungsvermögen zu subsumieren.

☞ In Anlehnung an § 246 Abs. 2 Satz 2 HGB kommen grundsätzlich verschiedene Wirtschaftsgüter als Deckungsvermögen in Frage, wie etwa Bankguthaben, Wertpapiere oder vergleichbare Forderungen. Aber auch Gesell-

[129] Vgl. Stalleiken (2020), Rn. 93 zu § 13b ErbStG.

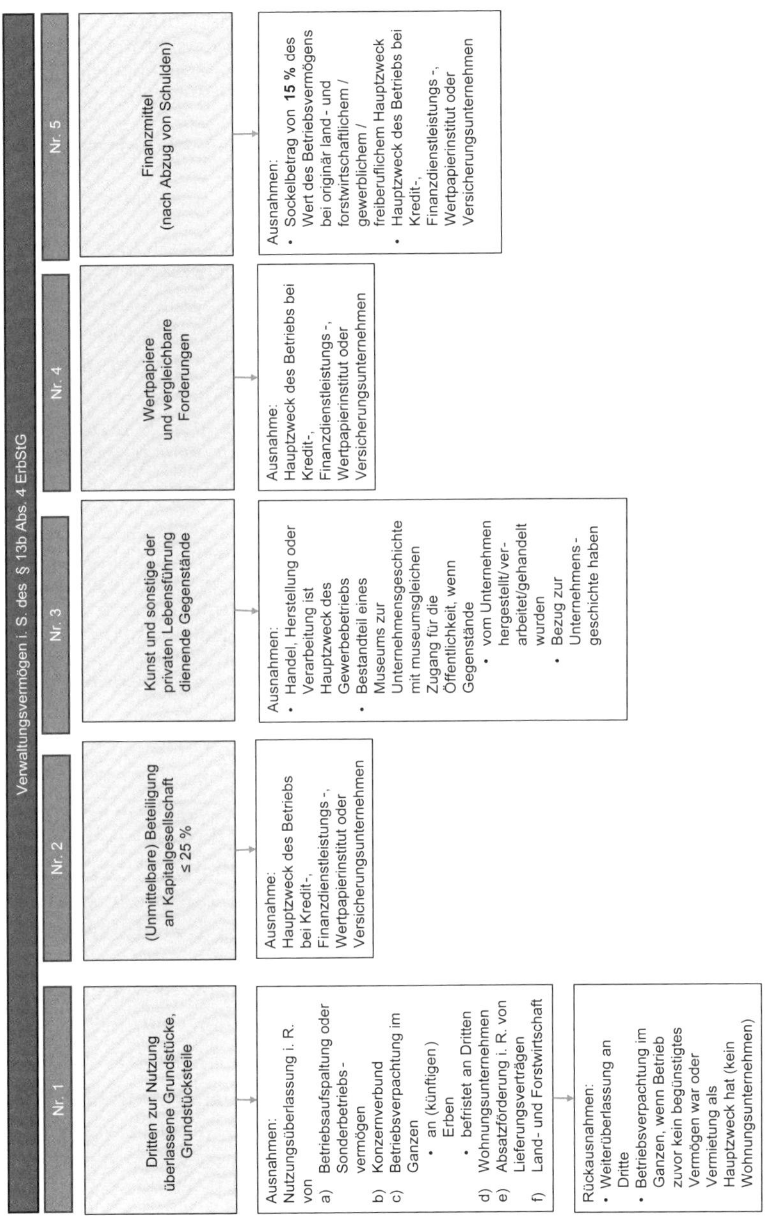

Abbildung 3: Übersicht Verwaltungsvermögen i. S. d. § 13b Abs. 4 ErbStG[130]

130 Grafisch angelehnt an Schmidt/Schwind (2009), S. 2152, inhaltlich an aktuellen Rechtsstand angepasst.

schaftsanteile oder Grundbesitz kommen in der Praxis häufig vor.[131] Sofern die Wirtschaftsgüter nicht zum Verwaltungsvermögenskatalog gehören (z. B. ungenutzter oder eigengenutzter Grundbesitz), greift allerdings keine Schuldensaldierung mit Altersversorgungsverpflichtungen i. S. d. § 13b Abs. 3 ErbStG (R E 13b.11 Abs. 2 Satz 3 ErbStR).

3.2.3.5 *Verwaltungsvermögenskatalog*

Zum Verwaltungsvermögen gehören grundsätzlich Wirtschaftsgüter, die der Gesetzgeber für „nicht produktives" bzw. „nicht betriebsnotwendiges Vermögen" hält. Damit gemeint ist insbesondere solches Vermögen, das vorrangig der weitgehend risikolosen Renditeerzielung dient und zumeist nicht zur Schaffung von Arbeitsplätzen oder zu zusätzlichen volkswirtschaftlichen Leistungen beiträgt. Dieses Vermögen soll prinzipiell von der erbschaftsteuerlichen Verschonung ausgenommen werden.[132]

☞ Bei Verbundstrukturen ist das Verwaltungsvermögen für jede wirtschaftliche Einheit (Gewerbebetrieb, Beteiligung an einer Personengesellschaft, Anteil an einer Kapitalgesellschaft) gesondert zu ermitteln und zu überprüfen. Das gilt ebenso für die Finanzmittel (als spezielle Art von Verwaltungsvermögen) sowie die Schulden (§ 13b Abs. 9 ErbStG).

3.2.3.5.1 *Dritten zur Nutzung überlassene Grundstücke*

Werden Grundstücke, Grundstücksteile oder grundstücksgleiche Rechte und Bauten an Dritte zur Nutzung überlassen, rechnen sie zum Verwaltungsvermögen (§ 13b Abs. 4 Nr. 1 ErbStG). Dabei kommt es nicht darauf an, ob die Überlassung entgeltlich oder (teilweise) unentgeltlich erfolgt (R E 13b.13 Satz 2 ErbStR). Ist die Fremdvermietung von Grundstücksteilen an Dritte branchentypisch, z. B. bei sog. Beherbergungsbetrieben (Hotels, Pensionen, Campingplätze), und ertragsteuerlich als gewerbliche Tätigkeit anzusehen, handelt es sich in diesen Fällen erbschaftsteuerlich nicht um Verwaltungsvermögen.

Werden einzelne Grundstücksteile an fremde Dritte zur Nutzung überlassen und stellen Verwaltungsvermögen dar, ist der Verwaltungsvermögenswert aus dem Wert des Gesamtgrundstücks anhand der Wohn-/Nutzflächen abzuleiten (R E 13b.13 Satz 4 ErbStR).

In bestimmten Konstellationen sieht das Gesetz in § 13b Abs. 4 Nr. 1 ErbStG **Ausnahmen** von der Zuordnung von fremdvermieteten Grundstücken zum Verwaltungsvermögen vor:

---

131 Vgl. Kotzenberg/Jülicher (2016), S. 1138.
132 Vgl. BT-Drs. 16/7918, S. 35.

a) Durchsetzung eines einheitlichen geschäftlichen Betätigungswillens:

Wird im Rahmen einer **Betriebsaufspaltung** Grundbesitz vom Besitz- an das Betriebsunternehmen überlassen und kann der Erblasser/Schenker allein oder zusammen mit anderen Gesellschaftern (Personengruppentheorie) seinen Willen im überlassenden und im nutzenden Betrieb durchsetzen, handelt es sich bei dem überlassenen Grundbesitz nicht um Verwaltungsvermögen (§ 13b Abs. 4 Nr. 1 Satz 2 Buchst. a ErbStG). Für die Prüfung des einheitlichen geschäftlichen Betätigungswillens sind ertragsteuerliche Grundsätze anzuwenden, wobei die sachliche Verflechtung aufgrund der Grundstücksüberlassung grundsätzlich vorausgesetzt wird (R E 13b.14 Abs. 1 Sätze 3 bis 5 ErbStR, vgl. zur personellen Verflechtung bei Betriebsaufspaltung H 15.7 Abs. 6 EStH, zur sachlichen Verflechtung H 15.7 Abs. 5 EStH). Voraussetzung ist, dass die Betriebsgesellschaft das überlassene Grundstück selbst nutzt und nicht weitervermietet (R E 13b.14 Abs. 1 Satz ErbStR). Auf Grundstücksüberlassungen im Rahmen einer kapitalistischen Betriebsaufspaltung ist die Rückausnahme nicht anwendbar, es sei denn, die überlassende Besitzkapitalgesellschaft und die nutzende Betriebskapitalgesellschaft gehören zu einem Konzern i. S. d. § 4h EStG (R E 13b.14 Abs. 1, vgl. die Ausführungen unter c).

Wichtig ist, dass bereits beim Übertragenden eine Betriebsaufspaltung bestand. Wird diese erst durch die Betriebsübertragung an den Erwerber begründet, handelt es sich bei dem überlassenen Grundstück um Verwaltungsvermögen.

Überlässt ein Gesellschafter „seiner" Personengesellschaft ein Grundstück zur Nutzung, das entsprechend ertragsteuerlich zu seinem **Sonderbetriebsvermögen** gehört, stellt es kein Verwaltungsvermögen dar (§ 13b Abs. 4 Nr. 1 Satz 2 Buchst. a ErbStG, R E 13b.14 Abs. 3 ErbStR).

!

Sowohl bei der Betriebsaufspaltung als auch beim Vorliegen von Sonderbetriebsvermögen muss durch den Übertragungsvorgang die entsprechende Rechtsstellung auf den Erwerber übergehen, ansonsten greift die Ausnahme nicht und es liegt Verwaltungsvermögen vor.

b) Betriebsverpachtung im Ganzen

Grundsätzlich sind Grundstücke, die im Rahmen einer Verpachtung des ganzen Betriebs überlassen werden, kein Verwaltungsvermögen, wenn der Verpächter Einkünfte aus Gewerbebetrieb oder aus selbstständiger Arbeit erzielt (§ 13b Abs. 4 Nr. 1 Satz 2 Buchst. b ErbStG). Die erbschaftsteuerliche Einordnung folgt der ertragsteuerlichen Beurteilung (R E 13b.15 Abs. 2 Satz 1 ErbStR). Zusätzliche Voraussetzung ist, dass der Erbe, auf den der Betrieb übergeht, bereits Pächter des Betriebs ist, oder der Verpächter den Pächter bei einer Schenkung unter Lebenden im Zusammenhang mit einer unbefristeten Verpachtung als Erben eingesetzt hat.[133] Alternativ greift die Ausnahmeregelung auch bei einer Schenkung, bei welcher der Beschenkte den Betrieb im Schenkungszeitpunkt noch nicht selber führen kann (z. B. mangels dazu erforderlicher Qualifikation) und der Schenker deshalb den verschenkten Betrieb für eine Übergangszeit von maximal zehn Jahren an einen Dritten verpachtet hat.[134]

War der verpachtete Betrieb vor der Verpachtung nicht als begünstigtes Vermögen i. S. d. § 13b Abs. 2 Satz 1 ErbStG anzusehen, greift die Ausnahmeregelung nicht und überlassene Grundstücke qualifizieren als Verwaltungsvermögen (R E 13b.15 Abs. 1 Sätze 2, 3 ErbStR). Dadurch wird verhindert, dass ein prinzipiell nicht begünstigtes Unternehmen durch die Betriebsverpachtung im Ganzen zu begünstigtem Vermögen umqualifiziert werden kann (R E 13b.15 Abs. 1 Satz 4 ErbStR).

c) Nutzungsüberlassung im Konzernverbund

Gehören sowohl der überlassende als auch der nutzende Betrieb einem Konzern i. S. der Zinsschrankenregelung des § 4h EStG an, sind konzernintern überlassene Grundstücke kein Verwaltungsvermögen (§ 13b Abs. 4 Nr. 1 Satz 2 Buchst. c ErbStG).

Für die Bestimmung, was als Konzern anzusehen ist, ist auf den (erweiterten) Konzernbegriff des § 4h Abs. 3 Sätze 5 und 6 EStG abzustellen (R E 13b.16 Satz 3 ErbStR).

Ein Betrieb ist demnach Teil eines Konzernverbunds, wenn sein Jahresabschluss mit einem oder mehreren anderen Betrieben konsolidiert wird oder werden könnte, d. h. wenn er nach dem einschlägigen Rechnungslegungsstandard in einen Konzernabschluss einzubeziehen ist oder werden könnte (Grundfall, § 4h Abs. 3 Satz 5 EStG).[135] Alternativ besteht ebenfalls ein Konzernverbund bei einer

[133] Dieses Merkmal ist laut FG München eng auszulegen; besteht bei einer vorweggenommenen Erbfolge die bloße Absicht, den Pächter als Erben einzusetzen, reicht das für die Erfüllung des Tatbestands des § 13b Abs. 4 Nr. 1 Satz 2 Buchst. b Doppelbuchst. aa ErbStG nicht aus, vgl. FG München vom 20.04.2022, 4 K 361/20, EFG 2022, S. 1315.

[134] Bei einer Schenkung an Minderjährige beginnt der Zehnjahreszeitraum mit Vollendung des 18. Lebensjahres. Die Verpachtung darf damit nicht über den Zeitpunkt hinausgehen, in dem der Beschenkte das 28. Lebensjahr vollendet, R E 13b.15 Abs. 1 Satz 1 Nr. 3 Satz 2 ErbStR.

[135] Vgl. BMF vom 04.07.2008, IV C 7 -S 2742-a/07/10001, BStBl. I 2008, Rn. 59.

zwischen mehreren Betrieben einheitlich festgelegten Finanz- und Geschäftspolitik, die beispielsweise durch eine natürliche Person oder eine vermögensverwaltende Gesellschaft als Konzernspitze bestimmt wird (sog. Gleichordnungskonzern, §4h Abs. 3 Satz 6 EStG).[136] Als einschlägige Rechnungslegungsnorm für den Konzernabschluss gelten grundsätzlich die IFRS, sofern eine Pflicht zur IFRS-Konzernabschlusserstellung besteht (beispielsweise nach §315e Abs. 1 HGB). Das gilt auch bei einer freiwilligen Anwendung der IFRS gemäß §315e Abs. 3 HGB. Ist kein IFRS-Abschluss zu erstellen und wurde innerhalb der vorangegangenen fünf Wirtschaftsjahre kein IFRS-Abschluss erstellt, ist (bei Betrieben in Deutschland) der HGB-Konzernabschluss für die Frage nach der Konzernzugehörigkeit maßgebend, wobei auf die Verhältnisse im Besteuerungszeitpunkt abzustellen ist.

d) Wohnungsunternehmen

Besteht der Hauptzweck des Betriebs in der Wohnungsvermietung und ist dazu ein wirtschaftlicher Geschäftsbetrieb (i. S. d. § 14 AO) erforderlich, qualifiziert der an Dritte vermietete Grundbesitz nicht als Verwaltungsvermögen (§ 13b Abs. 4 Nr. 1 Satz 2 Buchst. d ErbStG).

Laut Auffassung der Finanzverwaltung sind folgende Indizien für das Vorliegen eines wirtschaftlichen Geschäftsbetriebs zu prüfen (R E 13b.17 Abs. 3 Satz 1 ErbStR):

- Umfang der Geschäfte und umfangreiche Organisationsstruktur
- Unterhalten eines Büros
- Buchführung zur Gewinnermittlung
- Bewerbung der Tätigkeit und Anbieten der Dienstleistung gegenüber einer breiten Öffentlichkeit

Für die Finanzverwaltung spricht ein Bestand von mehr als 300 Wohnungen für das Vorliegen eines wirtschaftlichen Geschäftsbetriebs (R E 13b.17 Abs. 3 Satz 2 ErbStR). 

Laut BFH kommt es hingegen für das Vorliegen eines wirtschaftlichen Geschäftsbetriebs nicht maßgeblich auf die Anzahl der vermieteten Wohnung an, sondern auf die Erbringung gewerblicher Zusatzleistungen, durch welche ertragsteuerlich die Grenze der privaten Vermögensverwaltung überschritten wird.[137] Trotz der abweichenden BFH-Auffassung hält die Finanzverwaltung an ihrer

[136] Vgl. BMF vom 04.07.2008, IV C 7 -S 2742-a/07/10001, BStBl. I 2008, Rn. 60. Ein Einzelunternehmen mit mehreren Betrieben ist nicht als Konzern anzusehen, vgl. BMF vom 04.07.2008, IV C 7 -S 2742-a/07/10001, BStBl. I 2008, Rn. 62.

[137] Vgl. BFH vom 24.10.2017, II R 44/15, BStBl. II 2018, S. 358.

typisierenden Betrachtungsweise fest und wendet das BFH-Urteil nicht über den Einzelfall hinaus an.[138]

e) Absatzförderung im Rahmen von Lieferungsverträgen

Werden Grundstücke, Grundstücksteile, grundstücksgleiche Rechte und Bauten überlassen, um im Rahmen von Lieferungsverträgen den Absatz eigener Erzeugnisse und Produkte zu fördern, rechnen sie nicht zum Verwaltungsvermögen (§ 13b Abs. 4 Nr. 1 Satz 2 Buchst. e ErbStG).

Beispiele:

- Eine Brauerei verpachtet eine Brauereigaststätte und schließt mit dem Gaststättenpächter gleichzeitig einen Getränkelieferungsvertrag ab, in dem vereinbart wird, dass der Pächter vorrangig die von der Brauerei hergestellten Getränke ausschenkt.
- Ein Mineralölunternehmen verpachtet ein Tankstellengrundstück und vereinbart mit dem Pächter vertragliche Belieferungsregelungen.

Lösung:

In beiden Beispielen könnte es sich zwar dem Grunde nach wegen der Grundstücksvermietung an Dritte um Verwaltungsvermögen handeln. Allerdings greift sowohl für die Brauerei als auch für das Mineralölunternehmen die Ausnahmenorm des § 13b Abs. 4 Nr. 1 Satz 2 Buchst. e ErbStG, wonach eine Nutzungsüberlassung an Dritte nicht anzunehmen ist, da die Grundstücke vorrangig überlassen werden, um im Rahmen von Lieferungsverträgen dem Absatz von eigenen Erzeugnissen und Produkten zu dienen (vgl. dazu auch R E 13b.18 Sätze 2, 3 ErbStR).

Werden dagegen in der Logistikbranche Grundstücke verpachtet, handelt es sich regelmäßig um Verwaltungsvermögen, wenn es am Absatz von eigenen Erzeugnissen oder Produkten fehlt. Daran ändert sich auch nichts, wenn der Verpächter weitere Leistungen für die Beschaffungs- und Vertriebsorganisation seiner Kunden erbringt (R E 13b.18 Satz 4 ErbStR).

f) Land- und forstwirtschaftliche Nutzung

Werden aus einem begünstigungsfähigen land- und forstwirtschaftlichen Vermögen Grundstücke, Grundstücksteile oder grundstücksgleiche Rechte an einen Dritten für land- und forstwirtschaftliche Zwecken zur Nutzung überlassen, stellen diese Grundstücke kein Verwaltungsvermögen dar (§ 13b Abs. 4 Nr. 1 Buchst. f ErbStG). Die Ausnahmeregelung greift ein, wenn die Flächen aus betriebswirtschaftlichen oder betriebstechnischen Gründen im Besteuerungszeitpunkt bis zu 15 Jahre an Dritte zur land- und forstwirtschaftlichen Nutzung überlassen werden (R E 13b.19 Abs. 1 Satz 3 ErbStR).

[138] Vgl. Oberste Finanzbehörden der Länder vom 23.04.2018, S 3821, BStBl. I 2018, S. 692.

Auch bei einer Nutzungsüberlassung von Grundstücken zu land- und forstwirtschaftlichen Zwecken aus einem (begünstigungsfähigen) Betriebsvermögen sind die Grundstücke kein Verwaltungsvermögen, wobei es in diesem Fall nicht auf die Dauer der Nutzungsüberlassung ankommt (R E 13b.19 Abs. 2 ErbStR).

3.2.3.5.2 *Anteile an Kapitalgesellschaften von 25 % oder weniger*

Hält das übertragene Unternehmen Anteile an Kapitalgesellschaften, an welchen die unmittelbare Beteiligung am Nennkapitel bei 25 % oder darunter liegt, rechnen diese Anteile zum Verwaltungsvermögen, es sei denn, die Anteile dienen dem Hauptzweck eines Kredit- oder Finanzdienstleistungsinstituts, Wertpapierinstituts oder Versicherungsunternehmens (§ 13b Abs. 4 Nr. 2 ErbStG).

Poolregelung bei Kapitalgesellschaftsanteilen:

Analog zur Regelung bei der Prüfung der Begünstigungsfähigkeit sieht auch § 13b Abs. 4 Nr. 2 Satz 2 ErbStG die Möglichkeit vor, durch Pooling von Gesellschaftsanteilen die 25 %-Schwelle zu überschreiten und damit eine Zuordnung des Kapitalgesellschaftsanteils zum Verwaltungsvermögen zu vermeiden. Besteht z. B. ein Stimmrechtsbindungsvertrag, welcher eine Verpflichtung zur einheitlichen Stimmrechtsabgabe für die dem Betrieb unmittelbar zuzurechnenden Anteile und die Anteile weiterer Gesellschafter vorsieht, und betragen die so „gepoolten" Anteile insgesamt mehr als 25 % an der fraglichen Kapitalgesellschaft, handelt es sich bei dem Anteil im Betriebsvermögen nicht um Verwaltungsvermögen.

Anders als bei der Poolregelung des § 13b Abs. 1 Nr. 3 ErbStG ist die unmittelbare Beteiligung des Erblassers oder Schenkers nicht relevant (auch nicht der durchgerechnete Anteil des Erblassers oder Schenkers). Es kommt stattdessen ausschließlich auf die Beteiligungsquote der (begünstigten) Gesellschaft als solche an, d. h. auf die unmittelbare Beteiligung der übertragenen Gesellschaft (Personen- oder Kapitalgesellschaft) am Nennkapital der Untergesellschaft.[139]

Beispiel:[140]

Klara und Klaus sind zu jeweils 50 % an der KK-OHG (gemeiner Wert Gesamthandsvermögen: 2,5 Mio. Euro) beteiligt, die wiederum ihrerseits einen Anteil an der Z-GmbH in Höhe von 20 % hält. Klara und Klaus halten weitere Anteile an der Z-GmbH von jeweils 15 %. Sowohl bei Gesellschafterin Klara, als auch bei Gesellschafter Klaus sind die Anteile in ihren jeweiligen Sonderbetriebsvermögen bei der KK-OHG ausgewiesen. Gesellschafterin Klara möchte ihren Anteil im Wege der vorweggenommenen Erbfolge auf ihren Sohn Kurt übertragen.

[139] Vgl. Crezelius (2007), S. 2280; Piltz (2008), S. 230.
[140] In Anlehnung an H E 13b.20 ErbStH (Beispiel 2).

Wie hoch ist der Wert des OHG-Anteils von Klara und in welcher Höhe besteht ggf. Verwaltungsvermögen?

Bilanz KK-OHG

Technische Anlagen und Maschinen	1.000.000	Kapital Klara	1.000.000
20 % Anteil an Z-GmbH	300.000	Kapital Klaus	1.000.000
Vorräte	700.000		
	2.000.000		2.000.000

Sonderbetriebsvermögen Klara

15 % Anteil an Z-GmbH	225.000	Kapital Klara	225.000
	225.000		225.000

Sonderbetriebsvermögen Klaus

15 % Anteil an Z-GmbH	225.000	Kapital Klaus	225.000
	225.000		225.000

Lösung:

Wertbestimmung für Anteil von Klara an der KK-OHG:

Gemeiner Wert Gesamthandsvermögen:	2.500.000		
Aufteilung		Klara	Klaus
Kapital	./. 2.000.000	1.000.000	1.000.000
Differenzbetrag	500.000		
Verteilung (je 50 %)		+250.000	+250.000
Anteilswert von Klara am Gesamthandsvermögen (GHV)		1.250.000	
Sonderbetriebsvermögen Klara		+225.000	
Anteil am Betriebsvermögen		1.475.000	

Ermittlung Verwaltungsvermögen:

Bei einer streng wortlautgetreuen Auslegung ist zwischen unmittelbar gehaltenen Anteilen an einer Kapitalgesellschaft und solchen, die daneben mittelbar im Sonderbetriebsvermögen der Gesellschafter einer Personengesellschaft gehalten werden, zu trennen. Diese getrennte Betrachtung wendet die Finanzverwaltung an (R E 13b.20 Abs. 2 ErbStR und H E 13b.20 ErbStH).

Demnach stellt der im Gesamthandsvermögen der KK-OHG gehaltene Anteil an der Z-GmbH Verwaltungsvermögen dar, weil insoweit die unmittelbare Beteiligung der KK-OHG nicht mehr als 25 % beträgt.

Der Anteil von Klara an der Z-GmbH in ihrem Sonderbetriebsvermögen bei der KK-OHG ist ebenfalls Verwaltungsvermögen, da insoweit die unmittelbare Beteiligung von Klara nicht mehr als 25 % beträgt.

Eine Zusammenrechnung aller zum Sonderbetriebsvermögen der Mitunternehmer gehörenden Anteile ist nach Auffassung der Finanzverwaltung nicht möglich.

Vom Wert der Anteile an der Z-GmbH (Verwaltungsvermögen aus dem Gesamthandsvermögen) entfallen auf Klara:

$$\frac{\text{Verwaltungsvermögen im GHV } 300.000 \times \text{Anteilswert Klara GHV } 1.250.000}{\text{Gemeiner Wert GHV } 2.500.000} = 150.000$$

Das auf Klaras Anteil entfallende Verwaltungsvermögen beläuft sich im Beispielsfall in Summe auf 375.000 € (=150.000 € Verwaltungsvermögen im GHV + 225.000 € Verwaltungsvermögen im SBV). Obwohl die Anteile im Gesamthandsvermögen und in Klaras Sonderbetriebsvermögen (in Summe 375.000 €) im Verhältnis zu dem gesamten Anteilswert am Betriebsvermögen von 1.475.000 € 25,42 % ausmachen und damit prinzipiell über der Mindestbeteiligungsquote liegen, ist nach Auffassung der Finanzverwaltung eine getrennte Prüfung der Beteiligungsgrenzen im Gesamthandsvermögen und im Sonderbetriebsvermögen notwendig und es bleibt bei der Zuordnung zum Verwaltungsvermögen (R E 13b.20 Abs. 2 Satz 2 ErbStR).

Um eine Zuordnung zum Verwaltungsvermögen zu vermeiden, käme beispielsweise eine Poolung in Frage:

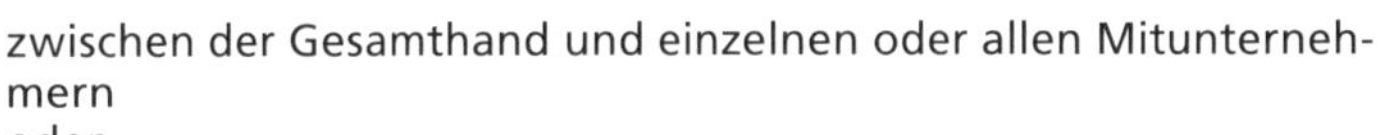

- zwischen der Gesamthand und einzelnen oder allen Mitunternehmern
  oder

- zwischen den Mitunternehmern.[141]

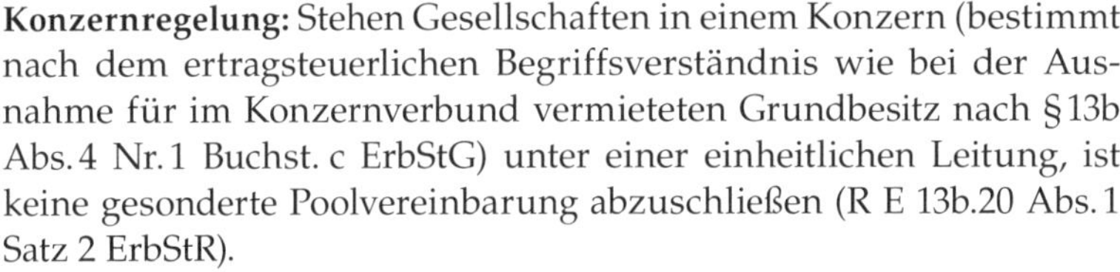

Konzernregelung: Stehen Gesellschaften in einem Konzern (bestimmt nach dem ertragsteuerlichen Begriffsverständnis wie bei der Ausnahme für im Konzernverbund vermieteten Grundbesitz nach § 13b Abs. 4 Nr. 1 Buchst. c ErbStG) unter einer einheitlichen Leitung, ist keine gesonderte Poolvereinbarung abzuschließen (R E 13b.20 Abs. 1 Satz 2 ErbStR).

Hält das übertragene Unternehmen einen Anteil an einer Kapitalgesellschaft von mehr als 25 %, ist für diesen Anteil neben der Unternehmenswertermittlung (und daraus abgeleitet der Anteilswertermittlung) im Rahmen der Verbundvermögensaufstellung (Kapitel 3.2.3.10 Verbundvermögensaufstellung) eine gesonderte Ermittlung des Verwaltungsvermögens, der Finanzmittel und der Schulden erforderlich (§ 13b Abs. 9 ErbStG).

Bei Anteilen an Personengesellschaften als Unterbeteiligungen ist keine Mindestbeteiligungsquote einzuhalten. Sie rechnen auch dann nicht zum Verwaltungsvermögen, wenn das übertragene Unternehmen einen Anteil von (lediglich) bis zu 25 % an der Personengesellschaft hält. Stattdessen sind bei Anteilen an Personengesellschaften als Untergesellschaften stets die Details des Vermögens (Verwaltungs-

[141] Vgl. Schmidt/Schwind (2009), S. 2155.

vermögen, Finanzmittel, Schulden) gesondert festzustellen und in die Verbundvermögensaufstellung aufzunehmen.

3.2.3.5.3 *Kunstgegenstände und sonstige der privaten Lebensführung dienende Gegenstände*

Um Missbrauchsmöglichkeiten einzuschränken, rechnen bestimmte Gegenstände zum Verwaltungsvermögen, die nach Auffassung des Gesetzgebers typischerweise keinen betrieblichen, sondern privaten Zwecken dienen. Explizit in § 13b Abs. 4 Nr. 3 ErbStG als Verwaltungsvermögen aufgeführt sind Kunstgegenstände und -sammlungen, wissenschaftliche Sammlungen, Bibliotheken und Archive, Münzen, Edelmetalle und Edelsteine, Briefmarkensammlungen, Oldtimer, Yachten, Segelflugzeuge. Dieser Katalog ist jedoch nicht abschließend. Vielmehr rechnen zudem „sonstige typischerweise der privaten Lebensführung dienende Gegenstände" ebenfalls zum Verwaltungsvermögen.

Grundsätzlich erinnern die aufgezählten Gegenstände an die ertragsteuerlichen Regelungen zum Ausschluss des Betriebsausgabenabzugs in § 4 Abs. 5 Nr. 4 und 7 EStG. Nicht zuletzt, da es in der erbschaftsteuerlichen Regelung an einer Legalverweisung auf die Einzelregelungen des § 4 Abs. 5 EStG fehlt, kann der Anwendungsbereich für die Verwaltungsvermögenszuordnung nach § 13b Abs. 4 Nr. 3 ErbStG nicht trennscharf abgegrenzt werden. Das lässt der Finanzverwaltung Raum für Einzelfallprüfungen, die sicherlich im Einzelnen (insbesondere bei höherwertigen Gegenständen) auch gerichtlich zu klären sind. Indizien für eine Beurteilung lassen sich aus der Rechtsprechung zu § 4 Abs. 5 Satz 1 Nr. 4 und Nr. 7 EStG ableiten.[142]

Hauptzweckprüfung: Von der Zuordnung zum Verwaltungsvermögen ausgenommen sind solche typischerweise privaten Gegenstände, wenn sie dem Hauptzweck des Unternehmens dienen, d. h., wenn das Unternehmen mit ihnen Handel betreibt oder sie entgeltlich vermietet. Ein Indiz dafür liegt vor, wenn die Gegenstände vom Unternehmen im Umlaufvermögen ausgewiesen werden und zur Veräußerung bestimmt sind (R E 13b.21 Abs. 1 Satz 3 ErbStR).

Werden typischerweise private Gegenstände in einem Museum zur Unternehmensgeschichte ausgestellt und darin der Öffentlichkeit zugänglich gemacht, sind sie kein Verwaltungsvermögen, wenn sie vom Unternehmen hergestellt oder gehandelt wurden oder einen sonstigen Bezug zur Unternehmensgeschichte aufweisen (R E 13b.21 Abs. 2 ErbStR).

[142] Vgl. Jülicher (2022), Rn. 312 ff. zu § 13b ErbStG.

Beispiel:
Übertragungsobjekt ist eine 50%-Beteiligung an einer Luxusuhrenhersteller-GmbH mit einer 150 Jahre alten Unternehmensgeschichte. Die GmbH betreibt auf ihrem Unternehmensgelände ein Museum zur „Geschichte der Zeit", in welchem sie die Geschichte der Uhrenfertigung präsentiert. Neben eigenen Uhren sind im Museum wertvolle Exponate aus dem 18. Jahrhundert präsentiert sowie Oldtimer-Rennfahrzeuge. In den 1960er und 1980er Jahren war das Unternehmen als Partner der offiziellen Zeitnahme im Motorsport engagiert.

Lösung:

Die im Unternehmen gehaltenen eigenen Uhren gehören zum Umlaufvermögen des Uhrenherstellers. Sie sind kein Verwaltungsvermögen i.S.d. §13b Abs.4 Nr.3 ErbStG, da die Herstellung und der Handel mit (Luxus-) Uhren den Hauptzweck des Unternehmens bilden.

Für die im Unternehmen ausgestellten Uhren scheidet eine Zuordnung zum Verwaltungsvermögen ebenfalls aus, da sie der Öffentlichkeit in einem Museum zugänglich gemacht werden. Die unternehmenseigenen Uhren wurden vom Unternehmen hergestellt und erfüllen damit die von der Finanzverwaltung benannte Voraussetzung in R E 13b.21 Abs.2 Satz 2 Nr.1 ErbStR.

Die Exponate aus dem 18. Jahrhundert stammen zwar aus der Zeit vor Unternehmensgründung, sind jedoch Teil der Entstehungsgeschichte und damit ebenfalls nicht als Verwaltungsvermögen einzustufen (R E 13b.21 Abs.2 Satz 2 Nr.2 ErbStR).

Da die Uhrenhersteller-GmbH in ihrer Unternehmensgeschichte als offizieller Zeitnahme-Partner im Motorsport tätig war und damit geschichtlich Bezug zum Motorsport hat, dürften auch die ausgestellten Oldtimer-Rennfahrzeuge nicht als schädliches Verwaltungsvermögen zu beurteilen sein (R E 13b.21 Abs.2 Satz 2 Nr.2 ErbStR).

3.2.3.5.4 Wertpapiere und vergleichbare Forderungen

Wertpapiere und vergleichbare Forderungen gehören gemäß §13b Abs.4 Nr.4 ErbStG zum Verwaltungsvermögen.

Die Definition des Begriffs „Wertpapier" ergibt sich aus dem Zivilrecht: Es muss sich nach Auffassung der Finanzverwaltung um auf dem Markt gehandelte Wertpapiere i.S.d. §2 Abs.1 WphG handeln. Als „vergleichbare Forderungen" sind demnach Forderungen anzusehen, über die keine Urkunden ausgegeben wurden und die nicht den Wertpapierbegriff des §2 Abs.1 WphG erfüllen (R E 13b.22 Abs.1 ErbStR).[143]

[143] Grundsätzlich finden sich in der Literatur neben dem von der Finanzverwaltung vertretenen kapitalmarktrechtlichen Verständnis zwei weitere Begriffsauslegungen: Der zivilrechtliche und der bilanzielle Ansatz. Da sich die jüngere Literatur und die Finanzverwaltung für das kapitalmarktrechtliche Verständnis aussprechen und dieses auch mit Blick auf die gesetzgeberische Intention nachvollziehbar erscheint (WpHG soll Kleinanleger schützen, bei welchen Wertpapiere typisches Verwaltungsvermögen darstellen), wird auf eine Darstellung des zivilrechtlichen und bilanziellen Ansatzes verzichtet. Vgl. ausführlich zu den verschiedenen Auslegungsvarianten Stalleiken (2020), Rn.166ff. zu §13b ErbStG.

Generelle Merkmale, nach denen der Begriff des Wertpapiers zu bestimmen ist, sind:

- Alle Gattungen (verbriefter oder unverbriefter) Papiere,
- welche ihrer Art nach auf den Finanzmärkten
  - „handelbar",
  - übertragbar,
- keine Zahlungsinstrumente und
- standardisiert ausgestaltet sind.[144]

Beispiele (H E 13b.22 ErbStH):

Wertpapiere oder vergleichbare Forderungen i. S. d. § 13b Abs. 4 Nr. 4 ErbStG:

- Pfandbriefe
- Schuldbuchforderungen
- Geldmarktfonds
- Festgeldfonds

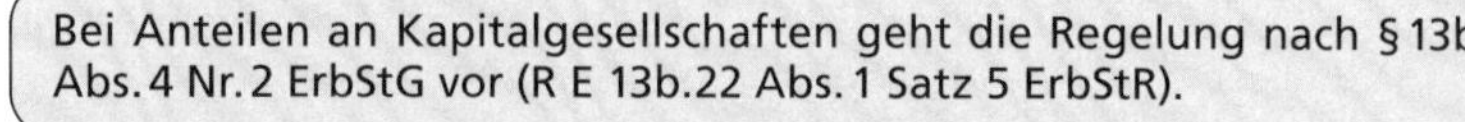

Bei Anteilen an Kapitalgesellschaften geht die Regelung nach § 13b Abs. 4 Nr. 2 ErbStG vor (R E 13b.22 Abs. 1 Satz 5 ErbStR).

Abgrenzung zu Finanzmitteln (H E 13b.22 ErbStH):

Weder Wertpapiere noch vergleichbare Forderungen, jedoch Finanzmittel i. S. d. § 13b Absatz 4 Nr. 5 ErbStG sind:

- Geld
- Sichteinlagen
- Sparanlagen
- Festgeldkonten
- Forderungen aus Lieferungen und Leistungen
- Forderungen an verbundene Unternehmen
- Ansprüche aus Rückdeckungsversicherungen

Für Kredit- und Finanzdienstleistungsinstitute, Wertpapierinstitute und Versicherungsunternehmen gilt eine „Bereichsausnahme". Da Wertpapiere und vergleichbare Forderungen zu ihrem betriebsnotwendigen Vermögen und ihrem originären Geschäft gehören, sind sie in diesen Betrieben nicht als Verwaltungsvermögen einzuordnen.

[144] Vgl. Stalleiken (2020), Rn. 174 f. zu § 13b ErbStG.

3.2.3.5.5 Finanzmittel, Finanzmitteltest und junge Finanzmittel

Finanzmittel stellen Verwaltungsvermögen dar, soweit sie den gemeinen Wert der Schulden übersteigen. Darüber hinaus rechnen Finanzmittel nur dann zum Verwaltungsvermögen, soweit ihr Betrag insgesamt einen sog. Sockelbetrag von 15 % des anzusetzenden Werts des Betriebsvermögens des Betriebs oder der Gesellschaft übersteigt (§ 13b Abs. 4 Nr. 5 Satz 1 ErbStG).

Beispiele für Finanzmittel (nach R E 13b.23 Abs. 2 ErbStR):

- Geld
- Sichteinlagen
- Sparanlagen
- Festgeldkonten
- Forderungen aus Lieferungen und Leistungen
- Forderungen an verbundene Unternehmen (ggf. im Rahmen der Verbundvermögensaufstellung zu konsolidieren)
- Ansprüche aus Rückdeckungsversicherungen (bei Vermögen, das ausschließlich der Erfüllung von Altersversorgungsverpflichtungen dient, erfolgt eine Verrechnung mit den entsprechenden Altersversorgungsverpflichtungen)
- Forderungen im Sonderbetriebsvermögen eines Gesellschafters einer Personengesellschaft, insbesondere Forderungen des Gesellschafters gegen die Personengesellschaft
- Forderungen von Personen- oder Kapitalgesellschaften gegen ihre Gesellschafter
- sonstige auf Geld gerichtete Forderungen aller Art (soweit sie nicht als Wertpapiere oder vergleichbare Forderungen nach § 13b Abs. 4 Nr. 4 ErbStG einzustufen sind): insbesondere geleistete Anzahlungen, Steuerforderungen, Forderungen aus stillen Beteiligungen
- Kryptowährungen, z. B. Bitcoin

Eine Besonderheit, die das ErbStG explizit von jeglicher Verschonung ausnimmt, sind **junge Finanzmittel**. Diese ergeben sich aus dem positiven Saldo der eingelegten und entnommenen Finanzmittel, welche dem Betrieb im Zeitpunkt der Entstehung der Steuer weniger als zwei Jahre zuzurechnen waren. Die Finanzmittel sind insofern um den gemeinen Wert der jungen Finanzmittel zu kürzen (§ 13b Abs. 4 Nr. 5 Satz 2 ErbStG), denn diese stellen immer Verwaltungsvermögen dar. Sie gehen damit nicht in den Finanzmitteltest ein, sodass für sie eine Schuldenverrechnung sowie eine Berücksichtigung beim sog. Sockelbetrag von 15 % ausscheidet. Sie können zudem nicht als unschädliches Verwaltungsvermögen begünstigt werden.

Gemäß § 13b Abs. 8 Satz 1 ErbStG ist zudem eine Verrechnung mit Schulden für junge Finanzmittel ausgeschlossen.

Der **Finanzmitteltest** gestaltet sich folgendermaßen:

	Summe des gemeinen Werts aus Zahlungsmitteln, Geschäftsguthaben usw.
./.	Junge Finanzmittel
=	Saldo
./.	Gemeiner Wert der Schulden
=	Saldo
./.	„Freibetrag" (max. 15 % des gemeinen Werts des BV)
=	Finanzmittel als Verwaltungsvermögen

Beispiel:

Bilanz KK-OHG

Technische Anlagen und Maschinen	2.000.000	Eigenkapital	9.000.000
Finanzmittel	8.000.000	Rückstellungen	500.000
		Verbindlichkeiten	500.000
	10.000.000		10.000.000

Der im vereinfachten Ertragswertverfahren ermittelte gemeine Wert des Betriebsvermögens beträgt 12.000.000 €.

Lösung:

	Finanzmittel vor Schuldenabzug	8.000.000 €
./.	Schuldenabzug (Rückstellungen und Verbindlichkeiten)	1.000.000 €
=	Saldo	7.000.000 €
./.	15 % Sockelbetrag (15 % von 12.000.000 €)	1.800.000 €
=	übersteigender Betrag 7.000.000 € ./. 1.800.000 €	
=	Verwaltungsvermögen nach § 13b Abs. 4 Nr. 5 ErbStG	5.200.000 €

Beispiel:

Bilanz KK-OHG

Technische Anlagen und Maschinen	7.000.000	Eigenkapital	8.000.000
Finanzmittel	3.000.000	Rückstellungen	1.000.000
		Verbindlichkeiten	1.000.000
	10.000.000		10.000.000

Der im einfachen Ertragswertverfahren ermittelte gemeine Wert des Betriebsvermögens beträgt 12.000.000 €.

Lösung:

	Finanzmittel vor Schuldenabzug	3.000.000 €
./.	Schuldenabzug (Rückstellungen und Verbindlichkeiten)	2.000.000 €
=	Saldo	1.000.000 €
./.	15 % Sockelbetrag (15 % von 12.000.000 €)	1.800.000 €
=	übersteigender Betrag 1.000.000 € ./. 1.800.000 € = ./.800.000 €	
	aber „Deckelung" auf 0 €:	
=	Verwaltungsvermögen nach § 13b Abs. 4 Nr. 5 ErbStG	0 €

3.2.3.6 *Junges Verwaltungsvermögen*

Junges Verwaltungsvermögen ist Vermögen, das dem Betrieb im Steuerentstehungszeitpunkt weniger als zwei Jahre zuzurechnen ist (§ 13b Abs. 7 Satz 2 ErbStG).

Gemäß § 13b Abs. 8 Satz 1 ErbStG ist eine Verrechnung mit Schulden für junges Verwaltungsvermögen (wie auch für junge Finanzmittel) ausgeschlossen. Junges Verwaltungsvermögen (und junge Finanzmittel) können zudem kein unschädliches Verwaltungsvermögen sein.

Der Nettowert des Verwaltungsvermögens beläuft sich daher mindestens auf den gemeinen Wert des jungen Verwaltungsvermögens zuzüglich des gemeinen Werts junger Finanzmittel (§ 13b Abs. 8 Satz 3 ErbStG).

3.2.3.7 *Schuldenverrechnung und Nettowert des Verwaltungsvermögens*

Verbleibt nach der Anwendung von § 13b Abs. 3 Satz 1 ErbStG, d. h. nach der Saldierung von Altersversorgungsvermögen mit Altersversorgungsverpflichtungen und dem Finanzmitteltest, ein Schuldenüberhang, sind diese Schulden anteilig mit dem sonstigen Verwaltungsvermögen nach § 13b Abs. 4 Nr. 1 bis 4 ErbStG zu verrechnen (§ 13b Abs. 6 ErbStG). Die anteiligen Schulden ergeben sich, indem der gemeine Wert des Verwaltungsvermögens zum gemeinen Wert des Betriebsvermögens zuzüglich der (nach Anwendung des § 13b Abs. 3 und 4 ErbStG) verbleibenden Schulden ins Verhältnis gesetzt wird.

Es erfolgt keine direkte Zurechnung von Schulden zu einzelnen Wirtschaftsgütern des Verwaltungsvermögens, auch wenn die Schulden ggf. wirtschaftlich mit einzelnen Wirtschaftsgütern zusammenhängen (z. B. weil ein Darlehen zur Finanzierung eines fremdvermieteten Grundstücks aufgenommen wurde).

Um eine Begünstigung von jungem Verwaltungsvermögen zu vermeiden, ist das Verwaltungsvermögen für Zwecke der Schuldenverrechnung um den festgestellten Wert des jungen Verwaltungsvermögens (§ 13b Abs. 8 ErbStG) zu verringern.

Wirtschaftlich nicht belastende Schulden sind nicht mit Verwaltungsvermögen verrechenbar. Eine Verrechnung von Schulden mit Verwaltungsvermögen scheidet darüber hinaus aus, soweit die Summe der Schulden den durchschnittlichen Schuldenstand der letzten drei Jahre vor dem Steuerentstehungszeitpunkt übersteigt, es sei denn die Erhöhung des Schuldenstands ist durch die Betriebstätigkeit veranlasst (§ 13b Abs. 8 Satz 2 ErbStG).

Zur Verdeutlichung die drei Schritte zur Ermittlung des Nettowerts des Verwaltungsvermögens:

1. **Saldo Verwaltungsvermögen**
   festgestellter Wert des Verwaltungsvermögens (§ 13b Abs. 4 Nr. 1 bis 4 ErbStG)
   ./. festgestellter Wert des jungen Verwaltungsvermögens
   \+ verbleibender Wert der Finanzmittel nach Finanzmitteltest (§ 13b Abs. 4 Nr. 5 Satz 1 ErbStG)
   = Saldo Verwaltungsvermögen

2. **Berechnung der anteilig verbleibenden Schulden**

$$\frac{\text{(nach Finanzmitteltest) verbliebene Schulden} \times \text{Saldo Verwaltungsvermögen}}{\text{festgestellter Wert des (Anteils) Betriebsvermögens} + \text{verbleibende Schulden}}$$

   = anteilig verbleibende Schulden

3. **Berechnung des Nettowertes des Verwaltungsvermögens**
   Saldo Verwaltungsvermögen
   ./. anteilig verbleibende Schulden
   = Nettowert des Verwaltungsvermögens

Beispiel:[145]

Der gemeine Wert des Einzelunternehmens Schwarz wurde mit 800.000 €, das Verwaltungsvermögen nach § 13b Abs. 4 Nr. 1 bis 4 ErbStG mit 50.000 € und der Wert des jungen Verwaltungsvermögens mit 20.000 € festgestellt. Nach der Saldierung von Altersversorgungsvermögen mit Altersversorgungsverpflichtungen nach § 13b Abs. 3 Satz 1 ErbStG und dem Finanzmitteltest verbleiben Schulden in Höhe von 40.000 €.

Lösung:

	Verwaltungsvermögen	50.000 €
./.	junges Verwaltungsvermögen	20.000 €
=	Saldo Verwaltungsvermögen	30.000 €

[145] In Anlehnung an H E 13b.25 ErbStR.

Berechnung der anteilig verbleibenden Schulden zur Ermittlung des Nettowerts des Verwaltungsvermögens:

$$40.000\,€ \times \frac{30.000\,€}{(800.000\,€ + 40.000\,€)} = 1.429\,€$$

	Saldo Verwaltungsvermögen	30.000 €
./.	anteilig verbleibende Schulden	1.429 €
=	Nettowert des Verwaltungsvermögens	28.571 €

3.2.3.8 *Unschädliches Verwaltungsvermögen*

Auch wenn der Steuergesetzgeber bestimmte rein renditeorientierte Kapitalanlageformen im Unternehmen nicht erbschaftsteuerlich begünstigen möchte, hat er dennoch anerkannt, dass für jedes Unternehmen ein gewisser Bestand an Verwaltungsvermögen zur Aufrechterhaltung des Geschäftsbetriebs und zur Sicherstellung seiner unternehmerischen Unabhängigkeit notwendig ist.[146] Aus Vereinfachungsgründen sieht das Erbschaftsteuerrecht daher einen pauschalen Kulanzpuffer für begünstigungsunschädliches Verwaltungsvermögen vor, der diesem Umstand Rechnung tragen soll.

Nach der Ermittlung des Nettowerts des Verwaltungsvermögens ist die Höhe des **unschädlichen Verwaltungsvermögens** gemäß § 13b Abs. 7 ErbStG zu bestimmen. Der Nettowert des Verwaltungsvermögen wird in Höhe von 10 % des (gekürzten) gemeinen Werts des (Anteils) Betriebsvermögens wie begünstigtes Vermögen behandelt. Für die Ermittlung des unschädlichen Verwaltungsvermögens ist der Anteilswert des Betriebsvermögens um den Nettowert des Verwaltungsvermögens sowie um die Werte des jungen Verwaltungsvermögens und der jungen Finanzmittel zu kürzen. Hintergrund ist, dass junges Verwaltungsvermögen und junge Finanzmittel kein unschädliches Verwaltungsvermögen sein können.

Schema:

	Festgestellter Wert des (Anteils) Betriebsvermögens
./.	Nettowert des Verwaltungsvermögens
./.	festgestellter Wert des jungen Verwaltungsvermögens
./.	festgestellter Wert der jungen Finanzmittel
=	Bemessungsgrundlage für das unschädliche Verwaltungsvermögen
×	10 %
=	unschädliches Verwaltungsvermögen

Nettowert des Verwaltungsvermögens
./. unschädliches Verwaltungsvermögen
= gekürzter Nettowert des Verwaltungsvermögens

[146] Vgl. BT-Drs. 18/8911, S. 43.

3.2.3.9 *Investitionsklausel*

Die Norm des § 13b Abs. 5 ErbStG enthält eine **Investitionsklausel** für das nicht begünstigte Verwaltungsvermögen bei Erwerben von Todes wegen, um Härtefälle im Zusammenhang mit der Stichtagsbesteuerung abzumildern. Denn der Steuergesetzgeber hat erkannt, dass die schematische Abgrenzung des Verwaltungsvermögen zu unbilligen Härten führt, wenn Vermögen besteuert wird, das zwar formal dem Verwaltungsvermögen zugeordnet wird, aber bereits im Steuerentstehungszeitpunkt dafür vorgesehen ist, für eine zeitnahe Investition in begünstigtes Vermögen zu dienen und damit zum Erhalt von Arbeitsplätzen beizutragen.[147]

Bei Schenkungen können aus Sicht des Gesetzgebers solche Härtefälle nicht entstehen, da sie zeitlich planbar sind. Die Investitionsklausel ist daher nur auf Erwerbe von Todes wegen anwendbar.[148]

Investiert der Erwerber Verwaltungsvermögen **innerhalb von zwei Jahren** ab dem Steuerentstehungszeitpunkt in begünstigtes Vermögen, entfällt rückwirkend die Zuordnung zum Verwaltungsvermögen, wenn der Kauf auf einem vorgefassten Investitionsplan des Erblassers basiert.

Die Zurechnung von Finanzmitteln zum Verwaltungsvermögen entfällt auch in solchen Fällen rückwirkend zum Zeitpunkt der Entstehung der Steuer, soweit der Erwerber die Finanzmittel innerhalb von zwei Jahren nach Steuerentstehung zur Zahlung von Löhnen verwendet, wenn auf Grund wiederkehrender saisonaler Schwankungen entsprechende Einnahmen dafür fehlen. Auch für diese Fälle verlangt das Gesetz einen vorgefassten Plan des Erblassers (§ 13b Abs. 5 Satz 4 i. V. m. Satz 2 ErbStG).

3.2.3.10 *Verbundvermögensaufstellung*

Ist das übertragene Unternehmen Teil eines Unternehmensverbunds und hält Beteiligungen an Personen- oder Kapitalgesellschaften, ist eine **sog. Verbundvermögensaufstellung** zu erstellen (§ 13b Abs. 9 ErbStG). Darin sind nicht die gemeinen Werte der Beteiligungen oder Anteile anzusetzen, sondern die gemeinen Werte der diesen Gesellschaften zuzurechnenden Vermögensgegenstände des Verwaltungsvermögens, des jungen Verwaltungsvermögens, der Finanzmittel, der jungen Finanzmittel und der Schulden. Der Ansatz dieser Vermögensgegenstände erfolgt jeweils mit dem Anteil, zu dem die unmittelbare oder mittelbare Beteiligung besteht, und zwar nach Auffassung der

[147] Vgl. BT-Drs. 18/8911, S. 42.
[148] Vgl. BT-Drs. 18/8911, S. 43.

Finanzverwaltung in R E 13b.29 Abs. 2 Sätze 4 und 5 ErbStR auf jeder einzelnen Beteiligungsstufe.[149]

Anteile an Kapitalgesellschaften, die nach § 13b Abs. 4 Nr. 2 ErbStG als Verwaltungsvermögen qualifizieren, weil sie weder unmittelbar noch über eine Poolregelung die 25 %-Beteiligungsgrenze überschreiten, bleiben bei der Verbundvermögensaufstellung unberücksichtigt und sind als Verwaltungsvermögen anzusetzen (§ 13b Abs. 9 Satz 5 ErbStG).

Eine Verbundvermögensaufstellung ist aufzustellen, sobald mindestens eine unmittelbar gehaltene Beteiligung zum begünstigungsfähigen Vermögen gehört. Die Ermittlung des begünstigten Vermögens erfolgt beteiligungsbezogen, wobei auf die jeweils erworbene Beteiligung abzustellen ist, nicht auf die vom Erblasser gehaltene.[150]

Beispiel zur Verbundvermögensaufstellung:
Klara schenkt ihrer Tochter Kalena am 01.01.01 ihren 50 %-Anteil an der M-GmbH. Die M-GmbH hält 20 % an der B-GmbH, ist mit 10 % an der C-OHG beteiligt und hält 30 % der Anteile an der D-GmbH:[151]

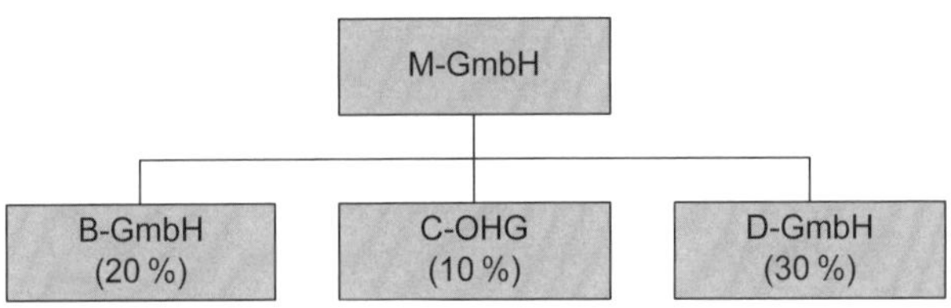

Gegenstand der Übertragung ist die Beteiligung an der M-GmbH. Für dieses nach § 13b Abs. 1 Nr. 3 ErbStG begünstigungsfähige Vermögen ist das begünstigte Vermögen grundsätzlich nach § 13b Abs. 2 ErbStG zu ermitteln.

Da die M-GmbH Beteiligungen an Personengesellschaften und Anteile an Kapitalgesellschaften hält, ist zur Ermittlung des begünstigten Vermögens eine Verbundvermögensaufstellung anzufertigen (§ 13b Abs. 9 ErbStG). Diese muss die gemeinen Werte der diesen Gesellschaften zuzurechnenden Vermögensgegenstände des Verwaltungsvermögens, des jungen Verwaltungsvermögens, der Finanzmittel, der jungen Finanzmittel und der Schulden beinhalten, welche mit dem Anteil einzubeziehen sind, zu dem die Beteiligung besteht. Dabei stellen die Betriebsfinanzämter der Untergesellschaften jeweils die Werte, die sich auf den gehaltenen Anteil beziehen, fest (R E 13b.30 ErbStR). Das gilt für die Beteiligung an der C-OHG und für den Anteil an der D-GmbH.

149 A. A. Meincke/Holtz (2021), Rn. 103 zu § 13b ErbStG, die vertreten, dass nach dem Gesetzeswortlaut eine Verbundvermögensaufstellung anzufertigen wäre, in die die (durchgerechnet anteiligen) Vermögensgegenstände der unteren Ebene addiert einfließen.

150 Vgl. Hannes/Holtz (2021), Rn. 100 zu § 13b ErbStG.

151 Beispiel in Anlehnung an Höne (2022), S. 149.

Das bedeutet, dass hinsichtlich der 10 %-Beteiligung an der C-OHG jeweils 10 % der jeweiligen Werte der Personengesellschaft und hinsichtlich des 30 %-Anteils an der D-GmbH jeweils 30 % der entsprechenden Werte bei der M-GmbH zu erfassen sind.

Der Anteil an der B-GmbH stellt jedoch vollständig Verwaltungsvermögen dar. Unmittelbar gehaltene Anteile an einer Kapitalgesellschaft i. S. d. § 13b Abs. 4 Nr. 2 ErbStG (mit einer Beteiligungsquote von maximal 25 %) sind nicht in die Verbundvermögensaufstellung einzubeziehen (§ 13b Abs. 9 Satz 5 ErbStG). Stattdessen ist der gesamte Wert der Beteiligung vollumfänglich als Verwaltungsvermögen anzusetzen.

Soweit sich in der Verbundvermögensaufstellung Forderungen und Verbindlichkeiten zwischen den Verbundgesellschaften untereinander oder im Verhältnis zum übertragenen Unternehmen gegenüberstehen, sind diese nicht anzusetzen. Es erfolgt insoweit eine **Konsolidierung**.

Beispiel:

100 % der Anteile an der A-GmbH werden zum 31.12.01 im Wege der vorweggenommenen Erbfolge übertragen. Die A-GmbH hält 100 % der Anteile an der B-GmbH, die ihrerseits sämtliche Anteile an der C-GmbH hält. Per 31.12.01 weist die A-GmbH eine Forderung gegenüber der C-GmbH aus einer Warenlieferung vom 27.12.01 in Höhe von 50.000 Euro aus; die C-GmbH hat eine entsprechende Verbindlichkeit gegenüber der A-GmbH bilanziert.

Lösung:

Die Forderung der A-GmbH rechnet nicht zu den Finanzmitteln, weil sie nach § 13b Abs. 9 Satz 3 ErbStG nicht anzusetzen ist. Die Schuld der C-GmbH ist nicht in die Feststellung der Schulden einzubeziehen, weil sie ebenfalls nach § 13b Abs. 9 Satz 3 ErbStG nicht anzusetzen ist.

Bei der in § 13b Abs. 9 Satz 3 ErbStG vorgeschriebenen Konsolidierung von Forderungen und Verbindlichkeiten vertritt die Finanzverwaltung die Auffassung, dass Forderungen und Verbindlichkeiten, die sich im Gesamthandsvermögen und Sonderbetriebsvermögen einer Personengesellschaft gegenüberstehen, nicht gekürzt werden dürfen, da es sich beim Sonderbetriebsvermögen um keine Beteiligung handele.

Das Kürzungsverbot soll darüber hinaus laut Finanzverwaltung für Forderungen und Verbindlichkeiten zwischen den Gesellschaften im Gesamthandsvermögen und im Sonderbetriebsvermögen untereinander gelten sowie für Forderungen und Verbindlichkeiten zwischen Gesellschaften im Sonderbetriebsvermögen (R E 13b.29 Abs. 5 Sätze 6 bis 8 ErbStR). Seitens des Fachschrifttums werden diese Kürzungsverbote teils kritisch gesehen: Da das Sonderbetriebsvermögen zum Mitunternehmeranteil und damit zum Betrieb des Mitunternehmers gehört und die Gesellschaft als Verbundgesellschaft angesehen werden muss, sollte insoweit auch eine Verrechnung zulässig sein.[152]

Es ist zu beachten, dass der Abzug von Schulden sowie des Sockelbetrags von 15 % von den Finanzmitteln erst nach Addition der anteiligen Finanzmittel und Schulden der verschiedenen Ebenen und damit auf oberster (und nicht auf jeder) Ebene bei der Veranlagung zur Erbschaftsteuer (und durch das dafür zuständige Finanzamt) erfolgt. Dasselbe gilt für die allgemeine anteilige Schuldenverrechnung zur Berechnung des Nettowerts des Verwaltungsvermögens sowie den Abzug des unschädlichen Verwaltungsvermögens (R E 13b.29 Abs. 7 ErbStR). Das Ausscheiden von Verwaltungsvermögen und Schulden im Zusammenhang mit Altersversorgungsverpflichtungen erfolgt hingegen auf jeder Beteiligungsstufe gesondert (R E 13b.29 Abs. 6 ErbStR).

!

Vorsicht ist bei der Behandlung von Einlagen und Entnahmen im Unternehmensverbund geboten. Nach Auffassung der Finanzverwaltung entstehen grundsätzlich junge Finanzmittel (= positiver Saldo aus eingelegten und entnommenen Finanzmitteln), wenn die Muttergesellschaft Finanzmittel innerhalb von zwei Jahren vor dem Übertragungszeitpunkt in eine Tochtergesellschaft einlegt. Werden die finanziellen Mittel an die nächst untere Beteiligungsstufe weitergeleitet, indem die Tochtergesellschaft im Zweijahreszeitraum eine Einlage in die Enkelgesellschaft leistet, kann das dazu führen, dass mehrfach junge Finanzmittel entstehen und bei der Muttergesellschaft zu erfassen sind. Zudem soll auch die Deckelung der jungen Finanzmittel auf den Bestand der Finanzmittel nicht schon auf Gesellschaftsebene, sondern erst auf oberster Ebene durchzuführen sein (R E 13b.29 Abs. 3 ErbStR).

Um dem Effekt der Kumulation junger Finanzmittel durch Weiterleitung von Eigenkapital im Unternehmensverbund abzuhelfen, hält die Finanzverwaltung eine Begrenzung der jungen Finanzmittel auf den Wert der insgesamt vorhandenen jungen Finanzmittel für erforderlich (R E 13b.29 Abs. 3 Satz 6 ErbStR). Das soll zwar nicht auf jeder Beteiligungsstufe gelten, aber zumindest auf der obersten Feststellungsebene. Zudem hat sie einen sog. Kürzungsbetrag für mehrfach erfasste junge Finanzmittel eingeführt (vgl. insb. H E 13b.29 Bsp. 2 „Junge Finanzmittel im Verbund" ErbStH).

[152] Vgl. Hannes/Holtz (2021), Rn. 100 zu § 13b ErbStG. Zur Kritik vgl. Stalleiken/Korezkij (2018), S. 1597.

Das Entstehen junger Finanzmittel im Unternehmensverbund widerspricht laut h. M. im Fachschrifttum dem Normzweck,[153] da es rechtssystematisch nicht überzeugt, einerseits bei der Verbundvermögensaufstellung eine Einheit zu fingieren, andererseits aber bei Umschichtungen von Finanzmitteln wieder auf die einzelnen Verbundunternehmen abzustellen und die Verbundbetrachtung auszublenden.[154] Die Auffassung der Finanzverwaltung führt zu einer Benachteiligung von eigenkapitalfinanzierten Investitionen, bei welchen die Eigenmittel an Enkelgesellschaften oder Gesellschaften auf unteren Beteiligungsstufen „durchgeleitet" werden[155] und kann einen investitionsschädlichen Lock-in-Effekt verursachen.[156] Es bleibt abzuwarten, wie sich die Rechtsprechung dazu positionieren wird.

Beispiel:[157]

Klara ist zu 100 % an der M-GmbH beteiligt. Sie möchte ihre Beteiligung zum 31.12.01 an ihre Tochter Kalena übertragen. Die M-GmbH hält 100 % der Anteile an der T1-GmbH. Die T1-GmbH hält 100 % der Anteile an der E1-GmbH. Die M-GmbH legt am 01.07.01 80.000 € in die T1-GmbH ein, im Anschluss legt die T1-GmbH am 01.08.01 80.000 € in die E1-GmbH ein.

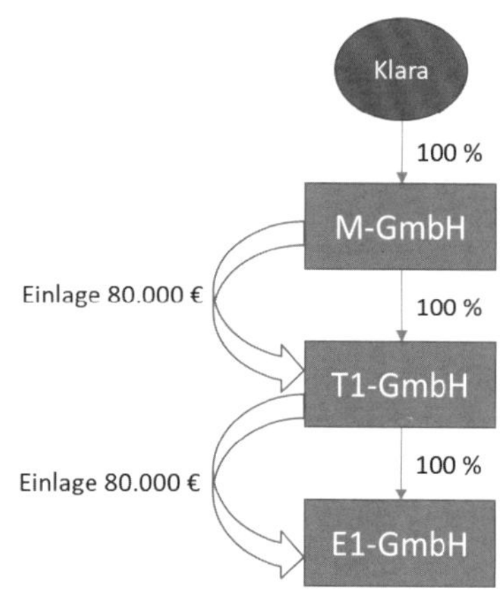

[153] Vgl. Reich (2020), S. 375; Schneidereit/Gries/Stößel/Vetter (2020), S. 619 ff. sprechen insofern von einem „negativen Kaskadeneffekt"; Jülicher (2022), Rn. 417 zu § 13b ErbStG.

[154] Gleicher Auffassung Schneidereit/Gries/Stößel/Vetter (2020), S. 620.

[155] Vgl. Jülicher (2022), Rn. 417 zu § 13b ErbStG.

[156] Vgl. Schneidereit/Gries/Stößel/Vetter (2020), S. 620.

[157] In Anlehnung an H E 13b.29 „Junge Finanzmittel im Verbund" ErbStH.

	Finanzmittel § 13b Abs. 4 Nr. 5 ErbStG	junge Finanzmittel
M-GmbH	450.000 €	0 €
T1-GmbH	300.000 €	80.000 €
E1-GmbH	200.000 €	80.000 €

E1-GmbH			
Finanzmittel			
Eigene		200.000 €	
Summe			**200.000 €**
Junge Finanzmittel			
eigene		80.000 €	
Summe			**80.000 €**
T1-GmbH			
Finanzmittel			
Eigene		300.000 €	
E1-GmbH	200.000 € × 100 % =	200.000 €	
Summe			**500.000 €**
Junge Finanzmittel			
Eigene		80.000 €	
E1-GmbH	80.000 € × 100 % =	80.000 €	
Summe			**160.000 €**
M-GmbH			
Finanzmittel			
Eigene		450.000 €	
T1-GmbH		500.000 €	
Summe			**950.000 €**
Junge Finanzmittel			
Eigene		0 €	
T1-GmbH		160.000 €	
Summe			**160.000 €**
Abzüglich Kürzungsbetrag (mehrfach erfasste junge Finanzmittel)			./.80.000 €

 Laut Auffassung der Finanzverwaltung in H E 13b.29 „Junge Finanzmittel im Verbund" ErbStG führen die aufeinanderfolgenden Einlagen der M-GmbH in die T1-GmbH (i. H. v. 80.000 €) und von der T1-GmbH in die E1-GmbH (i. H. v. 80.000) zu einer Begrenzung der jungen Finanzmittel auf 80.000 €. Die hintereinander vorgenommenen Einlagen von Finanzmitteln sollen sich demnach in der Beteiligungsstruktur nur einmal auswirken.

Ergebnis: Festzustellende junge Finanzmittel **80.000 €**

Verbundvermögensaufstellung

M-GmbH: Finanzmittel (in €)			**M-GmbH: Junge Finanzmittel (in €)**		
Eigene	450.000	950.000	Eigene	0	80.000 (nach Kürzungsbetrag)
aus			aus		
Beteiligung T1	300.000		Beteiligung T1	80.000	
Beteiligung E1	200.000		Beteiligung E1	80.000	
T1-GmbH: Finanzmittel (in €)			**T1-GmbH: Junge Finanzmittel (in €)**		
Eigene	300.000	500.000	Eigene	80.000	160.000
aus			aus		
Beteiligung E1	200.000		Beteiligung E1	80.000	
E1-GmbH: Finanzmittel (in €)			**E1-GmbH: Junge Finanzmittel (in €)**		
Eigene	200.000		Eigene	80.000	

Ein verbundinterner Verkauf von Vermögensgegenständen des Verwaltungsvermögens innerhalb von zwei Jahren vor dem erbschaftsteuerlichen Übertragungsstichtag führt zur Entstehung von jungem Verwaltungsvermögen beim erwerbenden Unternehmen.

Beispiel:

Die M-GmbH hält jeweils 100 % der Anteile an der T1-GmbH und der T2-GmbH. Die T1-GmbH veräußert ein seit zehn Jahren zum Betriebsvermögen gehörendes und Dritten zur Nutzung überlassenes Grundstück an die T2-GmbH einen Monat vor dem erbschaftsteuerlichen Übertragungszeitpunkt.

Lösung:

Das Grundstück bildet bei der T2-GmbH junges Verwaltungsvermögen (§ 13b Abs. 7 Satz 2 ErbStG, R E 13b.29 Abs. 4 Satz 1 ErbStR, H E 13b.29 „Junges Verwaltungsvermögen im Verbund Beispiel 1" ErbStH).

Beispiel:
Die M-GmbH erwirbt zwei Monate vor dem erbschaftsteuerlichen Übertragungszeitpunkt 100 %- der Anteile an der T3-GmbH im Wege eines Share-Deals. Zum Vermögen der T3-GmbH gehört seit 15 Jahren ein Grundstück, das Dritten zur Nutzung überlassen wird.

Lösung:

Hier stellt sich die Frage, ob die Betrachtung aus Sicht der erwerbenden („oberen") Gesellschaft M-GmbH oder aus Sicht der Beteiligungsgesellschaft T3-GmbH erfolgt.

Die Finanzverwaltung hat sich im Zusammenhang mit Umwandlungsvorgängen (Verschmelzung, Auf- oder Abspaltung, Einbringung) grundsätzlich für eine **betriebsbezogene Betrachtung** ausgesprochen.[158] Demnach ist für die Finanzverwaltung entscheidend, ob sich die Betriebszuordnung der Wirtschaftsgüter bei dem Vorgang ändert.[159] Daraus kann abgeleitet werden, dass das Grundstück im vorliegenden Fall kein junges Verwaltungsvermögen darstellt, da es weiterhin zum Betriebsvermögen der T3-GmbH gehört.[160]

3.2.3.11 *Aufteilung des begünstigungsfähigen Vermögens und des Verwaltungsvermögens bei Personengesellschaften*

Die Zurechnung des Werts des begünstigungsfähigen Vermögens auf die einzelnen Gesellschafter einer Personengesellschaft richtet sich nach § 97 Abs. 1a BewG. Die Aufteilung des gemeinen Werts des der Personengesellschaft gehörenden Betriebsvermögens (Gesamthandsvermögen) auf die Gesellschafter erfolgt gemäß § 97 Abs. 1a Nr. 1 BewG zweistufig:

1. die Kapitalkonten aus der Gesamthandsbilanz sind dem jeweiligen Gesellschafter vorweg zuzurechnen;
2. der verbleibende Wert ist nach dem für die Gesellschaft maßgebenden Gewinnverteilungsschlüssel auf die Gesellschafter aufzuteilen; Vorabgewinnanteile sind nicht zu berücksichtigen.

Die Wirtschaftsgüter und Schulden des Sonderbetriebsvermögens eines Gesellschafters sind mit ihren gemeinen Werten den jeweiligen Gesellschaftern direkt zuzurechnen. Der Anteilswert ergibt sich als **Summe aus dem Anteil am Gesamthandsvermögen und dem Sonderbetriebsvermögen**.

[158] Vgl. Oberste Finanzbehörden der Länder vom 13.10.2022, S 3812b, BStBl. I 2022, Rn. 1.
[159] Vgl. Oberste Finanzbehörden der Länder vom 13.10.2022, S 3812b, BStBl. I 2022, Rn. 2.
[160] So auch Dorn (2023), S. 18.

Laut der Gesetzesbegründung dient §97 Abs. 1a BewG dazu, das Gesamthandsvermögen der Gesellschafter auf der einen Seite und das zivilrechtlich den Gesellschaftern gehörende Sonderbetriebsvermögen auf der anderen Seite getrennt zu bewerten (entsprechend der Vorgehensweise bei anderen marktüblichen Bewertungsverfahren). Das soll der Vereinfachung dienen, da ansonsten das Sonderbetriebsvermögen aller Gesellschafter einbezogen werden müsste und nicht nur dasjenige des Gesellschafters, dessen Anteil zugewendet wird.[161]

Aufgrund der typisierenden und generalisierenden Methode zur Ermittlung des gemeinen Anteilswerts bei Personengesellschaften ist das Aufteilungsschema des §97 Abs. 1a BewG auch zu beachten, wenn sich bei dieser Ermittlung im Einzelfall eine Abweichung vom (tatsächlichen) gemeinen Wert des Anteils ergibt.

Ist ein Erwerber eines Personengesellschaftsanteils der Auffassung, dass der gemeine Wert seines erworbenen Anteils zu seinen Gunsten niedriger ist, als es sich aus der schematischen Aufteilung des §97 Abs. 1a BewG ergibt, stehen folgende Möglichkeiten zur Verfügung, um den (tatsächlich niedrigeren) gemeinen Wert für erbschaftsteuerliche Zwecke zum Ansatz bringen zu können:

- Nachweis eines niedrigeren gemeinen Werts des Anteils durch einen zeitnahen Verkauf oder
- Nachweis eines niedrigeren gemeinen Werts des Anteils durch ein Gutachten eines öffentlich bestellten und vereidigten Sachverständigen, der den Wert unter Berücksichtigung der Ertragsaussichten der Gesellschaft oder einer anderen anerkannten, auch im gewöhnlichen Geschäftsverkehr für nichtsteuerliche Zwecke üblichen Methode ermittelt.

In diesen Fällen wäre keine Aufteilung nach §97 Abs. 1a BewG vorzunehmen.[162]

Zu der Frage, wie das Verwaltungsvermögens auf Gesellschafter einer Personengesellschaft aufzuteilen ist, hat die Finanzverwaltung bereits drei Mal Stellung genommen und dabei ihre Meinung ebenso oft geändert bzw. modifiziert.[163] Grundsätzlich ist das Verwaltungsvermögen des Gesamthandsvermögens den Gesellschaftern entsprechend dem Verhältnis zuzurechnen, in dem der Wert der Beteiligung des jeweiligen Gesellschafters am Gesamthandsvermögen zum gemeinen Wert des Gesamthandsvermögens steht (§97 Abs. 1a Nr. 1 BewG). Entsprechendes gilt für junges Verwaltungsvermögen, Finanzmittel und

161 Vgl. BT-Drs. 16/11107, S. 13.
162 Vgl. BFH vom 17.06.2020, II R 43/17, BStBl. II 2022, S. 13 sowie R B 97.4 Abs. 2 Satz 2 ErbStR.
163 Vgl. dazu ausführlich Korezkji (2021), S. 906.

Schulden.[164] Für die Aufteilung nach den Werteverhältnissen muss also auf die Aufteilungsregelungen für das Gesamthandsvermögen nach §97 Abs. 1a Nr. 1 BewG zurückgegriffen werden.

3.2.3.12 *Verschonungsabschläge für begünstigtes Vermögen von bis zu 26 Mio. Euro*

Ist die Höhe des begünstigen Vermögens ermittelt, muss im Weiteren festgestellt werden, welches Verschonungsregime in Anspruch genommen werden kann bzw. soll.

Die folgende Abbildung zeigt die unterschiedlichen Verschonungsregime graphisch:

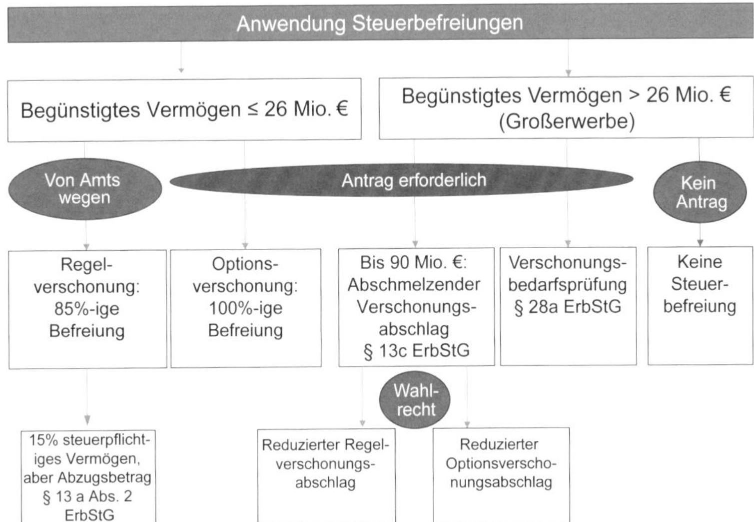

Abbildung 4: Verschonungsregime in Abhängigkeit von der Höhe des begünstigten Vermögens

3.2.3.12.1 *Schwellenwertprüfung*

Für **Erwerbe begünstigten Vermögens bis zu 26 Mio. Euro** stehen als Verschonungsmöglichkeiten die **Regelverschonung** mit einem prozentualen Abschlag vom begünstigten Vermögen i. H. v. 85% oder (bei Einhaltung strengerer Voraussetzungen) die **Optionsverschonung** mit einem prozentualen Abschlag vom begünstigten Vermögen von 100% zur Verfügung. Für Erwerbe begünstigten Vermögens, welche

[164] Vgl. Oberste Finanzbehörden der Länder vom 11.02.2021, S 3812b – 20 – V A 6, BStBl. I 2021, Rn. 1.

über dem Schwellenwert von 26 Mio. Euro liegen, sind die Regel- und Optionsverschonung ausgeschlossen.

Werden mehrere selbstständig zu bewertende wirtschaftliche Einheiten einer Vermögensart (z. B. mehrere Gewerbebetriebe) oder mehrere Arten begünstigungsfähigen Vermögens (land- und forstwirtschaftliches Vermögen, Betriebsvermögen, Anteile an Kapitalgesellschaften) von Todes wegen oder im Rahmen der vorweggenommenen Erbfolge an einen Erwerber übertragen, sind die jeweils erworbenen Werte des begünstigten Vermögens vor Anwendung der Verschonungsmaßnahmen der §§ 13a, 13c oder 28a ErbStG zu summieren. Nur wenn die Summe der Erwerbe begünstigten Vermögens den Schwellenwert von 26 Mio. Euro nicht überschreitet, ist der Regel- oder ggf. der Optionsverschonungsabschlag zu gewähren (R E 13a.1 Abs. 2 Sätze 3 und 4 ErbStR). Liegt die Summe darüber, ist alternativ auf Antrag die abschmelzende Verschonung nach § 13c ErbStG oder die Verschonungsbedarfsprüfung nach § 28a ErbStG anzuwenden. Der Schwellenwert ist somit als **Freigrenze** anzusehen.

Zur **Prüfung des Schwellenwerts** sind sämtliche **innerhalb von zehn Jahren von derselben Person angefallenen Erwerbe** begünstigten Vermögens zu summieren. Die früheren Erwerbe begünstigten Vermögens werden dabei mit ihrem früheren Wert berücksichtigt (R E 13a.2 Abs. 2 Sätze 1 und 2 ErbStR).[165] Mit dieser Regelung soll verhindert werden, dass Erwerbe von derselben Person so aufgespalten und in mehreren Schritten übertragen werden, dass sie jeweils einzeln die Grenze zum Großerwerb nicht überschreiten.[166]

Wird der Erwerber auf Grund einer letztwilligen Verfügung des Erblassers oder einer rechtsgeschäftlichen Verfügung des Erblassers oder Schenkers verpflichtet, das begünstigte Vermögen i. S. d. § 13b Abs. 2 ErbStG auf einen Dritten zu übertragen oder überträgt der Erwerber begünstigtes Vermögen im Rahmen der Nachlassteilung auf einen Miterben, entfällt für ihn die Möglichkeit zur Inanspruchnahme des Verschonungsabschlags (§ 13a Abs. 5 ErbStG). Diese Regelung führt zu einem sog. „**Begünstigungstransfer**" an den Letzterwerber des begünstigten Vermögens, der auch die hierauf anwendbaren Verschonungsabschläge „übernimmt". Damit soll der- oder diejenige, bei der das begünstigte Vermögen letztlich verbleibt, die Steuerbefreiungen erhalten.[167] Ein reiner „Zwischenerwerber" soll nicht von den Verschonungsmöglichkeiten profitieren. Laut § 13a Abs. 5 Satz 3 ErbStG muss beim Begünstigungstransfer der Miterbe, auf den das begünstigte

[165] Es sind auch Vorerwerbe begünstigten Vermögens in die Betrachtung einzubeziehen, für die die Steuer nach der jeweils geltenden Rechtslage vor dem 01.07.2016 entstanden ist. Vgl. dazu ausführlicher R E 13a.2 Abs. 3 ErbStR.

[166] Vgl. Jülicher (2022), Rn. 40 zu § 13a ErbStG.

[167] Vgl. BT-Drs. 16/7918, S. 34.

Vermögen übergeht, einen Ausgleich für den Erhalt des begünstigten Vermögens aus dem Nachlass des Erblassers leisten. Wird dagegen vom Letzterwerber ein Ausgleich gewährt, der nicht aus dem Nachlass stammt (z.B. eine Ausgleichszahlung aus dem Privatvermögen des übernehmenden Miterben), verliert der Letzterwerber insoweit die Begünstigung.[168]

Beispiel:

Klara schenkt ihrem Sohn Kurt mit Wirkung vom 01.08.01 einen 40%-Anteil an einer Kapitalgesellschaft. Der Anteil weist zum Übertragungszeitpunkt einen gemeinen Wert von 14.000.000 € auf. Das begünstigte Vermögen beträgt 11.000.000 €. Kurt stellt dafür einen Antrag auf Optionsverschonung.

Nach 4 Jahren verstirbt Klara am 25.09.05. Ihr Sohn Kurt ist Alleinerbe. Zum Nachlass gehört ein Gewerbebetrieb, dessen gemeiner Wert sich auf 20.000.000 € beläuft. Als begünstigtes Vermögen wird (zutreffend) ein Wert von 17.000000 € ermittelt. Darüber hinaus vererbt Klara Kurt eine 50%-Beteiligung an einer immobilienverwaltenden Personengesellschaft (Immobilien-KG), die einen gemeinen Wert von 15.000.000 € aufweist und bei welcher die Verwaltungsvermögensquote im Rahmen des Einstiegstests (§ 13b Abs. 2 Satz 2 ErbStG) bei 95% liegt.

Lösung:

Prüfung Schwellenwert:

Grundsätzlich müssen für die Schwellenwertprüfung des § 13a Abs. 1 ErbStG alle innerhalb von zehn Jahren von derselben Person (Klara) erhaltenen Erwerbe zusammengerechnet werden. Dabei sind allerdings solche Erwerbe auszuscheiden, bei welchen überhaupt keine Begünstigung gewährt wird, z.B. wegen übermäßigen Verwaltungsvermögens nach § 13b Abs. 2 Satz 2 ErbStG oder einer Weitergabeverpflichtung i.S.v. § 13a Abs. 5 ErbStG.

Im Beispielsfall ist die Beteiligung an der Immobilien-KG aufgrund übermäßigen Verwaltungsvermögens i.S.v. § 13b Abs. 2 Satz 2 ErbStG von jeglicher Begünstigung ausgeschlossen und daher nicht in die Schwellenwertprüfung einzubeziehen.

Erwerb vom 01.08.01 (40% Kapitalgesellschaftsanteil)	11.000.000 €
Erwerb vom 25.09.05 (Gewerbebetrieb)	17.000.000 €
Summe der Erwerbe begünstigten Vermögens innerhalb der letzten zehn Jahre vor dem 25.09.05	28.000.000 €

Der Gesamterwerb begünstigten Vermögens innerhalb des Zehnjahreszeitraums überschreitet den Schwellenwert von 26 Mio. Euro, weshalb eine Anwendung des § 13a ErbStG (Regel- und Optionsverschonung) ausscheidet. Bei Überschreiten der Grenze von 26 Mio. Euro durch den Nacherwerb vom 25.09.05 entfällt die Steuerbefreiung für den zuvor im Rahmen der Optionsverschonung steuerbefreiten früheren Erwerb mit Wirkung für die Vergangenheit (§ 13a Abs. 1 Satz 3 ErbStG). Das bedeutet zwar nicht, dass für den Ersterwerb da-

[168] Vgl. Stalleiken (2020), Rn. 121 f. zu § 13a ErbStG.

mit jegliche Verschonung entfällt. Kurt stehen nun aber zwei andere antragsgebundene Verschonungsmöglichkeiten zur Verfügung, die für Großerwerbe gelten: die abschmelzende Verschonung nach § 13c ErbStG (Abschmelzmodell) und die Verschonungsbedarfsprüfung nach § 28a ErbStG.[169]

3.2.3.12.2 Regelverschonungsabschlag

Für Betriebsvermögen, Anteile an Kapitalgesellschaften und land- und forstwirtschaftliches Vermögen sieht § 13a Abs. 1 ErbStG einen Regelverschonungsabschlag von **85 %** auf das begünstigte Vermögen vor, wenn das begünstigte Vermögen zuzüglich der **Erwerbe** begünstigten Vermögens von derselben Personen **innerhalb der letzten zehn Jahre** vor dem Übertragungszeitpunkt **nicht mehr als 26 Mio. Euro** beträgt. Der Regelverschonungsabschlag wird von Amts wegen gewährt, wenn die Voraussetzungen dafür erfüllt sind.

Neben dem Regelverschonungsabschlag wird nach § 13a Abs. 2 ErbStG ein **gleitender Abzugsbetrag von bis zu 150.000 €** gewährt, soweit der Wert des nach Abzug des Regelverschonungsabschlag verbleibenden begünstigten Vermögens (15 %) insgesamt den Betrag von 150.000 € nicht übersteigt. Der Abzugsbetrag von 150.000 € verringert sich, soweit der Wert des nach Abzug des Regelverschonungsabschlags verbleibenden Vermögens die Wertgrenze von 150.000 € übersteigt, um 50 % des diese Wertgrenze übersteigenden Betrags. In der Konsequenz bleibt begünstigtes Vermögen bei Anwendung der Regelverschonung außer Ansatz, soweit sein Wert 1.000.000 € nicht überschreitet. Erreicht der Wert einen Betrag von mindestens 3.000.000 €, entfällt der Abzugsbetrag vollständig und es verbleibt die Steuerbefreiung i. H. v. 85 % des begünstigten Vermögens im Rahmen der Regelverschonung. Der Abzugsbetrag kann für Erwerbe begünstigten Vermögens von derselben Person innerhalb von zehn Jahren nur einmal in Anspruch genommen werden.

3.2.3.12.3 Optionsverschonungsabschlag

Alternativ zum Regelverschonungsabschlag wird dem Erwerber auf **(unwiderruflichen!) Antrag** ein Optionsverschonungsabschlag nach § 13a Abs. 10 ErbStG in Höhe von **100 %** des begünstigten Vermögens gewährt, wenn das begünstigungsfähige Vermögen nach § 13b Abs. 1 ErbStG nicht zu mehr als 20 % aus Verwaltungsvermögen nach § 13b Abs. 3 und 4 ErbStG besteht (§ 13a Abs. 10 Satz 2 ErbStG). Dabei bestimmt sich der Anteil des Verwaltungsvermögens am gemeinen Wert

[169] Vgl. Jülicher (2022), Rn. 41 zu § 13a ErbStG.

des Betriebs nach dem Verhältnis der Summe der gemeinen Werte der Einzelwirtschaftsgüter des Verwaltungsvermögens zum gemeinen Wert des Betriebs.

Der Antrag kann bis zum Eintritt der materiellen Bestandskraft der Festsetzung der Erbschaft- oder Schenkungsteuer gestellt werden (R E 13a.21 Abs. 2 Satz 2 ErbStR)

Bei der Ermittlung der Verwaltungsvermögensquote für die Anwendbarkeit des Optionsverschonungsregimes ist im Hinblick auf die Finanzmittel der Finanzmitteltest (einschließlich des Schuldenabzugs und des Abzugs des 15 %-Sockelbetrags) durchzuführen. Allerdings ist das so ermittelte Verwaltungsvermögen i. S. d. § 13b Abs. 4 ErbStG ohne Anwendung der quotalen Schuldenverrechnung (§ 13b Abs. 6 ErbStG) und des Freibetrags für das unschädliche Verwaltungsvermögen (§ 13b Abs. 7 ErbStG) ins Verhältnis zum gemeinen Wert des begünstigungsfähigen Vermögens („Unternehmenswert") zu setzen.

Der relevante Anteil des Verwaltungsvermögens und die Einhaltung der Verwaltungsvermögensquote ist in Bezug auf jede übertragene wirtschaftliche Einheit und damit für jeden übertragenen Anteil an einer Gesellschaft i. S. d. § 15 Abs. 1 S. 1 Nr. 2 und Abs. 3 EStG gesondert zu ermitteln.[170]

Im Erbfall kann der Antrag auf Optionsverschonung insgesamt laut Auffassung der Finanzverwaltung **nur einheitlich** für alle Arten des erworbenen begünstigungsfähigen Vermögens (land- und forstwirtschaftliches Vermögen, Betriebsvermögen und Anteile an Kapitalgesellschaften) gestellt werden (R E 13a.21 Abs. 1 Satz 1 ErbStR). In der Konsequenz soll ein Optionsantrag dann „ins Leere gehen" und ein Rückfall zur Regelverschonung eintreten, wenn das Verwaltungsvermögen nach § 13b Abs. 3 und 4 ErbStG aller übertragenen wirtschaftlichen Einheiten mehr als 20 % beträgt (R E 13a.21 Abs. 4 Satz 3 ErbStR).

Hiergegen hat sich der BFH für den Fall einer Schenkung von mehreren betrieblichen Einheiten nach dem im Streitjahr 2010 anwendbaren ErbStG a. F. positioniert. Er hält die von der Finanzverwaltung geforderte einheitlich auszuübende Erklärung zur Vollverschonung für systemwidrig. Nach BFH-Auffassung kann bei einer einheitlichen Schenkung von mehreren wirtschaftlichen Einheiten die **Erklärung zur optionalen Vollverschonung für jede wirtschaftliche Einheit gesondert** abgegeben werden.[171] Erfüllt jedoch eine Einheit die Voraussetzungen für die Optionsverschonung nicht, ist ihr auch nicht die

[170] Vgl. BFH vom 26.07.2022, II R 25/20, BFH/NV 2022, Rn. 19; R E 13a.21 Abs. 4 ErbStR.

[171] Vgl. BFH vom 26.07.2022, II R 25/20, BFH/NV 2022, Rn. 28 ff..

Regelverschonung zu gewähren.[172] Zwar ist die BFH-Entscheidung zum bis zum 30.06.2016 geltenden Recht ergangen. Sie hat aber auch Bedeutung für die aktuelle Rechtslage, da auch nach geltendem Recht die Anwendbarkeit der Optionsverschonung an die Einhaltung der Verwaltungsvermögensquote von 20 % geknüpft ist.

3.2.3.12.4 Lohnsummenregelung

Gemäß § 13a Abs. 3 ErbStG (bei Optionsverschonung i. V. m. Abs. 10) ist Voraussetzung für die Gewährung der Verschonungsabschläge die Einhaltung einer sog. Mindestlohnsumme. Das bedeutet, dass die Summe der jährlichen Lohnsummen des Betriebs oder der jeweiligen Gesellschaft innerhalb eines bestimmten Zeitraums nach dem Erwerb (Lohnsummenfrist) insgesamt einen fest definierten Prozentsatz der Ausgangslohnsumme nicht unterschreiten darf **(Mindestlohnsumme)**. Die Höhe der zu erreichenden Lohnsumme hängt wesentlich von der Wahl des Verschonungsregimes (Regel- oder Optionsverschonung) sowie von der Anzahl der Beschäftigten im Betrieb bzw. in der Gesellschaft ab. Als **Ausgangslohnsumme** wird die durchschnittliche Lohnsumme der letzten fünf vor dem Zeitpunkt der Entstehung der Steuer (§ 9 ErbStG) endenden Wirtschaftsjahre herangezogen.

☞ Die Lohnsummenregelung gilt uneingeschränkt für Betriebe und Gesellschaften mit mehr als 15 Beschäftigten. Bei einer geringeren Beschäftigtenzahl greifen Erleichterungen.

[172] Vgl. BFH vom 26.07.2022, II R 25/20, BFH/NV 2022, Rn. 38. Im Streitfall hatte die Erwerberin wegen des seitens der Finanzverwaltung geforderten einheitlichen Antragserfordernisses für alle vier erworbenen Einheiten einen Antrag auf Optionsverschonung gestellt, obwohl nur drei der Einheiten die Voraussetzungen für die Optionsverschonung erfüllt hatten. Damit konnte sie zwar vermeiden, dass die Finanzverwaltung die Einzelanträge wegen der Selbstbindung der Finanzverwaltung an die ErbStR ablehnte. Allerdings lehnte der BFH jegliche Begünstigung (auch die Regelverschonung) wegen des Optionsantrags ab. Carlé (2022), S. 3021, plädiert in solchen Fällen aus Billigkeitsgründen für eine abweichende Steuerfestsetzung (unter Gewährung der Regelverschonung), denn die Klägerin wurde durch die rechtswidrige R E 13a.21 Abs. 1 Satz 1 ErbStR gezwungen, den Einheitsantrag zu stellen, um die Begünstigung der anderen Beteiligungen zu erhalten.

	Regelverschonung	Optionsverschonung
Lohnsummenfrist	**fünf Jahre**	**sieben Jahre**
(Standard-)Mindest-lohnsumme	**400 %**	**700 %**
Ausgangslohn-summe = 0 Euro	Keine Anwendung der Lohnsummen-regelung	Keine Anwendung der Lohnsummen-regelung
Weniger als fünf Beschäftigte	Keine Anwendung der Lohnsummen-regelung	Keine Anwendung der Lohnsummen-regelung
Mehr als fünf, aber nicht mehr als zehn Beschäftigte	250 %	500 %
Mehr als zehn, aber nicht mehr als 15 Beschäftigte	300 %	565 %

Tabelle 3: Überblick Lohnsummenregelung

Grundsätzlich rechnen zur Lohnsumme alle Vergütungen (Löhne und Gehälter, andere Bezüge und Vorteile), die im maßgebenden Wirtschaftsjahr an die Beschäftigten gezahlt werden. Neben Löhnen und Gehältern zählen dazu auch Sonderzahlungen, Tantiemen, Gratifikationen, Abfindungen, Zuschüsse zu Lebenshaltungskosten, Familienzulagen, Provisionen, Teilnehmergebühren und sonstige geldwerte Vorteile, Sozialversicherung (jedoch ohne den Arbeitgeberanteil zur Sozialversicherung) und Steuern (§ 13a Abs. 3 Sätze 8 bis 10 ErbStG).

Aus Vereinfachungsgründen lässt es die Finanzverwaltung zu, auf den **Lohnaufwand aus der Gewinn- und Verlustrechnung** i. S. v. § 275 Abs. 2 Nr. 6 HGB zurückzugreifen (R E 13a.5 Satz 2 ErbStR).

Die „Vereinfachung" ist in der praktischen Umsetzung problembehaftet, da die Position des § 275 Abs. 2 Nr. 6 Buchst. b HGB („Soziale Abgaben und Aufwendungen für Altersversorgung und für Unterstützung, davon für Altersversorgung") die nicht in die Lohnsumme einzubeziehenden vom Arbeitgeber getragenen Sozialabgaben wie auch die einzubeziehenden Aufwendungen für Altersversorgungen (z. B. in der Form von Arbeitnehmerdirektversicherungen) enthält. Um eine Einzelaufschlüsselung der Position zu vermeiden, dürfte regelmäßig zu unterstellen sein, dass in dieser Position die Arbeitgeberanteile zu den gesetzlichen Sozialversicherungen überwiegen und ein Einbezug in die Lohnsumme für die gesamte Position nach § 275 Abs. 2 Nr. 6 Buchst. b HGB unterbleibt. Für die Ermittlung der Lohnsumme wäre unter Berücksichtigung dieser (weiteren) Vereinfachung nur der Betrag nach § 275 Abs. 2 Nr. 6 Buchst. a HGB („Löhne und Gehälter") einzubeziehen.[173]

Nicht in die Lohnsummenbetrachtung einbezogen werden Vergütungen an Beschäftigte

- im Mutterschutz,
- in Ausbildung,
- die Kranken- oder Elterngeld beziehen,
- die nicht ausschließlich oder überwiegend in dem Betrieb tätig sind (Saisonarbeiter) sowie
- die Leiharbeiter sind.

Diese Beschäftigten werden auch nicht bei der Ermittlung der Beschäftigtenanzahl berücksichtigt, die zum Steuerentstehungszeitpunkt im zugewendeten Betrieb oder in der Gesellschaft beschäftigt sind.

Werden mehrere wirtschaftliche Einheiten mit begünstigtem Vermögen erworben, erfolgt die Lohnsummenermittlung zunächst bezogen auf jede einzelne wirtschaftliche Einheit (R E 13a.6 Satz 1 ErbStR). Ob die Mindestlohnsumme (§ 13a Abs. 3 Satz 1 und 4 ErbStG) erfüllt ist, ist allerdings insgesamt für alle erworbenen wirtschaftlichen Einheiten des begünstigten Vermögens zu prüfen (R E 13a.1 Abs. 2 Satz 10 ErbStR). Zur Ermittlung der maßgebenden Mindestlohnsumme für alle wirtschaftlichen Einheiten sind die Mindestlohnsummen, die sich für die einzelnen wirtschaftlichen Einheiten auf der Grundlage der jeweiligen Ausgangslohnsummen und der jeweiligen Prozentsätze nach der Beschäftigtenzahl ergeben, zu einer Summe der Mindestlohnsummen zusammenzurechnen (R E 13a.6 Satz 2 ErbStR).

!

Unterschreitet die Summe der maßgebenden jährlichen Lohnsummen innerhalb der Lohnsummenfrist von fünf (Regelverschonung) bzw. sieben Jahren (Optionsverschonung) die Mindestlohnsumme, führt dies zu einem **anteiligen Wegfall des Verschonungsabschlags** und in der Konsequenz zu einer Nachversteuerung des Unternehmens(anteils)erwerbs. Der Verschonungsabschlag entfällt mit Wirkung für die Vergangenheit in demselben prozentualen Umfang, wie die Mindestlohnsumme unterschritten wird (§ 13a Abs. 3 Satz 5 ErbStG). Auf den Abzugsbetrag nach § 13a Abs. 2 ErbStG hat ein Unterschreiten der Mindestlohnsumme keine Auswirkung (R E 13a.19 Abs. 2 Satz 2 ErbStR).

Erwerber müssen dem für die Erbschaftsteuer zuständigen Finanzamt innerhalb einer Frist von sechs Monaten nach Ablauf der Lohnsummenfrist ein Unterschreiten der Mindestlohnsumme schriftlich anzeigen (§ 13a Abs. 7 Satz 1 ErbStG).

[173] Vgl. Stalleiken (2020), Rn. 83 zu § 13a ErbStG.

Beispiel:

Erwerberin Kalena hat den Betrieb ihrer Mutter mit 20 Beschäftigten geerbt. Sie entscheidet sich für die Anwendung der Regelverschonung. Die auf den Steuerentstehungszeitpunkt ermittelte Ausgangslohnsumme beträgt 1.200.000 €. In den auf den Erwerbszeitpunkt folgenden fünf Jahren werden im Betrieb Löhne und Gehälter in Höhe von insgesamt 3.480.000 € ausgezahlt.

Welche erbschaftsteuerlichen Konsequenzen ergeben sich daraus?

Lösung:

Die erbrachte Lohnsumme beträgt 290 % der Ausgangslohnsumme:

$$\frac{3.480.000}{1.200.000} = 290\ \%$$

Die tatsächlich erreichte Lohnsumme liegt damit 110 % unter der nach fünf Jahren erforderlichen Mindestlohnsumme von 400 %. Daraus ergibt sich ein prozentuales Unterschreiten der geforderten Mindestlohnsumme i. H. v. (110/400=) 27,5 %. In der Folge sind 27,5 % des ursprünglich gewährten Verschonungsabschlags von 85 % nachzuversteuern. Dies entspricht 23,4 % des gemeinen Wertes des begünstigten Vermögens.

Für Erwerber begünstigten Vermögens ist das Lohnsummenerfordernis in der Praxis ein schwer kalkulierbares Risiko, da sich aufgrund zahlreicher, insbesondere konjunktureller Unsicherheiten **unvorhergesehene Effekte auf die Lohnsumme** ergeben können. Dies haben nicht zuletzt jüngste **Krisen** wie die Corona-Pandemie gezeigt, welche die wirtschaftliche Entwicklung in Deutschland (und weltweit) nachhaltig beeinflussen und große Beeinträchtigungen für bestimmte Branchen (im Falle der Corona-Pandemie z. B. für das Restaurant-, Hotel- und Gaststättengewerbe und die Veranstaltungsindustrie) mit sich gebracht haben. Ggf. können übertragene Unternehmen aufgrund der Auswirkungen der Corona-Pandemie wie dem Wegfall von Arbeitsplätzen und/oder der Zahlung von Kurzarbeitergeld die Lohnsummenregelung nicht erfüllen.[174]

Zur Behandlung des Kurzarbeitergeldes hat sich die Finanzverwaltung im ersten Pandemiejahr 2020 geäußert. Das den Arbeitgebern von der Bundesagentur für Arbeit ausgezahlte Kurzarbeitergeld mindert demnach nach R E 13a.5 Satz 4 ErbStR die Lohnsumme nicht. Zudem ist das Kurzarbeitergeld bei bilanzieller Behandlung als durchlaufender Posten (bei entsprechendem Kontennachweis) zusätzlich zum in der GuV ausgewiesenen Lohn- und Gehaltsaufwand bei der Ermittlung der Lohnsumme zu berücksichtigen.[175]

---

174 Vgl. ausführlich zu den Auswirkungen von Krisen auf die erbschaftsteuerliche Begünstigung und die Wohlverhaltensregelungen Dedden/Denker (2022), S. 2976 ff.

175 Vgl. Oberste Finanzbehörden der Länder vom 14.10.2020, BStBl. I 2020, S. 1163.

Bei Erwerbsfällen, in welchen die Mindestlohnsumme ausschließlich aufgrund der COVID-19-Pandemie unterschritten wurde und es allein deshalb zu einer Nachversteuerung käme, haben die obersten Finanzbehörden der Länder eine Billigkeitsregelung erlassen. Demnach kommt im Einzelfall eine abweichende Erbschaft- oder Schenkungssteuerfestsetzung nach § 163 Abs. 1 AO oder ein Erlass nach § 227 AO aus sachlichen Gründen in Betracht, wenn und soweit im Zeitraum zwischen dem 01.03.2020 und 30.06.2022 eine Lohnsummenunterschreitung eingetreten ist und diese kausal durch die COVID-19-Pandemie verursacht ist. Der Kausalzusammenhang zwischen Pandemie und Lohnsummenunterschreitung wird seitens der Finanzverwaltung unterstellt, wenn im betreffenden Zeitraum Kurzarbeitergeld an den Betrieb gezahlt wurde und der Betrieb während der Pandemie unmittelbar branchenbedingten Schließungen unterlag. Auch bei mittelbaren Auswirkungen aus den Schließungsanordnungen können Billigkeitsregelungen zur Anwendung kommen.[176] Das kann z. B. für Zulieferunternehmen wichtig sein, die während der Zeit der Schließungsanordnungen pandemiebedingt geschlossene Betriebe belieferten.[177] Unklar ist jedoch, ob die Billigkeitsregelungen auch für Betriebsübertragungen Anwendung finden, die während des Pandemiezeitraums stattgefunden haben.[178]

3.2.3.12.5 Behaltensregelung

Gemäß § 13a Abs. 6 ErbStG fällt der **Verschonungsabschlag anteilig** und **der Abzugsbetrag vollständig** mit Wirkung für die Vergangenheit weg, soweit ein Erwerber innerhalb der Behaltensfrist eine der folgenden schädlichen Verfügungen vornimmt:

1. Den Gewerbebetrieb oder Anteil an einer Personengesellschaft veräußert oder aufgibt,
2. Das land- und forstwirtschaftliche Vermögen veräußert,
3. Überentnahmen tätigt (d. h. Entnahmen, die die Summe der Einlagen und der dem Gesellschafter zuzurechnenden Gewinne oder Gewinnanteile um mehr als 150.000 € übersteigen),
4. Den Anteil an der Kapitalgesellschaft veräußert oder
5. Eine Verfügungsbeschränkung oder Stimmrechtsbündelung aufhebt.

Die Behaltensfrist beträgt **fünf Jahre bei Regelverschonung** und **sieben Jahre bei Optionsverschonung.**

---

[176] Vgl. Oberste Finanzbehörden der Länder vom 30.12.2021, S 3812a, BStBl. I 2022, S. 156.
[177] Vgl. Bäuml (2022), S. 1983.
[178] Vgl. Korezkij (2022), S. 399.

Nachsteuertatbestände im Detail

1. Veräußerung von Betriebsvermögen

Der Verkauf eines begünstigt erworbenen Gewerbebetriebs oder Anteils an einer Personengesellschaft löst innerhalb einer Behaltensfrist von fünf Jahren (Regelverschonung) oder sieben Jahren (Optionsverschonung) eine Nachversteuerung aus. Dasselbe gilt für eine Betriebsaufgabe innerhalb der Behaltensfrist. Auf die (externen oder intrinsischen) Motive kommt es weder bei Veräußerung noch bei Betriebsaufgabe an.[179] Das führt dazu, dass selbst eine Insolvenz prinzipiell einen nachsteuerschädlichen Tatbestand darstellt, ohne dass es darauf ankommt, ob sie vom Erwerber verschuldet wurde. Seitens der Finanzverwaltung ist bereits die Eröffnung des Insolvenzverfahrens als schädliches Ereignis zu beurteilen, welches eine Nachversteuerung auslöst (R E 13a.13 Abs. 1 Satz 3 ErbStR).

Der BFH hält allerdings beim Erwerb eines Anteils an einer Personengesellschaft nicht die Eröffnung des Insolvenzverfahrens für das nachsteuerauslösende Ereignis. Zwar führt bei einer Personengesellschaft die Eröffnung des Insolvenzverfahrens gesellschaftsrechtlich zur Auflösung der Gesellschaft (für die KG folgt dies aus § 161 Abs. 2 i. V. m. § 131 Abs. 1 Nr. 3 HGB). Ertragsteuerlich gehe damit aber keine Betriebsaufgabe einher.[180] Da sich das Erbschaftsteuerrecht begrifflich eng an das Ertragsteuerrecht anlehne, sei keine abweichende Begriffsauslegung gerechtfertigt. Demzufolge ist laut BFH bei Insolvenz einer Personengesellschaft der Tatbestand des § 13a Abs. 6 Satz 1 Nr. 1 ErbStG erst erfüllt, wenn der Insolvenzverwalter den Betrieb endgültig einstellt oder wesentliche Betriebsgrundlagen veräußert.[181]

Die **Veräußerung sowie die Überführung wesentlicher Betriebsgrundlagen** eines Gewerbebetriebs **ins Privatvermögen** oder zu **anderen betriebsfremden Zwecken** sind mit einer Veräußerung des Gewerbebetriebs gleichzusetzen und lösen eine Nachversteuerung aus. Ob es sich bei einem veräußerten oder entnommenen Wirtschaftsgut um eine wesentliche Betriebsgrundlage handelt, richtet sich prinzipiell nach den Grundsätzen des Ertragsteuerrechts.[182] Im Unterschied zur ertragsteuerlichen Definition, die auch funktional unwesentliche Betriebsgrundlagen erfasst, wenn in ihnen erhebliche stille Reserven ruhen, ist im Erbschaftsteuerrecht ausschließlich die Überführung funktional wesentlicher Betriebsgrundlage schädlich[183] und zwar laut Finanzverwaltung solcher, die im Besteuerungszeitpunkt (nicht Veräußerungszeitpunkt) wesentliche Betriebsgrundlagen waren (R E 13a.13

179 Vgl. Stalleiken (2020), Rn. 140 zu § 13a ErbStG.
180 Vgl. BFH vom 01.10.2015, X B 71/15, BFH/NV 2016, Rn. 24.
181 Vgl. BFH vom 01.07.2020, II R 19/18, BFH/NV 2021, Rn. 22–27; BFH vom 16.03.2021, II R 10/18, BFH/NV 2021, Rn. 19.
182 Vgl. dazu H 16 Abs. 5 „Wesentliche Betriebsgrundlagen" EStH.
183 Vgl. Jülicher (2022), Rn. 286 zu § 13a ErbStG.

Abs. 2 Sätze 4 und 5 ErbStR). Es kommt eine rein **funktionale Betrachtungsweise** zur Anwendung.[184]

Bei mehrstöckigen Personengesellschaften ist bei Veräußerung einer wesentlichen Betriebsgrundlage einer Unterpersonengesellschaft im Verbund ein Behaltensfristverstoß für den gesamten auf den Erwerber übertragenen Personengesellschaftsverbund zu bejahen, wenn aus Sicht der Oberpersonengesellschaft die veräußerte Betriebsgrundlage wesentlich war (nicht nur aus Sicht der veräußernden Tochtergesellschaft). Wirtschaftsgüter einer Unterpersonengesellschaft können laut BFH für erbschaftsteuerliche Zwecke als wesentliche Betriebsgrundlagen der Oberpersonengesellschaft anzusehen sein. Dabei sind qualitative und quantitative Merkmale heranzuziehen.[185]

Beispiel:

Wird ein Grundstück, das von einer Unterpersonengesellschaft gehalten wird, veräußert, löst das einen Nachsteuertatbestand i. S. d. § 13a Abs. 6 Satz 1 Nr. 1 ErbStG für die übertragene betriebliche Einheit aus, wenn das Grundstück wesentliche Betriebsgrundlage einer Oberpersonengesellschaft ist. Das ist der Fall, wenn es die räumliche und funktionale Grundlage für die Geschäftstätigkeit der Oberpersonengesellschaft bildet und es der Oberpersonengesellschaft ermöglicht, ihren Geschäftsbetrieb aufzunehmen, auszuüben und fortzuführen.[186]

Werden wesentliche Betriebsgrundlagen zum Buchwert überführt, ggf. sogar steuerneutral nach § 6 Abs. 5 EStG, ist davon auszugehen, dass das Erbschaftsteuerrecht den ertragsteuerlichen Sonderwertungen insoweit nicht folgt und die Überführung im Hinblick auf die erbschafsteuerlichen Behaltensregelungen als schädlich ansieht. Denn es kann als wahrscheinlich gelten, dass der Gesetzeswortlaut einer „Zuführung zu anderen betriebsfremden Zwecken" alle Vorgänge umfasst, durch welche ein Wirtschaftsgut die Sphäre des Betriebs verlässt, zu dessen Betriebsvermögen es gehört. Demnach wären sogar unentgeltliche Übertragungen wesentlicher Wirtschaftsgüter in das Betriebsvermögen eines anderen Gewerbebetriebs schädlich.[187]

Die Einbringung von Betriebsvermögen in eine Kapitalgesellschaft gem. § 20 UmwStG sowie die Einbringung von Betriebsvermögen in eine Personengesellschaft gem. § 24 UmwStG sind steuerunschädliche Verfügungen. Das gilt auch für formwechselnde Umwandlungen und Verschmelzungen (R E 13a.13 Abs. 3 Satz 2 ErbStR). Es ist dabei unbeachtlich, ob umwandlungsteuerrechtlich Buchwerte, Teilwerte oder Zwischenwerte anzusetzen sind, da es auf die Betriebsfortführung

---

184 Vgl. Stalleiken (2022), Rn. 286 zu § 13a ErbStG.

185 Vgl. BFH vom 16.03.2021, II R 10/18, BFH/NV 2021, Rn. 26–28.

186 Vgl. BFH vom 16.03.2021, II R 10/18, BFH/NV 2021, Rn. 28 mit Verweis auf BFH vom 29.11.2017, I R 7/16, BStBl. II 2019, Rn. 27.

187 Vgl. Müller/Dorn (2016), S. 1068.

ankommt.[188] Ein Behaltensfristverstoß liegt allerdings vor, wenn anschließend die erworbenen Anteile an der Kapitalgesellschaft oder Personengesellschaft innerhalb der Behaltensfrist veräußert werden.

2. Veräußerung von land- und forstwirtschaftlichem Vermögen

Werden land- und forstwirtschaftliches Vermögen i. S. d. § 168 Abs. 1 Nr. 1 BewG (Wirtschaftsteil i. S. d. § 160 Abs. 2 BewG) und selbst bewirtschaftete Grundstücke i. S. d. § 159 BewG innerhalb der Behaltensfrist veräußert, stellt dies einen Verstoß gegen die Behaltensregelung dar. Gleiches gilt, wenn das land- und forstwirtschaftliche Vermögen nicht mehr dauerhaft einem land- und forstwirtschaftlichen Betrieb dient (z. B. wegen gewerblicher Nutzung). Wird der Betrieb, Teilbetrieb oder Mitunternehmeranteil innerhalb der Behaltensfrist aufgegeben und führt dies dazu, dass der Betrieb als Stückländerei zu qualifizieren ist, handelt es sich ebenfalls um eine schädliche Verfügung, die eine Nachversteuerung auslöst (R E 13a.14 Abs. 1 ErbStR).

Als schädliche Verwendung gilt auch der Wegfall der Selbstbewirtschaftung von Flächen i. S. d. § 159 BewG, z. B. bei Einstellung der Selbstbewirtschaftung landwirtschaftlich genutzter Flächen, die künftig als Bauland, Industrieland oder Land für Verkehrszwecke dienen sollen (R E 13a.14 Abs. 3 ErbStR).

3. Überentnahmen

Tätigt der Erwerber eines Gewerbebetriebs oder eines Anteils an einer Gesellschaft i. S. d. § 97 Abs. 1 Satz 1 Nr. 5 Satz 1 BewG (z. B. eines Mitunternehmeranteils) innerhalb von fünf Jahren nach dem Erwerb Entnahmen, die die Summe seiner Einlagen und der ihm zuzurechnenden Gewinn(anteil)e um mehr als 150.000 € überschreiten (Überentnahme), stellt dies eine begünstigungsschädliche Verfügung dar.

Hinsichtlich der Ausschüttungen an Kapitalgesellschaftsanteilseigner ist sinngemäß zu verfahren (Ausschüttungsbeschränkung). Neben regulären Gewinnausschüttungen können im Fünfjahreszeitraum damit auch an Anteilseigner einer Kapitalgesellschaft nur 150.000 € verdeckt oder offen ausgeschüttet werden (R E 13a.15 Abs. 6 Satz 3 ErbStR).

Auch eine Entnahme zur Entrichtung der Erbschaftsteuer kann zu einer Überentnahme führen (R E 13a.15 Abs. 1 Satz 2 ErbStR).

Entnahmen bis zur Höhe des steuerpflichtigen Werts des Verwaltungsvermögens bleiben aber unberücksichtigt (R E 13a.15 Abs. 1 Satz 7 ErbStR).

188 Vgl. Jülicher (2022), Rn. 302 zu § 13a ErbStG mit Verweis auf Hannes/Stalleiken, DB 2014, S. 259.

Als Gestaltungsmöglichkeit können Erwerber gegen Ende der Behaltensfrist eine Einlage (idealerweise aus dem Privatvermögen) tätigen, um eine etwaige Überentnahme auszugleichen. Hierin sieht die Finanzverwaltung grundsätzlich keinen Gestaltungsmissbrauch (R E 13a.15 Abs. 4 Satz 1 ErbStR).

4. Veräußerung von Anteilen an Kapitalgesellschaften

Ein Behaltensfristverstoß liegt auch vor, wenn ein Erbe/Beschenkter einen erworbenen Kapitalgesellschaftsanteil innerhalb von fünf Jahren nach der Erbschaft/Schenkung veräußert, sofern der Anteil die Mindestbeteiligung von mehr als 25 % erfüllt hat und damit begünstigungsfähig war. Auch eine teilweise Veräußerung ist begünstigungsschädlich.

War der Erwerber bereits vor dem Erwerb mittels Erbschaft/Schenkung Anteilseigner der Kapitalgesellschaft und veräußert er lediglich einen Teil seiner Anteile, ist davon auszugehen, dass er zunächst die Anteile veräußert, die ihm bereits vor der Erbschaft/Schenkung gehörten.

Ebenfalls liegt ein Behaltensfristverstoß vor, wenn die Gesellschaft innerhalb der Fünfjahresfrist aufgelöst oder ihr Nennkapital herabgesetzt wird oder sie wesentliche Betriebsgrundlagen veräußert und das Vermögen an die Gesellschafter verteilt.

Bei einer nur nominellen Kapitalherabsetzung, die zur Sanierung der Gesellschaft dient, unterbleibt eine Nachversteuerung, wenn kein Kapital an die Gesellschafter zurückgezahlt wird (R E 13a.16 Abs. 2 ErbStR).

Da die Eröffnung des Insolvenzverfahrens gesellschaftsrechtlich zur Auflösung der Kapitalgesellschaft (§ 60 Abs. 1 Nr. 4 GmbHG und § 262 Abs. 1 Nr. 3 AktG) führt und ertragsteuerrechtlich als Veräußerung zu werten ist (§ 17 Abs. 4 EStG), kommt es laut BFH zum anteiligen Wegfall der Steuervergünstigung nach § 13a Abs. 1 ErbStG.[189]

5. Verstoß gegen Poolregelungen bei Kapitalgesellschaften

Eine begünstigte Übertragung von Kapitalgesellschaftsanteilen, an welchen der Zuwendende nicht mehr als 25 % hält, ist nur bei Vorliegen von Stimmbindungsvereinbarungen möglich, durch welche es zu einem Pooling von Anteilen auf insgesamt über 25 % kommt. Werden diese Bindungen anschließend aufgehoben, fallen für die betroffenen Anteile im Zeitpunkt der Aufhebung der Bindung die erbschaftsteuerlichen Begünstigungen weg.

---

[189] Vgl. BFH vom 01.07.2020, II R 19/18, BFH/NV 2021, Rn. 21.

Konsequenzen bei Verstoß gegen die Behaltensregelungen

Der Verschonungsabschlag fällt bei Verfügungen i. S. d. § 13a Abs. 6 Satz 1 Nr. 1, 2, 4 und 5 ErbStG in dem Umfang weg, welcher sich aus dem Verhältnis der im Zeitpunkt der schädlichen Verfügung verbleibenden Behaltensfrist einschließlich des Jahres, in dem die Verfügung erfolgt, zur gesamten Behaltensfrist ergibt (§ 13a Abs. 6 Satz 2 ErbStG).

Ein Verstoß gegen die Behaltensregelung und der damit verbundene Wegfall des Abzugsbetrags führen zum „Wiederaufleben" des Abzugsbetrags für eine erneute Zuwendung begünstigten Vermögens, da der Lauf der Sperrfrist rückwirkend entfällt (R E 13a.19 Abs. 7 ErbStR).

Trifft der Erwerber nur für einen Teil des begünstigten Vermögens eine schädliche Verfügung, sind der Verschonungsabschlag und ggf. der Abzugsbetrag für den weiterhin (verbliebenen) begünstigten Teil des Vermögens zu gewähren (R E 13a.19 Abs. 1 Satz 6 ErbStR).

!

Wird bei einer schädlichen Verfügung über das begünstigte Vermögen i. S. v. § 13a Abs. 6 ErbStG gleichzeitig die erforderliche Mindestlohnsumme i. S. v. § 13a Abs. 3 Sätze 1 und 4 ErbStG unterschritten, sind die jeweiligen aus den beiden Regelungstatbeständen resultierenden Kürzungen des Verschonungsabschlags gesondert zu berechnen. Der Verschonungsabschlag ist danach um den höheren der sich hierbei ergebenden Beträge zu kürzen (R E 13a.19 Abs. 3 Satz 2 ErbStR).

Reinvestitionsklausel

Für schädliche Verfügungen i. S. v. § 13a Abs. 6 Satz 1 Nr. 1, 2 und 4 ErbStG (Betriebsveräußerung/-aufgabe, Verkauf von land- und forstwirtschaftlichem Vermögen oder Kapitalgesellschaftsanteilsverkauf) gibt es in § 13a Abs. 6 Sätze 3 und 4 ErbStG eine Ausnahme vom Nachversteuerungsgebot: Wird der Veräußerungserlös durch Reinvestition in begünstigungsfähiges Vermögen der grundsätzlich begünstigungswürdigen Vermögensart nicht entzogen, unterbleibt eine rückwirkende Besteuerung wegen des Behaltensfristverstoßes. Voraussetzung ist, dass der Veräußerungserlös innerhalb von sechs Monaten in Vermögen investiert wird, das i. S. v. § 13b Abs. 2 ErbStG begünstigt ist.

Erwerber müssen dem für die Erbschaftsteuer zuständigen Finanzamt einen schädlichen Verfügungs- bzw. Überentnahmesachverhalt i. S. d. § 13a Abs. 6 Satz 1 ErbStG innerhalb einer **Frist von einem Monat**, nachdem der jeweilige schädliche Verfügungstatbestand verwirklicht wurde, schriftlich **anzeigen** (§ 13a Abs. 7 Satz 2 ErbStG). Erwerber müssen auch in solchen Fällen eine entsprechende Anzeige machen, in welchen der Vorgang zu gar keiner Besteuerung führt (R E 13a.12 Abs. 1 Satz 7 ErbStR).

Beispiel[190]

Auf Erwerber Kurt wurde am 31.12.01 von seiner Mutter Klara ein Gewerbebetrieb im Wege der vorweggenommenen Erbfolge übertragen. Der Steuerwert des Gewerbebetriebs beläuft sich auf 750.000 €. Zugleich wurde ihm von seiner Mutter ein 20 %-Anteil an der KK-KG übertragen, der einen Steuerwert von 350.000 € aufweist. In beiden Betrieben sind jeweils vier Beschäftigte angestellt und es ist kein schädliches Verwaltungsvermögen zu berücksichtigen (das vorhandene Verwaltungsvermögen kann in voller Höhe als unschädliches Verwaltungsvermögen mitbegünstigt werden und der Einstiegstest wird bestanden). Kurt stellt keinen Antrag auf Optionsverschonung.

Am 31.03.05 (im vierten Jahr) verkauft Kurt den KG-Anteil für 400.000 €.

Wie hoch ist der Vermögensanfall nach Steuerwerten aus der Zuwendung und wie wirkt sich der Verkauf aus?

Lösung:

Steuerentstehungszeitpunkt 31.12.01:

Der Gewerbebetrieb stellt ebenso wie der KG-Anteil begünstigungsfähiges Vermögen i. S. d. § 13b Abs. 1 Nr. 2 ErbStG dar. Da kein schädliches Verwaltungsvermögen vorhanden ist, ist der Wert des begünstigungsfähigen Vermögens deckungsgleich mit dem Wert des begünstigten Vermögens nach § 13b Abs. 2 ErbStG und es tritt kein Begünstigungsausschluss nach § 13b Abs. 2 Satz 2 ErbStG ein.

	Begünstigtes Betriebsvermögen i. S. d. § 13b Abs. 2 ErbStG insgesamt	1.100.000 €
./.	Verschonungsabschlag 85 %	935.000 €
=	verbleibendes begünstigtes Vermögen	165.000 €
./.	Abzugsbetrag, max.150.000 €	
	$150.000 € ./. \frac{165.000 € ./. 150.000 €}{2} = 142.500 €$	142.500 €
=	**steuerpflichtiges Betriebsvermögen**	**22.500 €**

Der Erwerber ist an die Einhaltung der Behaltensregelung in der Behaltensfrist von fünf Jahren nach § 13a Abs. 6 ErbStG gebunden. Der Lohnsummenkontrolle unterliegt er nicht, da beide Betriebe weniger als fünf Beschäftigte aufweisen (§ 13a Abs. 3 Satz 3 Nr. 2 ErbStG).

Verkauf KG-Anteil am 31.03.05:

Der Verkauf des KG-Anteils stellt eine schädliche Verfügung i. S. d. § 13a Abs. 6 Satz 1 Nr. 1 ErbStG dar, die zu einem anteiligen Wegfall des Verschonungsabschlags führt. Für die Nachversteuerung ergibt sich der Wert des steuerpflichtigen Betriebsvermögens wie folgt:

Gewerbebetrieb:

	Begünstigtes Betriebsvermögen	750.000 €
./.	Verschonungsabschlag 85 %	637.500 €
=	verbleibendes begünstigtes Vermögen	112.500 €

[190] In Anlehnung an H E 13a.19 „Nachversteuerung" (Beispiel 1) ErbStH.

KG-Anteil:

	Betriebsvermögen aus KG-Anteil (nur noch zeitanteilig begünstigt)	350.000 €
	Verschonungsabschlag 85 % : 297.500 €	
./.	davon zeitanteilig in Höhe von $\frac{3}{5}$ zu gewähren	178.500 €
=	verbleibendes begünstigtes Vermögen	171.500 €
	Summe	284.000 €
./.	Abzugsbetrag 150.000 €, höchstens Wert des verbleibenden begünstigten Vermögens	112.500 €

Als Abzugsbetrag sind nur noch 112.500 € anzusetzen, weil nur insoweit nach Abzug des Verschonungsabschlags begünstigtes Betriebsvermögen verbleibt. Der veräußerte KG-Anteil gehört mit Rückwirkung in vollem Umfang nicht mehr zum begünstigten Vermögen (§ 13a Abs. 6 Satz 2 ErbStG).

=	**Steuerpflichtiges Betriebsvermögen 31.03.05**	**171.500 €**

Auswirkung der schädlichen Verfügung auf die schenkungsteuerliche Bemessungsgrundlage:

	Steuerpflichtiges Betriebsvermögen nach Verkauf KG-Anteil	171.500 €
./.	Steuerpflichtiges Betriebsvermögen bei Erwerb	22.500 €
=	**Erhöhung Bemessungsgrundlage**	**149.000 €**

Die schädliche Verfügung durch den Verkauf des KG-Anteils führt zu einer Erhöhung der schenkungsteuerlichen Bemessungsgrundlage um 149.000 €.

Beispiel[191]

Kalena ist Alleinerbin ihrer am 01.01.01 verstorbenen Mutter. Zum Nachlass gehört ein Gewerbebetrieb (Steuerwert 8.000.000 €) mit 30 Beschäftigten. Der Betrieb verfügt ausschließlich über begünstigtes Vermögen. Ein Antrag nach § 13a Abs. 10 ErbStG wurde nicht gestellt.

Am 01.02.04 (im dritten Jahr) verkauft Kalena den Gewerbebetrieb, ohne den Veräußerungsgewinn in begünstigtes Vermögen zu reinvestieren. Die tatsächliche Lohnsumme im Verkaufszeitpunkt beläuft sich auf 190 % der Ausgangslohnsumme.

Steuerentstehungszeitpunkt 01.01.01:

	Begünstigtes Betriebsvermögen i. S. d. § 13b Abs. 2 ErbStG	8.000.000 €
./.	Verschonungsabschlag 85 %	6.800.000 €
=	verbleibendes begünstigtes Vermögen	1.200.000 €
	Abzugsbetrag ist nicht zu gewähren, da abgeschmolzen	
	150.000 € ./. $\frac{1.200.000\text{ € ./. }150.000\text{ €}}{2}$ = –375.000 €	0 €
=	**Steuerpflichtiges Betriebsvermögen**	**1.200.000 €**

[191] In Anlehnung an H E 13a.19 „Nachversteuerung" Beispiel 2 ErbStH.

Verkauf Gewerbebetrieb am 01.02.04:

	Betriebsvermögen aus KG-Anteil (nur noch zeitanteilig begünstigt)	8.000.000 €
	Kürzung des Verschonungsabschlags wegen schädlicher Verfügung Verschonungsabschlag (85 %) 6.800.000 €	
./.	davon zeitanteilig zu gewähren $\frac{2}{5}$	2.720.000 €
	Kürzung des Verschonungsabschlags wegen Unterschreitung der Mindestlohnsumme Verschonungsabschlag (85 %) 6.800.000 € Mindestlohnsumme 400 % Lohnsummenunterschreitung: Tatsächliche Lohnsumme beträgt 190 %, damit Unterschreitung um 210 %. Prozentual beläuft sich die Unterschreitung auf (210 % / 400 %=) 52,5 %, daher Kürzung des Verschonungsabschlags um 52,5 %: 52,5 % × 6.800.000 = 3.570.000 €	
=	verbleibender Verschonungsabschlag	3.230.000 €
./.	Abzugsfähig ist der niedrigere der beiden bei den jeweiligen Verstößen ermittelte Verschonungsabschlag	2.720.000 €
=	verbleiben	5.280.000 €
./.	Abzugsbetrag weiterhin nicht anwendbar	0 €
=	**Steuerpflichtiges Betriebsvermögen**	**5.280.000 €**

Auswirkung der schädlichen Verfügung auf die erbschaftsteuerliche Bemessungsgrundlage:

	Steuerpflichtiges Betriebsvermögen nach Verkauf Gewerbebetrieb	5.280.000 €
./.	Steuerpflichtiges Betriebsvermögen bei Erwerb	1.200.000 €
=	**Erhöhung Bemessungsgrundlage**	**4.080.000 €**

Die schädliche Verfügung durch den Verkauf des Gewerbebetriebs führt zu einer Erhöhung der erbschaftsteuerlichen Bemessungsgrundlage um 4.080.000 €.

Verstößt der Erwerber nach der Übertragung gegen die Behaltens- oder die Lohnsummenregelung, kann ein einmal gestellter Antrag auf Optionsverschonung nicht mehr widerrufen werden (R E 13a.21 Abs. 2 Sätze 3 und 4 ErbStR). Damit ist für die übertragene wirtschaftliche Einheit auch keine Regelverschonung zu gewähren, selbst wenn die Voraussetzungen dafür erfüllt wären.[192]

Eine Weiterübertragung des erworbenen Vermögens innerhalb der Behaltensfrist im Wege der Schenkung ist nicht als begünstigungsschädliche Verfügung zu werten. Im Hinblick auf die Lohnsummenprüfung sind nach der Schenkung die Verhältnisse des begünstigten Vermögens beim Erwerber weiterhin zu berücksichtigen. Allerdings

192 Vgl. BFH vom 26.07.2022, II R 25/20, BFH/NV 2022, Rn. 38.

entfällt für den Ersterwerber eine Begünstigung (anteilig), falls der Nacherwerber innerhalb der noch laufenden Behaltensfrist gegen die Behaltensregelung verstößt (R E 13a.19 Abs. 5 ErbStR).

Die Einhaltung der Behaltensregelung ist zwar prinzipiell vom Erwerber vermeintlich besser steuerbar als die Erreichung der Mindestlohnsumme. Allerdings kann es auch im Hinblick auf die Behaltungsregelungen zu Schwierigkeiten im Zusammenhang mit aktuellen gesamtwirtschaftlichen Krisensituationen (wie der Corona-Pandemie und der Energiekrise) und deren negativen Effekten kommen (z. B. Lieferengpässe, Materialmangel, Preissteigerungen und Konsumrückgänge), die den Erwerber zu einer Veräußerung bzw. Aufgabe des Betriebs (Insolvenz) während der Behaltensfrist zwingen.[193]

3.2.3.12.6 Zusammenfassendes Beispiel

Unternehmerin Klara überträgt ihrer in Villingen-Schwenningen wohnhaften Tochter Kalena am 01.10.01 ihr Einzelunternehmen, dessen gemeiner Wert sich auf 5 Mio. € beläuft. Das Einzelunternehmen weist Schulden i. H. v. 50.000 € auf und verfügt über Verwaltungsvermögen i. S. d. § 13b Abs. 4 ErbStG i. H. v. 800.000 € (davon 200.000 € Finanzmittel). Zum Übertragungsstichtag sind bei dem Einzelunternehmen 20 Mitarbeitende beschäftigt.

Ermitteln Sie die Schenkungsteuerbelastung von Kalena

a) bei Regelverschonung
b) bei Optionsverschonung (sofern anwendbar)

Lösung:

Sachliche Steuerpflicht: Übertragung ist eine Schenkung unter Lebenden in Form einer freigebigen Zuwendung (§ 1 Abs. 1 Nr. 2 i. V. m. § 7 Abs. 1 Nr. 1 ErbStG).

Persönliche Steuerpflicht: Kalena ist gem. § 2 Abs. 1 Nr. 1 Satz 1 und Satz 2 Buchst. a ErbStG unbeschränkt steuerpflichtig, da sie zum Übertragungspunkt ihren Wohnsitz im Inland (Villingen-Schwenningen) hatte. Damit unterliegt der gesamte Vermögensanfall der Besteuerung.

Steuerentstehung: Gem. § 9 Abs. 1 Nr. 1 ErbStG bei Erwerben von Todes wegen mit dem Tode des Erblassers, hier: 01.10.01.

Bewertungsstichtag: Für die Wertermittlung ist der Zeitpunkt der Entstehung der Steuer maßgebend, d. h. 01.10.01 (§ 11 ErbStG).

[193] Vgl. ausführlich zu den Auswirkungen von Krisen auf die erbschaftsteuerliche Begünstigung und die Wohlverhaltensregelungen Dedden/Denker (2022), S. 2977.

Steuerpflichtiger Erwerb: Als steuerpflichtiger Erwerb gilt die Bereicherung des Erwerbers, soweit sie nicht steuerfrei ist (§ 10 Abs. 1 Satz 1 ErbStG). Als Bereicherung gilt der Betrag, der sich ergibt, wenn von dem nach § 12 ErbStG zu ermittelnden Wert des gesamten Vermögensanfalls die nach den § 10 Abs. 3–9 ErbStG abzugsfähigen Nachlassverbindlichkeiten mit ihrem nach § 12 ErbStG zu ermittelnden Wert abgezogen werden (§ 10 Abs. 1 Satz 2 ErbStG). Damit ist nach § 12 ErbStG das übertragene Vermögen zunächst mit seinen gemeinen Werten anzusetzen.

Sachliche Steuerbefreiungen: Steuerbefreiung nach §§ 13a, 13b ErbStG

Für jede Vermögensart ist festzustellen, ob eine Steuerbefreiung in Anspruch genommen werden kann.

1. **Prüfung Begünstigungsfähigkeit**

   Bei dem Einzelunternehmen handelt es sich um begünstigungsfähiges Vermögen i. S. d. § 13b Abs. 1 Nr. 2 ErbStG.

Gemeiner Wert des begünstigungsfähigen Vermögens (§ 13b Abs. 1 Nr. 2 ErbStG)	5.000.000 €

2. **Prüfung Begünstigungsumfang**

   Das begünstigungsfähige Vermögen ist begünstigt, soweit sein gemeiner Wert den um das unschädliche Verwaltungsvermögen i. S. d. § 13b Abs. 7 ErbStG gekürzten Nettowert des Verwaltungsvermögens i. S. d. § 13b Abs. 6 ErbStG übersteigt (begünstigtes Vermögen). Damit ist das Verwaltungsvermögen i. S. d. § 13b Abs. 4 ErbStG (grds. weitgehend) nicht begünstigt. Außerdem gilt:

   a. <u>Einstiegstest (90 %-Test gem. § 13b Abs. 2 Satz 2 ErbStG):</u>

      Das Verwaltungsvermögen darf 90 % des gemeinen Werts des begünstigungsfähigen Vermögens nicht übersteigen (sog. 90 %-Test/Einstiegstest nach § 13b Abs. 2 Satz 2 ErbStG).

      800.000 €/5.000.000 € = 16 %

      Damit liegt das Verwaltungsvermögen unter 90 % des Werts des begünstigungsfähigen Vermögens und es kommt zu keinem Begünstigungsausschluss.

   b. <u>Finanzmitteltest nach § 13b Abs. 4 Nr. 5 ErbStG:</u>

      Die Finanzmittel i. H. v. 200.000 € sind grds. um den gemeinen Wert der Schulden zu verringern, die sich auf 50.000 € belaufen. Außerdem sind die Finanzmittel nur anzusetzen, wenn ihr Wert 15 % des anzusetzenden Werts des Betriebsvermögens übersteigt (sog. Sockelbetrag).

	Finanzmittel	200.000 €
./.	Schulden	50.000 €
=	Zwischensumme	150.000 €

./.	Sockelbetrag i. H. v. 15% des festgestellten Werts des Betriebsvermögens (5 Mio. € × 15%)	750.000 €
	Verbleibende Finanzmittel (mind. 0 €)	0 €

c. Ermittlung des Nettowerts des Verwaltungsvermögens

Um den Wert des steuerpflichtigen Verwaltungsvermögens sowie des begünstigten Vermögens ermitteln zu können, ist der Nettowert des Verwaltungsvermögens zu bestimmen.

	Verwaltungsvermögen i. S. d. § 13b Abs. 5 ErbStG	800.000 €
./.	Finanzmittel i. H. v. 200.000 € (siehe Finanzmitteltest)	200.000 €
=	Nettowert des Verwaltungsvermögens	600.000 €

d. Ermittlung des unschädlichen Verwaltungsvermögens

Der Nettowert des Verwaltungsvermögens wird wie begünstigtes Vermögen behandelt, soweit er 10% des um den Nettowert des Verwaltungsvermögens gekürzten gemeinen Wert des Betriebsvermögens nicht übersteigt (§ 13b Abs. 7 ErbStG).

	Gemeiner Wert des begünstigungsfähigen Vermögens	5.000.000 €
./.	Nettowert des Verwaltungsvermögens	600.000 €
=	Bemessungsgrundlage für das unschädliche Verwaltungsvermögen	4.400.000 €
=>	Unschädliches Verwaltungsvermögen 10% (§ 13b Abs. 7 ErbStG)	440.000 €
=>	Nicht begünstigtes (steuerpflichtiges) Verwaltungsvermögen (600.000 € ./. 440.000 €)	160.000 €

e. Ermittlung des begünstigten Vermögens

	Begünstigungsfähiges Vermögen	5.000.000 €
./.	nicht begünstigtes Verwaltungsvermögen	160.000 €
=	Begünstigtes Vermögen (§ 13b Abs. 2 ErbStG)	4.840.000 €

3. Prüfung des anwendbaren Verschonungsregimes

Nachdem die Höhe des begünstigen Vermögens bestimmt ist, erfolgt die Prüfung, welches Begünstigungsregime anwendbar ist. Da das begünstigte Vermögen mit 4,84 Mio. € unter dem Schwellenwert für Großerwerbe von 26 Mio. € liegt, kommen der Regelverschonungsabschlag nach § 13a Abs. 1 ErbStG sowie der Optionsverschonungsabschlag nach § 13a Abs. 10 ErbStG in Frage.

	Regelverschonung 85 %	**Optionsverschonung 100 %**
Begünstigtes Vermögen (§ 13b Abs. 2 ErbStG)	4.840.000 €	4.840.000 €
Verwaltungsvermögensquote i. S. d. § 13a Abs. 10 Satz 2 ErbStG		$\frac{\text{Verwaltungsvermögen (nach Finanzmitteltest)}}{\text{Wert begünstigungsfähiges Vermögen}}$ $= \frac{600.000\ €}{5.000.000\ €} = 12\ \%$ unter 20 %, damit Optionsverschonung anwendbar
Verschonungsabschlag (85 % bzw. 100 %)	./. 4.114.000 €	./. 4.840.000 €
Verbleibendes begunstigtes Vermögen	726.000 €	0 €
Steuerpflichtiges Verwaltungsvermögen	160.000 €	160.000 €
Abzugsbetrag (§ 13a Abs. 2 ErbStG)	Kein Abzugsbetrag, da vollständig abgeschmolzen: 150.000 € ./. 0,5 × (726.000 € ./. 150.000 €) = ./.138.000 €	–
Steuerpflichtiges (Unternehmens-) Vermögen	**886.000 €**	**160.000 €**

Ermittlung der festzusetzenden Schenkungsteuer

Als Tochter ist für Kalena die Steuerklasse I anwendbar (§ 15 Abs. 1 Stkl. I Nr. 2 ErbStG). Kalena steht damit grundsätzlich ein persönlicher Freibetrag von 400.000 € zu (§ 16 Abs. 1 Nr. 2 ErbStG). Die Steuerklasse I wirkt sich auch auf die Höhe des anzuwendenden Steuersatzes nach § 19 Abs. 1 ErbStG aus. Bei Regelverschonung kommt ein Steuersatz von 19 % zur Anwendung, bei Optionsverschonung beläuft sich der Steuersatz auf 11 %.

	Regelverschonung 85 %	**Optionsverschonung 100 %**
Bereicherung Kalena (entspricht steuerpflichtigem Unternehmensvermögen)	886.000 €	160.000 €
Persönlicher Freibetrag (§ 16 ErbStG)	./.400.000 €	./.160.000 €
Steuerpflichtiger Erwerb	**486.000 €**	**0 €**
Steuersatz (§ 19 ErbStG)	15 %	
Tarifliche Schenkungsteuer	**72.900 €**	**0 €**
Härteausgleich (§ 19 Abs. 3 ErbStG)	300.000 € × 0,11 + 0,5 × (486.000 € ./. 300.000 €) = 126.000 € Höher als die tarifliche Schenkungsteuer, daher greift Härteausgleich nicht.	

Fazit

Für Kalena ergibt sich folgende Schenkungsteuerbelastung:

a) bei Regelverschonung **72.900 €**
b) bei Optionsverschonung **0 €**

Es ist zu beachten, dass Kalena bei Antrag auf Optionsverschonung mit dem Einzelunternehmen innerhalb von sieben Jahren eine Mindestlohnsumme von 700 % erzielen muss (§ 13a Abs. 10 Satz 1 Nr. 2 und 3 ErbStG) und eine siebenjährige Behaltensfrist gilt (§ 13a Abs. 10 Satz 1 Nr. 6 ErbStG). Entscheidet sich Kalena für die Regelverschonung, muss sie mit dem Einzelunternehmen innerhalb von fünf Jahren eine Mindestlohnsumme 400 % erreichen und eine Behaltensfrist von fünf Jahren einhalten.

3.2.3.13 *Verschonungsmodelle für begünstigtes Vermögen von mehr als 26 Mio. Euro (Großerwerbe)*

Beträgt der Wert des auf einen Erwerber übertragenen begünstigten Vermögens mehr als 26 Mio. Euro, handelt es sich um einen sog. Großerwerb, und es greifen besondere Verschonungsregime, die ausschließlich auf Antrag gewährt werden.

Als Verschonungsmodelle stehen grundsätzlich die abschmelzende Verschonung nach § 13c ErbStG sowie die Verschonungsbedarfsprüfung nach § 28a ErbStG als Alternativen zur Verfügung.

Bleibt der Erwerber untätig und stellt keinen Antrag auf Verschonung entweder nach § 13c ErbStG (Abschmelzmodell) oder nach § 28a ErbStG (Verschonungsbedarfsprüfung), ist der Erwerb in voller Höhe steuerpflichtig.

Es ist auf das Urteil des BVerfG vom 17.12.2014 (Az. 1 BvL 21/12, BStBl. II 2015, S. 50) zurückzuführen, dass es für Großerwerbe gesonderte Verschonungsregelungen gibt. Das Bundesverfassungsgericht sah die Regelverschonung in Höhe von 85 % und die vollständige Verschonung betrieblichen Vermögens im Rahmen der Optionsverschonung nur für kleine und mittlere Unternehmen als verfassungskonform an. Eine gleichermaßen umfangreiche Verschonung für Erwerbe großer Unternehmen bzw. Unternehmensanteile ohne eine individuelle Bedürfnisprüfung des Erwerbers hielten die Verfassungsrichter vor dem Hintergrund des Gleichheitsgrundsatzes nicht für gerechtfertigt. Als mögliche Lösungsansätze sind im Urteil des BVerfG auf der einen Seite eine Reduzierung der Steuerbefreiung für Großerwerbe sowie eine besondere Rechtfertigung für eine umfangreiche Steuerbefreiung durch eine individuelle Bedürfnisprüfung genannt. Mit den §§ 13c und 28a ErbStG haben letztlich beide Lösungsmöglichkeiten Eingang ins Gesetz gefunden.

3.2.3.13.1 *Abschmelzende Verschonung*

Übersteigt der Erwerb begünstigten Vermögens den Schwellenwert von 26 Mio. €, werden die aus § 13a Abs. 1 und 10 ErbStG bekannten Regel- bzw. Optionsverschonungsabschläge sukzessive verringert: **Für jede vollen 750.000 €**, die der Erwerb begünstigten Vermögens den Schwellenwert von 26 Mio. € überschreitet, werden der **Regel- bzw. Optionsverschonungsabschlag um jeweils einen Prozentpunkt abgeschmolzen**.

Daraus ergibt sich, dass die „tatsächliche" Wertgrenze für die Vollverschonung wegen der Abschmelzungsregelung des § 13c ErbStG bei 26.749.999 € liegt, denn erst ab einem Erwerb von 26.750.000 € kommt es zu einer Reduktion von Regel- und Optionsverschonung um je einen Prozentpunkt auf 84 % (Regelverschonung) bzw. auf 99 % (Optionsverschonung).

Rechnerisch wird bei Anwendung der Regelverschonung aufgrund der schrittweisen Abschmelzung ab einem Erwerb begünstigten Vermögens von 89,75 Mio. € keine Verschonung mehr gewährt. Das ist nicht gesetzlich festgelegt, sondern ergibt sich dadurch, dass der Regelverschonungsabschlag rechnerisch bei diesem Betrag auf 0 % abgeschmolzen ist. Bei Optionsverschonung normiert das Gesetz, dass für Erwerbe ab 90 Mio. € kein Optionsverschonungsabschlag mehr gewährt wird (§ 13c Abs. 1 Satz 2 ErbStG), auch wenn rechnerisch der Optionsverschonungsabschlag bei 90 Mio. € Erwerb begünstigten Vermögens noch nicht vollständig abgeschmolzen ist.

Hinsichtlich der Voraussetzungen, die für den abgeschmolzenen Regel- oder Optionsverschonungsabschlag einzuhalten sind, gilt, dass die Regelungen des § 13a Abs. 3 bis 9 ErbStG analog anzuwenden sind (§ 13c Abs. 2 Satz 1 ErbStG).

Bekommt ein Erwerber von derselben Person mehrere Erwerbe begünstigten Vermögens innerhalb von zehn Jahren, sind diese für die Prüfung des Schwellenwerts von 26 Mio. € zusammenzurechnen. Die Vorerwerbe sind dabei mit ihrem früheren Wert zu berücksichtigen. Übersteigen die Erwerbe von derselben Person innerhalb von zehn Jahren den Schwellenwert von 26 Mio. €, unterliegen sie in Summe dem Verschonungsregime für Großerwerbe. Das bedeutet, dass eine für Vorerwerbe gewährte Steuerbefreiung nachträglich wegfällt (§ 13a Abs. 1 Satz 2, § 13c Abs. 2 Satz 4 ErbStG) und stattdessen die abschmelzende Verschonung nach § 13c ErbStG zur Anwendung kommt, die sich nach der Summe der Erwerbe von derselben Person innerhalb des Zehnjahreszeitraums richtet. Eine Ausnahme gibt es für solche Vorerwerbe, für die der Erwerber einen Antrag auf Verschonungsbedarfsprüfung nach § 28a Abs. 1 ErbStG gestellt hat.

!

Der **Antrag** nach § 13c Abs. 1 ErbStG ist **unwiderruflich** und schließt einen Antrag auf Gewährung der Verschonungsbedarfsprüfung nach § 28a Abs. 1 ErbStG für denselben Erwerb aus.

Beispiel:

Wie hoch ist der Verschonungsabschlag bei einem Erwerb begünstigten Vermögens i. H. v. 41 Mio. €?

a) Bei Regelverschonung
b) Bei Optionsverschonung

Lösung:

Bei einem Erwerb begünstigten Vermögens i. H. v. 41 Mio. € errechnet sich die Kürzung des Verschonungsabschlags wie folgt:

	begünstigtes Vermögen	41.000.000 €
./.	Prüfschwelle	26.000.000 €
=	Differenz	15.000.000 €
Teilung durch 750.000 € =		20

Das bedeutet, dass die Verschonungsabschläge um 20 Prozentpunkte zu reduzieren sind:

a) Regelverschonung: 85 % ./. 20 Prozentpunkte = 65 % Verschonungsabschlag

b) Optionsverschonung: 100 % ./. 20 Prozentpunkte = 80 % Verschonungsabschlag

3.2.3.13.2 *Verschonungsbedarfsprüfung*

Als Alternative zur abschmelzenden Verschonung nach §13c ErbStG können Erwerber begünstigten Vermögens über 26 Mio. € die Verschonungsbedarfsprüfung nach §28a ErbStG wählen.

Für Erwerbe über 90 Mio. € ist die Verschonungsbedarfsprüfung die einzige Verschonungsoption, die Großerwerbern zur Verfügung steht, denn ab diesem Wert ist die abschmelzende Verschonung nach § 13c ErbStG nicht mehr anwendbar.

!

Hat ein Erwerber bereits einen Antrag nach § 13c ErbStG gestellt, ist ein Antrag auf Gewährung der Verschonungsbedarfsprüfung nach § 28a Abs. 1 ErbStG für denselben Erwerb ausgeschlossen.

Die Besonderheit der Verschonungsbedarfsprüfung besteht darin, dass sich die Erbschaftsteuer auf das begünstigte Vermögen nach den Vermögensverhältnissen des Erwerbers richtet. Der Erwerber muss dem Finanzamt bei der **Verschonungsbedarfsprüfung** nachweisen, dass er persönlich nicht in der Lage ist, die Steuer aus seinem verfügbaren Vermögen (i. S. d. §28a Abs. 2 ErbStG) zu begleichen.

Zum **verfügbaren Vermögen** i. S. d. §28a Abs. 2 ErbStG, das für die Erbschaftsteuerzahlung für das begünstigte Vermögen des Unternehmensgroßerwerbs einzusetzen ist, gehören zum einen 50 % der Summe der gemeinen Werte des mit der Erbschaft/Schenkung zugleich übergegangenen nicht i. S. d. §13b Abs. 2 ErbStG begünstigten Vermögens. Dazu zählt z. B. das in der übertragenen Unternehmenseinheit enthaltene nicht begünstigte Verwaltungsvermögen (steuerpflichtiger Wert des Verwaltungsvermögens) sowie ggf. zeitgleich mitübertragenes Privatvermögen (wie beispielsweise vom Erblasser/Schenker im Privatvermögen gehaltene Immobilien oder Wertpapiere). Zum anderen zählt dazu aber auch solches Vermögen, das dem Erwerber im Steuerentstehungszeitpunkt bereits (privat) gehört, sofern es nicht selbst als begünstigtes Vermögen i. S. d. §13b Abs. 2 ErbStG einzustufen ist. Der Bestand und der Wert des verfügbaren Vermögens sind unabhängig vom Zeitpunkt der Antragstellung auf den Besteuerungszeitpunkt festzustellen (R E 28a.2 Abs. 2 Sätze 1 bis 3 ErbStR).

Übersteigt die rechnerische Erbschaftsteuer auf das begünstigte Vermögen das verfügbare Vermögen, wird der übersteigende Steuerbetrag erlassen.

Für die Gewährung des Steuererlasses gelten im Hinblick auf die Lohnsumme und die Behaltensfrist die strengen Voraussetzungen der Optionsverschonung analog, d. h., der Erwerber muss innerhalb von sieben Jahren nach dem Erwerb (Lohnsummenfrist) eine Mindestlohnsumme von 700 % erreichen (§ 28a Abs. 4 Satz 1 Nr. 1 ErbStG). Bei einer Unterschreitung der Mindestlohnsumme vermindert sich der Steuererlass mit Wirkung für die Vergangenheit. Die Reduzierung des Steuererlasses entspricht dem Umfang der Unterschreitung der Mindestlohnsumme (§ 28a Abs. 4 Satz 1 Nr. 1 Satz 3 ErbStG). Neben der Erreichung der Mindestlohnsumme muss der Erwerber sicherstellen, dass er die erworbene unternehmerische Einheit (Betrieb/Beteiligung an einer Personengesellschaft oder Anteil an einer Kapitalgesellschaft) innerhalb der Behaltensfrist von sieben Jahren nicht veräußert oder aufgibt, d. h., er muss die Behaltensbedingungen des § 13a Abs. 6 ErbStG einhalten (§ 28a Abs. 4 Satz 1 Nr. 2 ErbStG).

Zu beachten ist, dass der Steuererlass unter der **auflösenden Bedingung** steht, dass innerhalb von zehn Jahren verfügbares Vermögen i. S. d. § 28a Abs. 2 ErbStG hinzuerworben wird. Dabei ist es unerheblich, von wem der Erwerber weiteres verfügbares Vermögen bekommt, es muss also nicht dieselbe Person sein wie diejenige, von welcher die Übertragung des begünstigten Unternehmensvermögens stammt. Bekommt ein Erwerber innerhalb des Zehnjahreszeitraums weiteres verfügbares Vermögen zugewendet, hat er dieses (unabhängig von etwaig eingreifenden Steuerbefreiungen wie z. B. für ein Familienheim) im Umfang von 50 % zur Bezahlung der Erbschaftsteuer für den ursprünglichen Unternehmenserwerb aufzuwenden. Der Erwerber kann in so einem Fall erneut einen Antrag auf einen Steuererlass nach § 28a Abs. 1 ErbStG stellen. Dabei ist das im Zeitpunkt der Erstübertragung verfügbare Vermögen um 50 % des gemeinen Werts des weiteren im Zehnjahreszeitraum erworbenen Vermögens zu erhöhen.

Für die sich nach Anwendung der Verschonungsbedarfsprüfung verbleibende Steuer auf das begünstigte Vermögen kann der Erwerber ganz oder teilweise eine Stundung bis zu sechs Monate erwirken, wenn er z. B. einen Kredit aufnehmen oder verfügbares Vermögen veräußern muss, um die Steuer entrichten zu können (§ 28a Abs. 3 ErbStG). Eine Stundung der Steuer auf das zugleich übergegangene nicht begünstigte Vermögen ist nach § 28a Abs. 3 ErbStG nicht möglich (R E 28a.3 Satz 3 ErbStR).

3.2.3.14 Vorwegabschlag für Familienunternehmen

Für bestimmte Unternehmen sieht das Erbschaftsteuergesetz in § 13a Abs. 9 ErbStG einen besonderen Wertabschlag auf das begünstigte Vermögen vor, der vor Anwendung der jeweils größenabhängig einschlägigen Befreiungsregelungen zum Abzug kommt. Dieser **sog. Vorwegabschlag von bis zu 30 %** wird Erwerbern von Beteiligungen an Personen- oder Kapitalgesellschaften gewährt, die satzungsmäßigen Verfügungsbeschränkungen unterliegen.

Hintergrund dieser Regelung ist, dass die Gesellschaftsverträge mittelständischer Familienunternehmen häufig gewisse Beschränkungen für die Gesellschafter vorsehen, um die Gesellschaft in ihrem Bestand zu schützen und in Familienhand zu halten. Das können u. a. Vorgaben sein, wonach ein Gesellschaftsanteil nur an Familienangehörige oder Mitgesellschafter veräußert werden darf. Solche gesellschaftsvertraglichen Beschränkungen führen dazu, dass der objektive gemeine Wert eines erworbenen Gesellschaftsanteils aus subjektiver Sicht des Erwerbers wirtschaftlich nicht verfügbar ist. Denn die satzungsmäßige Vorgabe, dass Anteile nur an Familienangehörige oder Mitgesellschafter verkauft werden dürfen, schließt einen freien Handel der Gesellschaftsanteile aus. Durch derartige gesellschaftsvertragliche Beschränkungen erhöht sich laut Auffassung des Gesetzgebers das Verschonungsbedürfnis der Erwerber begünstigungsfähigen Vermögens, dem durch eine spezielle Steuerbefreiung in Form eines Wertabschlags Rechnung getragen werden soll.[194]

Für die Gewährung des Vorwegabschlags sind nach § 13a Abs. 9 Satz 1 ErbStG folgende **satzungsmäßige Beschränkungen** notwendig:

- Entnahme- bzw. Ausschüttungsbeschränkung: In der Satzung muss festgelegt sein, dass Entnahmen oder Ausschüttungen maximal 37,5 % des um die auf den Gewinnanteil oder die Ausschüttungen anfallenden Steuern gekürzten Betrages des steuerrechtlichen Gewinns betragen dürfen.
- Verfügungsbeschränkung: Die Satzung muss vorsehen, dass Anteilsübertragungen nur an Angehörige oder auf eine Familienstiftung erfolgen dürfen.
- Abfindungsbeschränkung: Es muss eine Satzungsklausel enthalten sein, nach der beim Ausscheiden eines Gesellschafters aus der Gesellschaft ein unter dem gemeinen Wert der Beteiligung an der Personengesellschaft oder des Anteils an der Kapitalgesellschaft liegender Wert als Abfindung fällig wird.

Die Höhe des Vorwegabschlags bestimmt sich nach der vorgesehenen prozentualen Minderung der Abfindung gegenüber dem gemeinen Wert, beträgt aber maximal 30 % vom begünstigten Vermögen (§ 13a Abs. 9 Satz 3 ErbStG).

[194] Vgl. BT-Drs. 18/8911, S. 38.

Die Verfügungsbeschränkungen müssen **zwei Jahre vor der Übertragung** bereits in der Satzung verankert sein und **danach weitere 20 Jahre** Bestand haben (§ 13a Abs. 9 Sätze 4 und 5 ErbStG). Das gilt selbst dann, wenn der Erwerber den Unternehmensanteil innerhalb des 20-Jahreszeitraums (z. B. nach Ablauf der Behaltensfrist von sieben Jahren für die Optionsverschonung) veräußert.

Bei Einzelunternehmen und Anteilen an einer Aktiengesellschaft ist der Abzug eines Vorwegabschlags nach § 13a Abs. 9 ErbStG ausgeschlossen (R E 13a.30 Abs. 1 Satz 4 ErbStR).

In der Praxis dürften die Gesellschaftsverträge in vielen Fällen nicht genau den Voraussetzungen des § 13a Abs. 9 ErbStG entsprechen und müssen für eine Inanspruchnahme des Vorwegabschlags rechtzeitig (mindestens zwei Jahre) vor einer Übertragung angepasst werden. So wird beispielsweise im Hinblick auf die Entnahmebeschränkung häufig auf den handelsrechtlichen Gewinn abgestellt. Das kann unschädlich sein, wenn die auf den steuerrechtlichen Gewinn bezogene Grenze nicht überschritten wird (R E 13a.20 Abs. 2 Satz 2 Nr. 1 Satz 3 ErbStR). Es erfordert aber stets eine konkrete Einzelfallprüfung im jeweiligen Jahr. Zudem ist die Voraussetzung der Verfügungsbeschränkung an Angehörige laut Finanzverwaltung dem Wortlaut nach nicht erfüllt, wenn eine Verfügung auf andere Personen nach Zustimmung der übrigen Gesellschafter möglich ist (R E 13a.20 Abs. 2 Satz 2 Nr. 2 Satz 3 ErbStR) – eine Klausel, die häufig in bestehenden Gesellschaftsverträgen zu finden sein dürfte. Ebenfalls problematisch ist der lange Zeitraum von insgesamt 22 Jahren, über den die Klauseln aufrechtzuhalten sind.

3.2.3.15 *Zusammenfassendes Beispiel: Großerwerb und Vorwegabschlag*

Kalena Schwarz erbt am 31.03.05 von ihrer Mutter Klara Schwarz einen 80 % Anteil an der K-KG. Beide hatten am 31.03.05 ihren Wohnsitz in Deutschland. Der gemeine Wert der K-KG beträgt 58 Mio. €, das (sonstige) Verwaltungsvermögen beläuft sich auf 7 Mio. €, Finanzmittel sind in Höhe von 2 Mio. € enthalten. Die K-KG weist Schulden in Höhe von 1,5 Mio. € aus.

Kalena Schwarz selbst verfügt zum Zeitpunkt des Erbanfalls über Privatvermögen (Aktiendepot) im Wert von 200.000 €.

Im Gesellschaftsvertrag der K-KG sind seit deren Gründung am 01.01.00 folgende Klauseln enthalten:

§ 13 Entnahmen

(1) Entnahmen sind maximal bis zur Höhe von 20 % des handelsrechtlichen Gewinns zulässig.

(2) Steuern (einschließlich Vorauszahlungen), die durch die Gesellschafterstellung bei dieser Gesellschaft bedingt sind, können zum Fälligkeitszeitpunkt frei entnommen werden.

(3) Zur Vereinfachung der Entnahmeberechnung werden persönliche Besteuerungsmerkmale der Gesellschafter nicht berücksichtigt. Es wird ein pauschaler Steuersatz von 45 % auf die aus der steuerlichen Mitunternehmerstellung resultierenden Einkünfte aus Gewerbebetrieb angenommen.

§ 14 Verfügungen über Gesellschaftsanteile

Jeder Gesellschafter kann seinen Geschäftsanteil ganz oder teilweise auf andere Gesellschafter oder Abkömmlinge übertragen.

§ 15 Abfindung

(1) Als Abfindungsguthaben erhält der ausgeschiedene Gesellschafter einen seiner Beteiligung am Gesellschaftskapital entsprechenden Anteil am Unternehmenswert unter Abzug eines Abschlags von 20 %, bei Ausscheiden von Todes wegen unter Abzug eines Abschlags von 30 %.

(2) Der Unternehmenswert ist nach dem vereinfachten Ertragswertverfahren nach §§ 200 ff. BewG im Zeitpunkt des Ausscheidens des Gesellschafters zu ermitteln.

Ermitteln Sie die Erbschaftsteuer für Kalena Schwarz. Üben Sie dabei mögliche (Antrags-)wahlrechte so aus, dass Kalena Schwarz die geringstmögliche Erbschaftsteuer zu entrichten hat und gehen Sie davon aus, dass Kalena Schwarz vorhat, die strengere Lohnsummen- und Behaltensfrist für die Optionsverschonung zu erfüllen.

Lösung:

1. Bestimmung der Steuerpflicht und Steuerschuldnerschaft

Sachliche Steuerpflicht

Gem. § 1 Abs. 1 Nr. 1 i. V. m. § 3 Abs. 1 Nr. 1 ErbStG unterliegt der Erwerb von Todes wegen, konkret der Erwerb durch Erbanfall, durch Kalena der Erbschaftsteuer.

Persönliche Steuerpflicht

Sowohl Kalena als auch ihre Mutter Klara sind zum Steuerentstehungszeitpunkt Inländerinnen i. S. d. § 2 Abs. 1 Nr. 1 Satz 2 Buchst. a ErbStG, sodass Kalena in Deutschland unbeschränkt erbschaftsteuerpflichtig ist und das gesamte geerbte Vermögen der deutschen Erbschaftsteuer unterliegt.

Entstehung der Steuer

Die Steuer entsteht bei Erwerben von Todes wegen mit dem Tode der Erblasserin (§9 Abs. 1 Nr. 1 ErbStG), vorliegend am 31.03.05.

Steuerschuldnerschaft

Steuerschuldnerin ist die Erwerberin (§20 Abs. 1 Satz 1 ErbStG) Kalena Schwarz.

2. Ermittlung des steuerpflichtigen Erwerbs

Bewertungsstichtag

Bewertungsstichtag ist der Zeitpunkt der Entstehung der Steuer, demzufolge grundsätzlich der Übertragungszeitpunkt (§11 i. V. m. §9 ErbStG). Somit ist im hier vorliegenden Fall die Bewertung zum Todeszeitpunkt, konkret zum 31.03.05, vorzunehmen.

Steuerklassen und Steuerfreibetrag

§15 ErbStG definiert drei Steuerklassen, die sich nach dem persönlichen Verhältnis der Erbin zur Erblasserin richten. Kalena Schwarz gehört als Tochter zur Steuerklasse I (§15 StKl. I Nr. 2 ErbStG) und hat einen persönlichen Freibetrag von 400.000 € nach §16 Abs. 1 Nr. 2 ErbStG.

Steuerpflichtiger Erwerb

Als Bemessungsgrundlage definiert §10 Abs. 1 Satz 1 ErbStG den steuerpflichtigen Erwerb als die Bereicherung der Erwerberin, soweit diese nicht steuerfrei ist. Als Bereicherung gilt der Betrag, der sich ergibt, wenn von dem nach §12 ErbStG zu ermittelnden Wert des gesamten Vermögensanfalls, die abzugsfähigen Nachlassverbindlichkeiten mit ihrem ebenfalls nach §12 ErbStG zu ermittelnden Wert abgezogen werden.

Als Nachlassverbindlichkeiten finden im vorliegenden Fall die Bestattungskosten in Höhe der Pauschale von 10.300 € nach §10 Abs. 5 Nr. 3 Satz 2 ErbStG Anwendung, da von Kalena Schwarz kein höherer Betrag nachgewiesen wird.

Bewertung

§10 ErbStG verweist für Zwecke der Ermittlung des steuerpflichtigen Erwerbs auf §12 ErbStG. Anteile an Personengesellschaften sind gem. §12 Abs. 5 ErbStG i. V. m. §§151 Abs. 1 Nr. 2, 97 Abs. 1 Satz 1 Nr. 5, 109 Abs. 2, 11 Abs. 2 BewG mit dem gemeinen Wert anzusetzen. Vorrangig wird dieser aus Verkäufen unter fremden Dritten abgeleitet, die weniger als ein Jahr zurückliegen.

Im vorliegenden Fall ist die Bewertung bereits erfolgt. Der gemeine Wert der K-KG beträgt 58 Mio. €.

Steuerbefreiung für unternehmerisches Vermögen

Begünstigungsfähiges Vermögen:

Der übertragene Mitunternehmeranteil an der K-KG stellt begünstigungsfähiges Vermögen i. S. d. § 13b Abs. 1 Nr. 2 ErbStG dar.

Begünstigtes Vermögen:

Begünstigungsfähiges Vermögen ist begünstigt, soweit sein gemeiner Wert den um das unschädliche Verwaltungsvermögen gekürzten Nettowert des Verwaltungsvermögens übersteigt (§ 13b Abs. 2 Satz 1 ErbStG).

Das auf die K-KG entfallende Verwaltungsvermögen einschließlich Finanzmittel beträgt (brutto) 9 Mio. € (sonstiges Verwaltungsvermögen i. H. v. 7 Mio. € und Finanzmittel i. H. v. 2 Mio. €).

Prüfung des „90 %-Tests" oder auch „Einstiegstests":

Nach § 13b Abs. 2 Satz 2 ErbStG ist der Wert des begünstigungsfähigen Vermögens vollständig nicht begünstigt, wenn das (Brutto-) Verwaltungsvermögen vor Schuldenverrechnung und Ausscheidung von unschädlichem Verwaltungsvermögen mindestens 90 % des gemeinen Werts des begünstigungsfähigen Vermögens beträgt (= vollständiger Begünstigungsausschluss).

Es ergibt sich:

Verwaltungsvermögen im Verhältnis zum begünstigungsfähigen Vermögen:

$$\frac{9.000.000}{58.000.000} = 15{,}5\ \% < 90\ \%$$

Der Einstiegstest ist damit bestanden.

Zur Berechnung des begünstigten Vermögens muss zunächst der Nettowert des Verwaltungsvermögens ermittelt werden.

Festgestellter Wert der KG	58.000.000 €
Festgestellter Wert der Finanzmittel	2.000.000 €
Festgestellter Wert der Schulden	1.500.000 €

Finanzmitteltest:

Finanzmittel vor Schuldenabzug	2.000.000 €
nach Schuldenabzug (2.000.000 € ./. 1.500.000 €)	500.000 €

./. 15 % Sockelbetrag (15 % von 58.000.000 € = 8.700.000 €) 500.000 € ./. 8.700.000 € (min. 0 €)	0 €
= Finanzmittel nach § 13b Abs. 4 Nr. 5 ErbStG	0 €
Damit Saldo Verwaltungsvermögen nach Finanzmitteltest	
= Nettowert des Verwaltungsvermögens	7.000.000 €

Unschädliches Verwaltungsvermögen:

Nach § 13b Abs. 7 ErbStG ist ein Teil des Verwaltungsvermögens unschädlich. In Höhe von 10 % des um den Nettowert des Verwaltungsvermögens gekürzten gemeinen Werts des Betriebsvermögens wird das Verwaltungsvermögen wie begünstigtes Vermögen behandelt (sog. unschädliches Verwaltungsvermögen).

Wert begünstigungsfähiges Vermögen	58.000.000 €
./. Nettowert Verwaltungsvermögen	7.000.000 €
= Bemessungsgrundlage für unschädliches Verwaltungsvermögen	51.000.000 €
davon 10 %	**5.100.000 €**
= **unschädliches (und damit begünstigtes) Verwaltungsvermögen** (§ 13b Abs. 7 ErbStG)	

Insgesamt ergibt sich damit für das begünstigte Vermögen:

Festgestellter Wert des begünstigungsfähigen Betriebsvermögens i. S. v. § 13b Abs. 1 Nr. 3 ErbStG	58.000.000 €
./. Nettowert Verwaltungsvermögen	7.000.000 €
+ Unschädliches Verwaltungsvermögen	5.100.000 €
= **Begünstigtes Vermögen (§ 13b Abs. 2 ErbStG)**	**56.100.000 €**
Schädliches (steuerpflichtiges) Verwaltungsvermögen (= nicht begünstigtes Vermögen)	1.900.000 €

Davon entfallen auf Kalenas KG-Anteil von 80 % (Aufteilung gemäß § 97 Abs. 1a BewG):

Begünstigtes Vermögen	44.880.000 €
Steuerpflichtiges Verwaltungsvermögen	1.520.000 €

Verschonungsregime

Das begünstigte Vermögen überschreitet den Schwellenwert von 26 Mio. € nach § 13a Abs. 1 Satz 1 ErbStG. Der Abzug eines Regel- oder Optionsverschonungsabschlags nach § 13a Abs. 1 bzw. Abs. 10 ErbStG scheidet daher aus.

Stattdessen kommen entweder die abschmelzende Verschonung nach § 13c ErbStG oder die Verschonungsbedarfsprüfung nach § 28a ErbStG in Frage.

Vorwegabschlag für Familienunternehmen

Vor Anwendung der beiden Verschonungsmodelle für Großerwerbe ist zu prüfen, ob ein Vorwegabschlag auf das begünstigte Vermögen nach § 13a Abs. 9 ErbStG zu gewähren ist. Dafür sind im Gesellschaftsvertrag bestimmte Klauseln notwendig, die mindestens schon zwei Jahre vor dem Steuerentstehungszeitpunkt bestehen müssen. Das ist vorliegend der Fall.

Entnahmebeschränkung (§ 13a Abs. 9 Satz 1 Nr. 1 ErbStG):

Der Gesellschaftsvertrag definiert, dass Entnahmen maximal bis zur Höhe von 20 % des handelsrechtlichen Gewinns zulässig sind. Zwar stellt § 13a Abs. 9 Satz 2 Nr. 1 ErbStG auf den steuerrechtlichen Gewinn i. S. d. § 4 Abs. 1 Satz 1 EStG ab. Allerdings ist eine Bezugnahme auf den handelsrechtlichen Gewinn unschädlich, wenn die nach § 13a Abs. 9 Satz 1 Nr. 1 ErbStG genannte Grenze von 37,5 % bezogen auf den steuerrechtlichen Gewinn offensichtlich nicht überschritten wird. Davon ist bei der vorliegenden 20 %-Grenze auszugehen, sodass die Voraussetzung der Entnahmebeschränkung erfüllt ist.

Verfügungsbeschränkung (§ 13a Abs. 9 Satz 1 Nr. 2 ErbStG):

Laut Gesellschaftsvertrag dürfen Übertragungen nur an Familienangehörige und Mitgesellschafter erfolgen. Es ist zu unterstellen, dass Familienangehörige i. S. d. § 15 AO gemeint sind, sodass die Voraussetzung erfüllt ist.

Abfindungsbeschränkung (§ 13a Abs. 9 Satz 1 Nr. 2 ErbStG):

Ein ausgeschiedener Gesellschafter erhält laut Gesellschaftsvertrag einen seiner Beteiligung am Gesellschaftskapital entsprechenden Anteil am Unternehmenswert unter Abzug eines Abschlags von 20 %, bei Ausscheiden von Todes wegen unter Abzug eines Abschlags von 30 %. Damit ist eine Abfindung unterhalb des gemeinen Werts des KG-Anteils vorgesehen und die Voraussetzung ist erfüllt.

Höhe des Vorwegabschlags:

Der Vorwegabschlag richtet sich nach der prozentualen Minderung der Abfindung gegenüber dem gemeinen Wert und beträgt maximal 30 %. Sieht der Gesellschaftsvertrag unterschiedliche Abfindungshöhen abhängig von dem Grund des Ausscheidens vor, ist die höchste in Betracht kommende Abfindung für die Ermittlung des Vorwegabschlags maßgebend (R E 13a.20 Abs. 5 Satz 4 ErbStR). Im vorliegenden Fall ist für die Bestimmung des Vorwegabschlags die höhere Abfindungsbeschränkung von 30 % (bei Ausscheiden von Todes wegen) heranzuziehen. Das ist zugleich der höchstmögliche Vorwegabschlag nach § 13a Abs. 9 Satz 3 ErbStG.

	Begünstigtes Vermögen (§ 13b Abs. 2 ErbStG)	44.880.000 €
×	Vorwegabschlag i. H. v.	30 %
=	Vorwegabschlag	13.464.000 €
	Verbleiben nach Abzug vom begünstigten Vermögen	31.416.000 €

Im nächsten Schritt ist zu prüfen, nach welchem Verschonungsmodell sich die geringste Erbschaftsteuerbelastung ergibt.

Alternative 1: Abschmelzende Verschonung

Nach § 13c Abs. 1 ErbStG verringert sich der jeweilige Verschonungsabschlag (85 % bei Regel- und 100 % bei Optionsverschonung) um einen Prozentpunkt für jede vollen 750.000 €, die das begünstigte Vermögen die Prüfschwelle von 26.000.000 € übersteigt. Die Voraussetzung für die Optionsverschonung nach § 13c Abs. 1 Satz 1 i. V. m. § 13a Abs. 10 Satz 2 ErbStG ist eingehalten, da der Anteil des Verwaltungsvermögens am Wert des begünstigungsfähigen Vermögens unter 20 % liegt (Verwaltungsvermögen nach Finanzmitteltest 7 Mio. €/Wert des begünstigungsfähigen Vermögens 58 Mio. € = 12 %). Da Kalena Schwarz zudem plant, die nachlaufenden Voraussetzungen für die Optionsverschonung einzuhalten, wird diese Variante berechnet, da sie die größere erbschaftsteuerliche Entlastung bringt.

Der Wert des begünstigten Vermögens i. S. d. § 13b Abs. 2 ErbStG nach Abzug des Vorwegabschlags übersteigt mit 31.416.000 € die Prüfschwelle von 26.000.000 € um 5.416.000 €, was gemäß § 13c Abs. 1 Satz 1 ErbStG den Verschonungsabschlag um 7 Prozentpunkte reduziert. Der verringerte Verschonungsabschlag beträgt bei der Optionsverschonung 93 %.

	Begünstigtes Vermögen nach Vorwegabschlag	31.416.000 €
./.	abgeschmolzener Optionsverschonungsabschlag 93 %	29.216.880 €
=	verbleibendes begünstigtes Vermögen	2.199.120 €
+	steuerpflichtiges Verwaltungsvermögen	1.520.000 €
=	**Vermögensanfall**	**3.719.120 €**
./.	Persönlicher Freibetrag (§ 16 Abs. 1 Nr. 2 ErbStG)	400.000 €
./.	Erbfallkostenpauschale	10.300 €
=	**Steuerpflichtiger Erwerb**	3.308.820 €
	Abzurunden auf volle 100 €	**3.308.800 €**
×	Erbschaftsteuersatz in Steuerklasse I (§ 19 Abs. 1 ErbStG) 19 %	
=	**Erbschaftsteuer bei abschmelzender Optionsverschonung**	**628.672 €**

Alternative 2: Verschonungsbedarfsprüfung

Bei der Verschonungsbedarfsprüfung ist die auf das begünstigte Vermögen entfallende Erbschaftsteuer auf Antrag zu erlassen, soweit der Erbe bzw. Beschenkte nicht in der Lage ist, die Steuerschuld aus seinem verfügbaren Vermögen zu begleichen. Kalena Schwarz kann die Verschonungsbedarfsprüfung beantragen, da sie vorhat, durch Unternehmensfortführung eine Mindestlohnsumme von 700 % innerhalb von sieben Jahren zu erreichen (§ 28a Abs. 4 Satz 1 Nr. 1 ErbStG) und die siebenjährige Behaltensfrist einzuhalten (§ 28a Abs. 4 Satz 1 Nr. 2 ErbStG).

Zur Bestimmung des Anteils der auf das begünstigte Vermögen entfallenden Steuer ist die (theoretische) Erbschaftsteuer auf den gesamten steuerpflichtigen Erwerb ohne sachliche Steuerbefreiungen zu ermitteln.

	Begünstigtes Vermögen nach Vorwegabschlag	31.416.000 €
+	steuerpflichtiges Verwaltungsvermögen	1.520.000 €
=	**Vermögensanfall**	**32.936.000 €**
./.	Persönlicher Freibetrag (§ 16 Abs. 1 Nr. 2 ErbStG)	400.000 €
./.	Erbfallkostenpauschale	10.300 €
=	**Steuerpflichtiger Erwerb**	**32.525.700 €**
×	Erbschaftsteuersatz in Steuerklasse I (§ 19 Abs. 1 ErbStG)	30 %
=	**Erbschaftsteuer (fiktiv)**	**9.757.710 €**

Nun ist zu ermitteln, welcher Anteil der Erbschaftsteuer auf das begünstigte Vermögen entfällt, indem das begünstigte Vermögen ins Verhältnis zum Vermögensanfall gesetzt wird (vgl. H E 28a.1 Beispiel ErbStH):

$$\frac{\text{Begünstigtes Vermögen } 31.416.000}{\text{Vermögensanfall } 32.936.000} = 95{,}38\ \%$$

Auf das begünstigte Vermögen, das 95,38 % der gesamten Bereicherung ausmacht, entfallen 9.307.391 € der Erbschaftsteuerlast, für welche abhängig vom Wert des verfügbaren Vermögens ein (teilweiser) Steuererlass erzielt werden kann. Die Steuer auf das nicht begünstigte Vermögen beträgt 450.319 €.

Das verfügbare Vermögen gemäß § 28a Abs. 2 ErbStG setzt sich aus dem nicht begünstigten Verwaltungsvermögen und sonstigem nicht begünstigtem Vermögen zusammen. Da im Zusammenhang mit der Erbschaft kein weiteres Vermögen übertragen wurde, rechnen das nicht begünstigte Verwaltungsvermögen des K-KG-Anteils sowie das bereits bei Kalena Schwarz vorhandene Privatvermögen zum verfügbaren Vermögen:

	Nicht begünstigtes Netto-Verwaltungsvermögen 1.520.000 € × 50 %	760.000 €
+	Vorhandenes Privatvermögen 200.000 € × 50 %	100.000 €
=	Verfügbares Vermögen gesamt	860.000 €

Ein Abzug der auf das nicht begünstigte Vermögen entfallenden Steuer vom Wert des verfügbaren Vermögens ist nach Auffassung der Finanzverwaltung nicht möglich (R E 28a.2 Abs. 2 Satz 6 ErbStR).

Erbschaftsteuer:

	auf das nicht begünstigte Verwaltungsvermögen	450.319 €
+	i. H. d. verfügbaren Vermögens auf das begünstigte Vermögen	860.000 €
=	**Erbschaftsteuer insgesamt**	**1.310.319 €**

Der Steuererlass aufgrund der Verschonungsbedarfsprüfung beläuft sich im Ergebnis auf 8.447.391 €.

Fazit: Für Kalena Schwarz erweist sich ein Antrag auf abschmelzende Optionsverschonung als günstiger, da sie damit gegenüber der Verschonungsbedarfsprüfung 681.647 € an Erbschaftsteuer spart.

> Kalena Schwarz muss dafür u. a. sicherstellen, dass die satzungsmäßigen Verfügungsbeschränkungen, die Voraussetzung für den Vorwegabschlag sind, über 20 Jahre Bestand haben und eingehalten werden.

!

4 Berechnung der Steuer

4.1 Steuerklasse

Die Erwerber werden in **drei Steuerklassen** eingeteilt (§ 15 Abs. 1 ErbStG), denn sowohl die persönlichen Freibeträge als auch der anzuwendende Steuersatz sind von der Steuerklasse abhängig. Entscheidend für die Eingruppierung in die entsprechende Steuerklasse ist das nach bürgerlichem Recht bestehende **Abstammungs- und Verwandtschaftsverhältnis** des Erblassers bzw. Schenkers zum Erwerber. Je enger das verwandtschaftliche Näheverhältnis ist, desto höher ist der persönliche Freibetrag und desto niedriger der Steuersatz. Damit trägt die Zuordnung der Personen zu Steuerklasse I dem Familienprinzip Rechnung, das eine verfassungsrechtliche Grenze für das Maß der Steuerbelastung setzt (Art. 6 Abs. 1 GG).[195] Dazu führt das BVerfG aus: „Der erbschaftsteuerliche Zugriff bei Familienangehörigen im Sinne der Steuerklasse I (§ 15 Abs. 1 ErbStG) ist derart zu mäßigen, daß jedem dieser Steuerpflichtigen der jeweils auf ihn überkommene Nachlaß – je nach dessen Größe – zumindest zum deutlich überwiegenden Teil oder, bei kleineren Vermögen, völlig steuerfrei zugute kommt."[196]

Das BVerfG führt für die besondere Stellung von Ehegatten aus, dass sichergestellt werden soll, „daß die Erbschaft für den Ehegatten noch Ergebnis der ehelichen Erwerbsgemeinschaft bleibt".[197] Die Begünstigung von Kindern und Enkelkindern lässt sich mit dem Gedanken der Familienerbfolge begründen, wonach Vermögen im Todesfall typischerweise innerhalb der Familie weitergegeben wird. Das BVerfG spricht dabei den Kindern „eine im Erbrecht angelegte Mitberechtigung […] am Familiengut" zu.[198]

[195] Vgl. Hannes/Holtz (2021), Rn. 2 zu § 15 ErbStG; BVerfG vom 22.06.1995, 2 BvR 552/91, BStBl. II 1995, S. 673.

[196] BVerfG vom 22.06.1995, 2 BvR 552/91, BStBl. II 1995, S. 674.

[197] BVerfG vom 22.06.1995, 2 BvR 552/91, BStBl. II 1995, S. 674.

[198] BVerfG vom 22.06.1995, 2 BvR 552/91, BStBl. II 1995, S. 674.

Tabelle 4 zeigt die Einteilung der Steuerklassen I-III:

Steuerklasse I	Ehegatten und Lebenspartner
	Kinder und Stiefkinder
	Enkelkinder und Stiefenkelkinder sowie weitere Abkömmlinge (beispielsweise Urenkel)
	Eltern und Großeltern beim Erwerb von Todes wegen
Steuerklasse II	Eltern und Großeltern bei Schenkungen unter Lebenden
	Geschwister[199]
	Nichten und Neffen
	Stiefeltern
	Schwiegerkinder
	Schwiegereltern
	Geschiedene Ehegatten und Lebenspartner einer aufgehobenen Lebenspartnerschaft
Steuerklasse III	alle übrigen Erwerber (beispielsweise Partner einer nicht ehelichen Lebensgemeinschaft[200])
	Zweckzuwendungen

Tabelle 4: Steuerklassen

Die Tabelle zeigt, dass bei der Steuerklasse zwischen Erwerben von Todes wegen und Schenkungen unter Lebenden an Eltern unterschieden wird. Grund dafür ist, dass vermieden werden soll, dass durch eine Zwischenschenkung an die Eltern durch Ausnutzen des höheren Freibetrags der Steuerklasse I Schenkungen unter Geschwistern (Steuerklasse II Nr. 2) steuerfrei gestellt werden.

[199] Laut BFH vom 24.04.2013, II R 65/11, BStBl. II 2013, S. 633 haben Geschwister keinen Anspruch darauf, wie Eltern behandelt zu werden.

[200] Das BVerfG sieht hierin keinen Verstoß gegen den Gleichheitsgrundsatz des Art. 3 Abs. 1 GG. Vgl. BVerfG vom 01.06.1983, 1 BvR 107/83, BStBl. II 1984, S. 173; BVerfG vom 15.11.1989, 1 BvR 171/89, BStBl. II 1990, S. 103. Ebenso liegt kein Verstoß gegen Art. 6 Abs. 5 GG vor, auch dann nicht, wenn die nicht eheliche Lebensgemeinschaft ein gemeinsames Kind hat. Vgl. BFH vom 18.07.2007, II B 106/06, BFH/NV 2007, S. 2296. Auch ein Billigkeitserlass wurde durch das Urteil des FG München vom 18.01.2006, 4 K 3072/03 (rkr.), EFG 2006, S. 689 ausgeschlossen; vgl. auch Wenzel, DStR 2009, S. 2406–2407.

4.2 Persönliche Freibeträge

Entsprechend der Eingruppierung in die Steuerklasse gewährt § 16 Abs. 1 ErbStG persönliche Freibeträge. Gleichzeitig nimmt das Gesetz für die Höhe des Freibetrags eine Unterscheidung in unbeschränkte bzw. beschränkte Steuerpflicht vor. Die Höhe des Erwerbs ist unbeachtlich, da es sich um einen Freibetrag und nicht um eine Freigrenze handelt. Tabelle 5 zeigt die **persönlichen Freibeträge**:

Steuerklasse I	Ehegatten und Lebenspartner	500.000 €
	Kinder, Stiefkinder und Kinder verstorbener Kinder	400.000 €
	Enkelkinder und Stiefenkelkinder sowie weitere Abkömmlinge (beispielsweise Urenkel)	200.000 €
	Eltern und Großeltern beim Erwerb von Todes wegen	100.000 €
Steuerklasse II	alle Erwerber	20.000 €
Steuerklasse III	alle Erwerber (beispielsweise Partner einer nicht ehelichen Lebensgemeinschaft)	20.000 €

Tabelle 5: Persönliche Freibeträge

Vor dem 25.07.2017 sah § 16 Abs. 2 ErbStG für **beschränkt Steuerpflichtige** einen persönlichen Freibetrag von 2.000 € vor. Durch das Gesetz zur Bekämpfung der Steuerumgehung und zur Änderung weiterer steuerlicher Vorschriften[201] wurde die Vorschrift geändert. Nunmehr ist der Freibetrag, der sich bei unbeschränkter Steuerpflicht nach § 19 Abs. 1 ErbStG ergibt, um einen Teilbetrag zu mindern. Dieser Teilbetrag ermittelt sich aus dem Quotienten der Summe der Werte des innerhalb von zehn Jahren erworbenen nicht der beschränkten Steuerpflicht unterliegenden Vermögens zum Wert des Vermögens, das insgesamt innerhalb von zehn Jahren von der Person angefallen ist. In diesem Verhältnis wird der Freibetrag gekürzt.

[201] StUmgBG vom 23.06.2017, BGBl. I 2017, S. 1682.

Ermittlung des Kürzungsbetrags:

$$\frac{\text{nicht beschränkt steuerpflichtiges Vermögen (10 Jahreszeitraum)}}{\text{Gesamter Vermögensanfall (10 Jahreszeitraum)}} \times \text{persönlicher Freibetrag gem. §16 Abs.1 ErbStG}$$

Diese Regelung hält dem Unionsrecht stand.[202]

Mit Beschluss vom 22.06.1995 hatte das BVerfG[203] entschieden, dass sich die erbschaftsteuerlichen Freibeträge an den Werten durchschnittlicher Einfamilienhäuser orientieren müssen. Obwohl die Immobilienpreise seit 2009 drastisch gestiegen sind[204], wurden die Freibeträge aber nicht angepasst. Daher hat die Bayerische Staatsregierung am 20.12.2022 beschlossen, beim Bundesverfassungsgericht einen Antrag auf abstrakte Normenkontrolle betreffend die Regelungen des Erbschaftsteuergesetzes zu stellen.[205]

§ 16 ErbStG knüpft die Gewährung des persönlichen Freibetrags an den einzelnen Erwerb. Dennoch kann jeder Erwerber den Freibetrag gegenüber demselben Erblasser/Schenker innerhalb eines Zeitraums von zehn Jahren nur einmal in Anspruch nehmen. Dies ergibt sich aus § 14 ErbStG, wonach mehrere innerhalb von zehn Jahren von derselben Person anfallende Vermögensvorteile zusammengerechnet werden. Damit greift insgesamt einmal der Freibetrag.

Der persönliche Freibetrag gilt pro Person, d.h., ein Kind kann von seiner Mutter 400.000 € steuerfrei erhalten sowie von seinem Vater 400.000 € und dies jeweils alle zehn Jahre. Daher bietet es sich bei hohen Vermögen an, frühzeitig in Höhe des jeweiligen persönlichen Freibetrags Schenkungen zu Lebzeiten zu vollziehen.

4.3 Versorgungsfreibetrag

Um dem Versorgungsgedanken innerhalb der Ehe Rechnung zu tragen, wird im Fall des Erwerbs von Todes wegen dem **überlebenden Ehegatten und Lebenspartner** neben dem persönlichen Freibetrag nach § 17 Abs. 1 Satz 1 ErbStG zusätzlich ein besonderer **Versorgungsfreibe-**

[202] EuGH vom 21.12.2021, C-394/20, XY/FA V, ECLI:EU:C:2021:1044.
[203] BVerfG vom 22.06.1995, 2 BvR 552/91, BStBl. II 1995, S. 674.
[204] Vgl. Statistisches Bundesamt, https://de.statista.com/statistik/daten/studie/70265/umfrage/haeuserpreisindex-in-deutschland-seit-2000/, Abrufdatum: 28.03.2023.
[205] Vgl. Pressemittelung der Bayrischen Staatsregierung vom 22.12.2022.

trag gewährt. Dies heißt im Umkehrschluss, dass der Versorgungsfreibetrag im Falle einer Schenkung unter Lebenden keine Anwendung findet. § 17 Abs. 1 Satz 2 ErbStG nimmt jedoch eine Kürzung des Versorgungsfreibetrags um den nach § 14 BewG ermittelten Kapitalwert der Versorgungsbezüge vor. Dies bedeutet, dass der Versorgungsfreibetrag um die nicht der Erbschaftsteuer unterliegenden Versorgungsbezüge zu kürzen ist. Hierzu gehören beispielsweise Hinterbliebenenbezüge nach dem Beamtenrecht, aus der gesetzlichen Rentenversicherung oder einer berufsständigen Pflichtversicherung bei Freiberuflern (R E 17 Abs. 1 Satz 2 Nr. 1–6 ErbStR).

Ebenso wird **Kindern** bis zum 27. Lebensjahr ein besonderer Versorgungsfreibetrag gewährt. Die Höhe des Versorgungsfreibetrags hängt dabei aber vom Alter des Kindes im Zeitpunkt der Entstehung der Steuer ab. Je jünger das Kind ist, desto versorgungsbedürftiger ist es und demzufolge desto höher der Versorgungsfreibetrag. Allerdings erfolgt eine Kürzung um den nach § 13 BewG ermittelten Kapitalwert der Versorgungsbezüge, für den die voraussichtliche Dauer der steuerfreien Versorgungsbezüge nach den Verhältnissen am Stichtag maßgeblich ist (§ 17 Abs. 2 ErbStG). Auch wenn die Vorschrift nur auf zeitlich begrenzte Zahlungen abstellt (§ 13 BewG), kommt für den Fall einer lebenslangen Versorgung des Kindes der Kapitalwert nach § 14 BewG zur Anwendung. Tabelle 6 zeigt eine Übersicht:

Ehepartner und Lebenspartner	unabhängig vom Lebensalter	256.000 €
Kinder	im Alter von bis zu 5 Jahren	52.000 €
	im Alter zwischen 5 und 10 Jahren	41.000 €
	im Alter zwischen 10 und 15 Jahren	30.700 €
	im Alter zwischen 15 und 20 Jahren	20.500 €
	im Alter zwischen 20 und 27 Jahren	10.300 €

Tabelle 6: Versorgungsfreibeträge

Durch das Gesetz zur Bekämpfung der Steuerumgehung und zur Änderung weiterer steuerlicher Vorschriften[206] wurde der Versorgungsfreibetrag auf beschränkt Steuerpflichtige ausgeweitet. Voraussetzung ist, dass durch die Staaten, in denen der Erblasser ansässig war oder der Erwerber ansässig ist, Amtshilfe durch Auskunftsaustausch im Sinne oder entsprechend der Amtshilferichtlinie gem. § 2 Abs. 11 des EU-Amtshilfegesetzes gewährt wird (§ 17 Abs. 3 ErbStG).

[206] StUmgBG vom 23.06.2017, BGBl. I 2017, S. 1682.

4.4 Steuersatz

4.4.1 Progressiver Stufentarif

Das Erbschaftsteuergesetz sieht einen nach dem Verwandtschaftsgrad (Steuerklasse) und nach der Höhe des Erwerbs differenzierten Steuertarif vor (§19 Abs.1 ErbStG), der als **Stufentarif** ausgestaltet ist. Dabei wird nicht zwischen unbeschränkter und beschränkter Steuerpflicht unterschieden, wie dies bei den persönlichen Freibeträgen und dem Versorgungsfreibetrag der Fall ist. Tabelle 7 zeigt die geltenden Steuersätze.

Wert des steuerpflichtigen Erwerbs (§ 10) bis einschließlich ... Euro	Prozentsatz in der Steuerklasse		
	I	II	III
75.000	7	15	30
300.000	11	20	30
600.000	15	25	30
6.000.000	19	30	30
13.000.000	23	35	50
26.000.000	27	40	50
über 26.000.000	30	43	50

Tabelle 7: Steuersätze

4.4.2 Härteausgleich

Da aufgrund der Ausgestaltung des Steuertarifs als Stufentarif ein geringfügiges Überschreiten einer Progressionsstufe zu einer unverhältnismäßig hohen Erbschaftsteuer führt, enthält §19 Abs.3 ErbStG einen **Härteausgleich**, der diese Mehrbelastung begrenzt. Hiernach wird zunächst der Unterschiedsbetrag zwischen der Steuer nach der tatsächlichen Tarifstufe und der Steuer nach der niedrigeren Tarifstufe ermittelt. Die Mehrbelastung wird bei einem Steuersatz von bis zu 30% auf die Hälfte, bei einem Steuersatz von über 30% auf drei Viertel des die Wertgrenze übersteigenden Betrags begrenzt.

☞ H E 19 „Tabelle der maßgebenden Grenzwerte für die Anwendung des Härteausgleichs" ErbStR enthält eine Auflistung, die die Grenzwerte angibt, bis zu denen der Härteausgleich Anwendung findet.

Beispiel:
Erblasserin Klara Schwarz setzt ihre Tochter Kalena als Erbin ein. Mit dem Tod von Klara entsteht bei Kalena (nach Abzug des persönlichen Freibetrags) ein erbschaftsteuerpflichtiger Erwerb von 600.000 €. Wie hoch ist die Erbschaftsteuer?

Da Kalena als Tochter der Steuerklasse I angehört, beträgt der Steuersatz 15 %. Es ergibt sich eine zu zahlende Erbschaftsteuer von 90.000 €.

Abwandlung:
Erblasserin Klara Schwarz setzt ihre Tochter Kalena als Erbin ein. Mit dem Tod von Klara entsteht bei Kalena (nach Abzug des persönlichen Freibetrags) ein erbschaftsteuerpflichtiger Erwerb von 601.000 €. Wie hoch ist die Erbschaftsteuer?

Durch die Erhöhung des erbschaftsteuerpflichtigen Erwerbs auf 601.000 € käme die nächste Tarifstufe mit einem Steuersatz von 19 % zur Anwendung. Dies entspricht einer Erbschaftsteuer von 114.190 €, d. h., dem zusätzlichen Erwerb von 1.000 € stehen 24.190 € Erbschaftsteuer gegenüber. In einem solchen Fall greift der Härteausgleich nach § 19 Abs. 3 ErbStG. Folglich ergibt sich eine zusätzliche Steuer von 500 € [= 0,5 (601.000 € ./. 600.000 €)], d. h., insgesamt entfällt auf den erbschaftsteuerpflichtigen Erwerb von 601.000 € eine Erbschaftsteuer von 90.500 € (= 90.000 € + 500 €).

4.4.3 Progressionsvorbehalt

Wird aufgrund eines Doppelbesteuerungsabkommens, das einen **Progressionsvorbehalt** vorsieht,[207] ein Teil des Vermögens der inländischen Erbschaftsteuer durch Freistellung entzogen, dann greift § 19 Abs. 2 ErbStG, wonach sich der **Steuersatz nach der Höhe des gesamten steuerpflichtigen Erwerbs**, einschließlich des Auslandsvermögen, bestimmt.[208] Der Progressionsvorbehalt kommt auch dann zur Anwendung, wenn das ausländische Vermögen einen negativen Wert hat, es sei denn das DBA sieht Sonderregelungen zum Schuldenabzug vor.[209] Nach Ansicht des BFH ist der Progressionsvorbehalt verfassungsrechtlich gerechtfertigt. Es liegt kein Verstoß gegen den Gleich-

[207] Vgl. H E 19 „Doppelbesteuerungsabkommen mit Progressionsvorbehalt“ ErbStH. Die Freistellungsmethode einschließlich eines Progressionsvorbehalts sieht ausschließlich Art. 10 Abs. 1 des Erbschaftsteuer-DBA-Schweiz vor. Vgl. Abkommen zwischen der Bundesrepublik Deutschland und der Schweizerischen Eidgenossenschaft zur Vermeidung der Doppelbesteuerung vom 16.04.1980, BStBl. I 1980, S. 246.

[208] Zu einem Beispiel vgl. Rose/Watrin, Erbschaftsteuer mit Schenkungsteuer und Bewertungsrecht, Betrieb und Steuer, 2022, Bd. 3, S. 74–75.

[209] Vgl. Jülicher (2022), Rn. 20 zu § 19 ErbStG.

heitsgrundsatz des Art. 3 Abs. 1 GG vor.[210] Der Progressionsvorbehalt gilt allerdings nur bei Vorliegen unbeschränkter Steuerpflicht des Erblassers oder Erben.[211] Bei Doppelbesteuerungsabkommen, die für die ausländische Steuer das Anrechnungsverfahren vorsehen, ist der Progressionsvorbehalt ohne Bedeutung (H E 19 „Doppelbesteuerungsabkommen mit Progressionsvorbehalt" ErbStH).

Beispiel:

Erblasserin Klara Schwarz mit Wohnsitz in Deutschland hat ihre Tochter Kalena, die ebenfalls in Deutschland lebt, zur Alleinerbin eingesetzt. Sie hinterlässt im Inland belegenes Vermögen mit einem gemeinen Wert von 850.000 € sowie aufgrund eines Doppelbesteuerungsabkommens freigestelltes Vermögen mit einem gemeinen Wert von 250.000 €.

Lösung

Klara und Kalena haben ihren Wohnsitz in Deutschland. Somit liegt eine unbeschränkte Erbschaftsteuerpflicht vor, sodass der gesamte Vermögensanfall der deutschen Besteuerung unterliegt (§ 2 Abs. 1 Nr. 1 ErbStG). Da ein Teil des Vermögens aber aufgrund des Doppelbesteuerungsabkommens von der deutschen Besteuerung freigestellt wird, greift der Progressionsvorbehalt nach § 19 Abs. 2 ErbStG.

	Vermögensanfall (In Deutschland)	850.000 €
./.	persönlicher Freibetrag	400.000 €
=	**Steuerpflichtiger Erwerb**	**450.000 €**

Der steuerpflichtige Erwerb würde ohne Geltung des Progressionsvorbehalts einem Steuersatz von 15 % unterliegen (§ 19 Abs. 1 ErbStG). Aufgrund des in § 19 Abs. 2 ErbStG geregelten Progressionsvorbehalts ist nun aber der Steuersatz anzuwenden, der sich nach der Höhe des gesamten steuerpflichtigen Erwerbs, einschließlich des Auslandsvermögen, bestimmt. Dem steuerpflichtigen Erwerb i. H. v. 450.000 € ist das ausländische Vermögen i. H. v. 250.000 € hinzuzurechnen.

Es ist nun der Steuersatz für den Gesamterwerb von 700.000 €, d. h. 19 %, auf den steuerpflichtigen Erwerb von 450.000 € anzuwenden.

Kalena hat daher eine Erbschaftsteuer von 450.000 € × 19 % = 85.500 € zu entrichten.

4.4.4 Tarifbegünstigung des § 19a ErbStG

Nach § 19a Abs. 1 ErbStG wird **natürlichen Personen der Steuerklasse II und III** beim Erwerb von land- und forstwirtschaftlichem Vermögen, Betriebsvermögen und Anteilen an Kapitalgesellschaften i. S. d. § 13b Abs. 1 Nr. 3 ErbStG eine **Tarifbegrenzung** gewährt. Diese errechnet

[210] Vgl. zum einkommensteuerlichen DBA-Österreich BFH vom 04.08.1976, I R 152, 153/74, BStBl. II 1976, S. 662–663.

[211] Vgl. Jülicher (2022), Rn. 17 zu § 19 ErbStG.

sich durch einen **Entlastungsbetrag** nach § 19a Abs. 4 Satz 3 ErbStG, der sich als Unterschiedsbetrags zwischen der Steuer nach der Steuerklasse II bzw. III und der Steuer nach der Steuerklasse I ergibt. § 19a Abs. 3 ErbStG sieht vor, dass der auf das Vermögen i. S. d. § 19a Abs. 2 ErbStG entfallende Teil an der tariflichen Erbschaftsteuer sich nach dem Verhältnis des Wertes dieses Vermögens nach Anwendung des § 13a oder § 13c ErbStG und nach Abzug der mit diesem Vermögen in wirtschaftlichem Zusammenhang stehenden abzugsfähigen Schulden und Lasten (§ 10 Abs. 5 und 6 ErbStG) zum Wert des gesamten Vermögensanfalls i. S. d. § 10 Abs. 1 Sätze 1 und 2 ErbStG nach Abzug der mit diesem Vermögen in wirtschaftlichem Zusammenhang stehenden abzugsfähigen Schulden und Lasten (§ 10 Abs. 5 und 6 ErbStG) ermittelt. Es gilt somit erstmals die Nettomethode,[212] denn maßgebend ist der Vermögensanfall, soweit er der Besteuerung nach diesem Gesetz unterliegt (§ 10 Abs. 1 Satz 2 ErbStG). Dazu ist der Steuerwert des gesamten übertragenen Vermögens um die Befreiungen nach §§ 13, 13a, 13c und 13d ErbStG und die Nachlassverbindlichkeiten oder die bei Schenkungen abzugsfähigen Schulden und Lasten zu kürzen, die im wirtschaftlichen Zusammenhang mit einzelnen Vermögensgegenständen stehen (R E 19a.2 Abs. 1 Sätze 2 und 3 ErbStR). Nicht abzugsfähig sind dagegen sonstige Nachlassverbindlichkeiten wie beispielsweise Bestattungskosten. Persönliche Freibeträge werden nach R E 19a.2 Abs. 1 Satz 4 ErbStR nicht berücksichtigt. § 19a Abs. 2 Satz 1 ErbStG begrenzt die Anwendung des Entlastungsbetrags auf den Teil des Vermögens i. S. d. § 13b Abs. 2 ErbStG, der nicht von einem Verschonungsabschlag nach §§ 13a oder 13c ErbStG profitiert (tarifbegünstigtes Vermögen). Hierzu führt die Finanzverwaltung in R E 19a.1 Abs. 2 Sätze 2–7 ErbStR konkretisierend aus:

Im Fall der Regelverschonung nach § 13a Abs. 1 ErbStG ist dies der nach Abzug des Verschonungsabschlags von 85 % verbleibende Betrag des begünstigen Vermögens i. S. d. § 13b Abs. 1 und 2 ErbStG: Greift die Optionsverschonung nach § 13a Abs. 10 ErbStG, wonach 100 % des begünstigten Vermögens steuerfrei gestellt werden, kann die Tarifbegrenzung nicht zum Tragen kommen. Beim Abschmelzmodell nach § 13c ErbStG wird der Entlastungsbetrag für den nach Abzug des geminderten Verschonungsabschlags verbleibenden Betrag des begünstigen Vermögens i. S. d. § 13b Abs. 1 und 2 ErbStG gewährt. Kommt die Verschonungsbedarfsprüfung nach § 28a ErbStG zur Anwendung, wird der Entlastungsbetrag für das gesamte begünstigte Vermögen gewährt. Ist dagegen die 90 %-Grenze des § 13b Abs. 2 Satz 2 ErbStG überschritten, kann der Entlastungsbetrag nicht gewährt werden. Der Entlastungsbetrag kommt auch nicht für das nach Abzug des unschäd-

[212] Vgl. Jülicher (2022), Rn. 9 zu § 19a ErbStG.

lichen Verwaltungsvermögens verbleibende Nettoverwaltungsvermögen (§ 13b Abs. 2 Satz 1 ErbStG) zur Anwendung.

Umfasst das tarifbegünstigte Vermögen mehrere selbstständig zu bewertende wirtschaftliche Einheiten einer Vermögensart oder mehrere Arten begünstigten Vermögens, dann sind deren Werte vor der Anwendung des § 19a Abs. 3 ErbStG zu addieren (R E 19a.1 Abs. 2 Satz 8 ErbStR). Grund für die Tarifermäßigung ist, dass die Fortführung eines Unternehmens nicht durch fehlende Erben der Steuerklasse I gefährdet werden soll.[213] Liegt eine Weitergabeverpflichtung an einen Dritten oder eine Teilungsverfügung vor, dann darf der Erwerber die Tarifermäßigung nicht in Anspruch nehmen (§ 19a Abs. 2 Satz 2 ErbStG).

Beispiel:[214]

Klara Schwarz ist Alleingesellschafterin einer GmbH. Sie setzt ihre Nichte Emma (Steuerklasse III) als Alleinerbin ein. Das begünstigte Vermögen der GmbH beträgt 5.000.000 €. Ferner gehört anderes Vermögen mit einem gemeinen Wert von 500.000 € zum Nachlass. Emma wählt die Regelverschonung nach § 13a Abs. 1 ErbStG.

Lösung:

	Vermögen i. S. d. § 13b Abs. 2 ErbStG	5.000.000 €
./.	Verschonungsabschlag nach § 13a Abs. 1 ErbStG (85 %)	4.250.000 €
./.	Abzugsbetrag gem. § 13a Abs. 2 ErbStG (150.000 € ./. 0,5 (750.000 € ./.150.000 €)	0 €
=	steuerpflichtiges Betriebsvermögen	750.000 €
+	Wert des übrigen Vermögens	500.000 €
=	Gesamter Vermögensanfall	1.250.000 €
./.	persönlicher Freibetrag (Steuerklasse III)	20.000 €
=	Steuerpflichtiger Erwerb	1.230.000 €
	Steuer nach Steuerklasse III (30 %)	369.000 €
./.	Steuer nach Steuerklasse I (19 %)	233.700 €
=	Differenz	135.300 €
×	Anteil des Betriebsvermögens am gesamten Vermögensanfall (750.000 € / 1.250.000 €)	0,6
=	Entlastungsbetrag	81.180 €
	zu zahlende Erbschaftsteuer (369.000 € ./. 81.180 €)	287.820 €

Der Entlastungsbetrag fällt nach § 19a Abs. 5 ErbStG mit Wirkung für die Vergangenheit weg, wenn im Fall der Regelverschonung innerhalb von fünf Jahren gegen die Behaltensregelungen des § 13a ErbStG verstoßen wird, d. h., es darf kein Nachsteuertatbestand nach § 13a Abs. 6 ErbStG verwirklicht werden. Im Fall der Optionsverschonung

[213] Vgl. Birk/Richter, FR 2001, S. 765.

[214] In Anlehnung an Jülicher (2022), Rn. 11 zu § 19a ErbStG. Zu einem Beispiel mit der Berücksichtigung von Schulden vgl. H E 19.2 „Berechnung des Entlastungsbetrags" ErbStR.

nach § 13a Abs. 10 ErbStG und der Verschonungsbedarfsprüfung nach § 28a ErbStG greift eine siebenjährige Frist. Da aber bei einer 100 %igen Steuerfreistellung die Tarifbegrenzung nicht zum Tragen kommt, kann sich der gesetzliche Verweis nur auf das Abschmelzungsmodell nach § 13c ErbStG und die Verschonungsbedarfsprüfung nach § 28a ErbStG beziehen. Die Erbschaftsteuer ist nachträglich folglich so festzusetzen, wie wenn das Vermögen von Anfang an als nicht tarifbegünstigtes Vermögen übergegangen wäre. Laut Auffassung der Finanzverwaltung entfällt die Tarifbegrenzung vollständig, da das begünstigte Vermögen, für das die Behaltensfrist nicht eingehalten wurde, nicht mehr als tarifbegünstigtes Vermögen gilt.[215]

Dagegen unterliegt die Tarifbegrenzung nicht der Lohnsummenprüfung des § 13a Abs. 3 ErbStG (R E 19a.3 Abs. 1 Satz 2 ErbStR). Liegt ein Verstoß gegen die Lohnsummenregelung vor, ergibt sich ein höherer steuerpflichtiger Teil am begünstigten Vermögen, sodass der Entlastungsbetrag neu berechnet werden muss.[216] Folgerichtig wird nach Auffassung der Finanzverwaltung bei einem gleichzeitigen Verstoß gegen die Behaltensfrist und die Lohnsummenregelung bei der Berechnung des Entlastungsbetrags nur der gekürzte Verschonungsabschlag aufgrund des Verstoßes gegen die Behaltensregelungen berücksichtigt (R E 19a.3 Abs. 1 Satz 3 ErbStR). Dagegen führt ein Verstoß gegen die Voraussetzungen des Vorwegabschlags nach § 13a Abs. 9 ErbStG nicht zum Wegfall des Entlastungsbetrags (R E 19a.3 Abs. 1 Satz 4 ErbStR).

Der Steuerpflichtige muss Verstöße gegen die Behaltensfrist nach § 153 Abs. 2 AO anzeigen.

4.5 Berücksichtigung früherer Erwerbe

Da die persönlichen Freibeträge grundsätzlich erwerbsbezogen gelten und der Steuersatz von der Höhe des steuerpflichtigen Erwerbs abhängig ist, wäre es naheliegend, Schenkungen in mehrere kleinere aufzusplitten, um so Freibeträge mehrmals nutzen zu können und den Steuersatz zu reduzieren. Dem wirkt aber § 14 ErbStG entgegen. Danach sind mehrere **innerhalb von zehn Jahren von derselben Person** anfallende Vermögensvorteile zusammenzurechnen, und zwar in der Form, dass dem letzten Erwerb in dessen Besteuerungszeitpunkt alle Vorerwerbe von derselben Person innerhalb von zehn Jahren hinzugerechnet werden.

---

[215] Vgl. hierzu das Berechnungsbeispiel in H19a.3 „Verringerung des Entlastungsbetrags bei Verstoß gegen Behaltensregelungen" ErbStR.

[216] Vgl. Jülicher (2022), Rn. 17, 20 zu § 19a ErbStG.

☞ Damit kann der persönliche Freibetrag **nur einmal innerhalb der Zehnjahresfrist** in Anspruch genommen werden, und der Steuersatz wird nach dem Gesamterwerb ermittelt. Nach Ablauf der Zehnjahresfrist kann der persönliche Freibetrag aber erneut zur Anwendung kommen, was bei frühzeitiger Planung Gestaltungsspielräume eröffnet.

Hierdurch kommt ggf. ein höherer Steuersatz zur Anwendung (ähnlich einem Progressionsvorbehalt). Um einer dadurch entstehenden Doppel- bzw. Mehrfachbesteuerung entgegenzuwirken, wird die sog. Abzugssteuer für die Vorerwerbe angerechnet. Diese entspricht der tatsächlich gezahlten Steuer auf die Vorerwerbe, wenn die maßgebenden Rahmenbedingungen wie Verwandtschaftsverhältnis, Steuerklasse, Steuersatz identisch geblieben sind. Haben sich aber im Zeitablauf Änderungen ergeben, so ist die Abzugssteuer eine fiktive Steuer, die neu ermittelt werden muss (§ 14 Abs. 1 Satz 2 ErbStG). Die einzelnen Erwerbe verlieren dabei aber nicht ihre Selbstständigkeit, denn § 14 ErbStG legt lediglich fest, wie die Steuer für den letzten Erwerb zu ermitteln ist.

Für die Ermittlung des Zehnjahreszeitraums ist immer vom Tag des letzten Erwerbs rückwärts zu rechnen, wobei dieser mitzuzählen ist. Bei der Fristberechnung ist § 108 Abs. 3 AO nicht anzuwenden, d. h., ein Fristende am Wochenende oder Feiertag bewirkt keine Verschiebung (R E 14.1 Abs. 1 Sätze 4–6 ErbStR).

Konkret gilt für die Ermittlung der (fiktiven) Abzugssteuer nach § 14 Abs. 1 Sätze 2–4 ErbStG und R E 14.1 Abs. 2 sowie 14.3 Abs. 1 ErbStR:

Die Steuer für den Gesamtbetrag ist auf der Grundlage der geltenden Tarifvorschriften im Zeitpunkt des Letzterwerbs (Steuerklasse, persönliche Freibeträge und Steuersatz) zu berechnen. Von der Steuer für den Gesamtbetrag wird die Steuer abgezogen, welche für die früheren Erwerbe nach den persönlichen Verhältnissen und auf der Grundlage der Tarifvorschriften (§§ 14 bis 19 ErbStG) zur Zeit des letzten Erwerbs zu erheben gewesen wäre (fiktive Abzugssteuer). Die Steuer ist so zu berechnen, dass sich der dem Steuerpflichtigen zustehende persönliche Freibetrag tatsächlich auswirkt, soweit er nicht innerhalb von zehn Jahren vor diesem Erwerb verbraucht worden ist. Statt der fiktiven Steuer ist die seinerzeit für die Vorerwerbe tatsächlich zu entrichtende Steuer abzuziehen (tatsächliche Abzugssteuer), wenn sie höher ist. Als tatsächlich zu entrichtende Abzugssteuer ist jedoch die Steuer zu berücksichtigen, die sich nach den tatsächlichen Verhältnissen zur Zeit der Steuerentstehung für den Vorerwerb unter Berücksichtigung der geltenden Rechtsprechung und Verwaltungsauffassung zur Zeit der Steuerentstehung für den Letzterwerb ergeben hätte. Ist die auf die Vorerwerbe entfallende Steuer höher als die für den Gesamterwerb errechnete Steuer, kann es nicht zu einer Erstattung dieser Mehrsteuer kommen. Nach § 14 Abs. 1 Satz 4 ErbStG darf durch den Abzug der fiktiven Steuer auf den Vorerwerb (§ 14 Abs. 1 Satz 2 ErbStG) oder den Abzug der tatsächlich zu entrichtenden Steuer (§ 14 Abs. 1 Satz 3 ErbStG) die Steuer, die sich für den letzten Erwerb allein ergeben würde, nicht unterschritten werden (Mindeststeuer).

Es ergibt sich die folgende Berechnungsreihenfolge:

1. Ermittlung der festgesetzten Steuer auf den letzten Erwerb
2. Ermittlung der Gesamtsteuer auf den Gesamterwerb durch Hinzurechnung des Vorerwerbs
   a) unter Abzug des in diesem Zeitpunkt geltenden persönlichen Freibetrags von diesem Gesamterwerb und
   b) Anwendung des in diesem Zeitpunkt geltenden Steuersatzes auf den Gesamterwerb (Progressionsvorbehalt)
3. Subtraktion der Steuer auf den Vorerwerb von der Gesamtsteuer – unter Berücksichtigung der verbrauchten persönlichen Freibeträge bei Vorerwerben (fiktive Abzugssteuer) bzw. der höheren damaligen Steuer (tatsächliche Abzugssteuer)

→ festzusetzende Steuer auf den Letzterwerb = Gesamtsteuer (Nr. 2) abzgl. fiktive Abzugssteuer bzw. tatsächliche Abzugssteuer (Nr. 3)

Dabei gilt für die Anrechnung der Steuer auf den Vorerwerb:

1. Grundsatz:
   Gesamtsteuer abzgl. Abzugssteuer ergibt festzusetzende Steuer auf den Letzterwerb
2. Fiktive Abzugssteuer < tatsächliche Abzugssteuer für Vorerwerb:
   Gesamtsteuer abzgl. tatsächliche Abzugssteuer für Vorerwerb
3. Gesamtsteuer < Steuer für Letzterwerb

   Mindeststeuer (= Steuer für Letzterwerb)

Beispiel:[217]

Kalena schenkte ihrem Lebensgefährten Theo ein Grundstück im Jahr 01 (gemeiner Wert 150.000 €). Fünf Jahre später heiraten sie, woraufhin Kalena im Jahr 06 Theo Barvermögen in Höhe von 800.000 € schenkt.

Lösung:

1. **Berechnung Vorerwerb im Jahr 01:**

Grundstück	150.000 €
persönlicher Freibetrag (Steuerklasse III)	./.20.000 €
steuerpflichtiger Erwerb	130.000 €
Steuersatz (Steuerklasse III)	30 %
Steuer	39.000 €

2. **Zusammenrechnung im Jahr 06:**

Grundstück	150.000 €
Barvermögen	800.000 €
persönlicher Freibetrag (Steuerklasse I)	./.500.000 €
steuerpflichtiger Erwerb	450.000 €
Steuersatz (Steuerklasse I)	15 %
Steuer	67.500 €

3. **Fiktive Abzugssteuer im Jahr 06 auf Vorerwerb des Jahres 01**

Barvermögen	150.000 €
persönlicher Freibetrag im Jahr 06 (500.000 €), höchstens beim Erwerb im Jahr 01	
verbrauchter Freibetrag	./.20.000 €
steuerpflichtiger Erwerb	130.000 €
Steuersatz (Steuerklasse I)	11 %
fiktive Abzugssteuer	14.300 €
anzurechnen ist die höhere tatsächliche Steuer des Jahres 01	**39.000 €**

4. **Mindeststeuer im Jahr 06**

Barvermögen	800.000 €
persönlicher Freibetrag im Jahr 06	./.500.000 €
steuerpflichtiger Erwerb	300.000 €
Steuersatz (Steuerklasse I)	11 %
Mindeststeuer	33.000 €

5. **Festzusetzende Steuer im Jahr 06** **33.000 €**

Steuer Gesamterwerb ./. tatsächliche Abzugssteuer vs. Mindeststeuer 67.500 € ./. 39.000 € = 28.500 € vs. **33.000 €**

[217] In Anlehnung an H E 14.1 (3) „Beispiel" ErbStR.

5 Steuerfestsetzung und Erhebung

5.1 Steuerermäßigung bei Belastung mit Erbschaftsteuer

Wegen des unregelmäßigen Anfalls der Erbschaftsteuer und des progressiven Tarifs der Einkommensteuer wird die Erbschaftsteuer unabhängig von der Einkommensteuer erhoben.[218] Allerdings gibt es in § 35b EStG eine Steuerermäßigung für das Auftreten einer **Doppelbelastung mit Erbschaft- und Einkommensteuer** innerhalb von fünf Jahren nach einem Erwerb von Todes wegen. Diese Art der Doppelbesteuerung wird von der Rechtsprechung als rechtmäßig angesehen, weil beide Steuerarten auf unterschiedliche Besteuerungsgegenstände abstellen.[219]

Die Erbschaftsteuer bemisst sich am gemeinen Wert des übertragenen Vermögens. Liegt dieser über den Anschaffungs- oder Herstellungskosten, dann werden die **stillen Reserven doppelt** erfasst, nämlich zunächst beim unentgeltlichen Übergang durch die Erbschaftsteuer und ein weiteres Mal bei der Aufdeckung der stillen Reserven durch eine entgeltliche Übertragung mit Einkommensteuer. Um diese Doppelbesteuerung zu mindern, sieht § 35b EStG seit dem Veranlagungszeitraum 2009 eine Steuerermäßigung vor. Hiernach müssen die bei der Ermittlung des Einkommens berücksichtigten Einkünfte im aktuellen Veranlagungszeitraum oder in den vier vorangegangenen Veranlagungszeiträumen als Erwerb von Todes wegen der Erbschaftsteuer unterlegen haben. **Auf Antrag** wird die um sonstige Steuerermäßigungen (persönliche Freibeträge) gekürzte tarifliche Einkommensteuer, die auf diese Einkünfte entfällt, um einen nach § 35b Satz 2 EStG zu bestimmenden Prozentsatz ermäßigt. Dieser bestimmt sich nach dem Verhältnis, in dem die festgesetzte Erbschaftsteuer zu dem Betrag steht, der sich ergibt, wenn dem steuerpflichtigen Erwerb die Freibeträge nach §§ 16 und 17 ErbStG und der steuerfreie Betrag nach § 5 ErbStG hinzugerechnet werden. Es ergibt sich:

$$\text{Entlastungssatz} = \frac{\text{festgesetzte ErbSt}}{\text{steuerpflichtiger Erwerb + Freibeträge nach §§ 5, 16, 17 ErbStG}}$$

[218] Vgl. Crezelius (1999), S. 106; Crezelius (2007), S. 616–618; Tipke (2003), S. 872–873.

[219] Vgl. BFH vom 15.11.1957, VI 79/55 U, BStBl. III 1958, S. 103; BFH vom 09.09.1988, III R 191/84, BStBl. II 1989, S. 11.

Beispiel:[220]

Erblasserin Klara Schwarz vererbt ihrer Tochter Kalena als Alleinerbin ihren Gewerbebetrieb mit einem gemeinen Wert von 5.000.000 €. Der Betrieb verfügt über Verwaltungsvermögen von mehr als 90 % und hat weniger als 20 Beschäftigte. Der Erwerb ist folglich nicht nach §§ 13a, 13b ErbStG begünstigt. Im Jahr nach dem Tod der Mutter hat Kalena ein zum Betriebsvermögen gehörendes Grundstück veräußert und den Kaufpreis entnommen. Der Buchwert zum Entnahmezeitpunkt betrug 500.000 €, der Kaufpreis dagegen 800.000 €. Der Gewerbebetrieb erwirtschaftet für die Erbin jährlich Einkünfte aus Gewerbebetrieb i. H. v. 750.000 €.

Ermittlung der Einkommensteuer:

	Einkünfte aus Gewerbebetrieb	750.000 €
+	Einkünfte aus Gewerbebetrieb (Entnahmegewinn, § 6 Abs. 1 Nr. 4 EStG)	300.000 €
=	Summe der Einkünfte/zu versteuerndes Einkommen	1.050.000 €
	Einkommensteuer (Tarif 2022)	454.897 €
./.	Anrechnung der Gewerbsteuer § 35 EStG (Hebesatz: 400 %) ((1,05 Mio. € ./. 24.500 €) × 4 × 3,5 %)	143.570 €
=	Einkommensteuer nach Anrechnung § 35 EStG	311.327 €

Ermittlung der anteiligen auf die begünstigten Einkünfte entfallenden Einkommensteuer (§ 35b Satz 1 EStG):

$$\frac{800.000\text{ € ./. } 500.000\text{ €}}{1.050.000\text{ €}} \times 311.327\text{ €} = 88.950\text{ €}$$

Ermittlung der Erbschaftsteuer:

	Vermögensanfall	5.000.000 €
./.	Persönlicher Freibetrag (§ 16 Abs. 1 ErbStG)	400.000 €
=	steuerpflichtiger Erwerb	4.600.000 €
×	Erbschaftsteuersatz	19 %
=	Erbschaftsteuer	874.000 €

Ermittlung des Entlastungssatzes nach § 35b Satz 2 EStG:

$$\frac{874.000\text{ €}}{4.600.000\text{ €} + 400.000\text{ €}} = 0{,}1748$$

Ermittlung der festzusetzenden Erbschaftsteuer:

	Anteilige Einkommensteuer (§ 35b Satz 1 EStG)	88.950 €
×	Entlastungssatz (§ 35b Satz 2 EStG)	0,1748
=	Ermäßigungsbetrag nach § 35b Satz 1 EStG	15.548 €
	Einkommensteuer nach Anrechnung § 35 EStG	311.327 €
./.	Ermäßigungsbetrag nach § 35b Satz 1 EStG	15.548 €
=	festzusetzende Einkommensteuer	295.779 €

[220] In Anlehnung an Hechtner (2009), S. 489–490.

5.2 Anrechnung ausländischer Erbschaftsteuer

Geht ausländisches Vermögen unentgeltlich über, kann dies sowohl inländische als auch ausländische Erbschaftsteuer auslösen. Um diese Doppelbesteuerung zu vermeiden, sieht §21 ErbStG als unilaterale Maßnahme – diese ist subsidiär gegenüber einem (erbschaftsteuerlichen) Doppelbesteuerungsabkommen – **auf Antrag die Anrechnung der ausländischen Steuer** auf die deutsche Erbschaftsteuer vor. Diesem Antrag muss die Finanzbehörde stattgeben, sofern die gesetzlichen Voraussetzungen für die Anrechnung erfüllt sind.[221] Die ausländische Steuer ist in Euro umzurechnen. Maßgebend ist gem. R E 21 Abs. 3 ErbStR der amtliche im Bundesanzeiger veröffentlichte Devisenbriefkurs am Tag der Entstehung der deutschen Erbschaftsteuer.[222] Voraussetzung ist dabei, dass eine unbeschränkte Steuerpflicht des Erwerbers besteht und die der deutschen Erbschaftsteuer entsprechende ausländische Steuer tatsächlich festgesetzt wurde, keinem Ermäßigungsanspruch unterlag und erhoben wurde. Die ausländische Steuer entspricht der deutschen, wenn diese durch den Tod einer Person ausgelöst wird und die Steuer den Nachlass der verstorbenen Person beim Übergang erfasst.[223] Scheidet eine Anrechnung der ausländischen Steuer wegen einer fehlenden Vergleichbarkeit aus, dann besteht die Möglichkeit, diese nach §10 Abs. 1 Satz 2, Abs. 5 Nr. 1 ErbStG als Nachlassverbindlichkeit abzuziehen.[224] Es muss sich hierbei zwar um den gleichen Erwerber handeln, eine Steuersubjektidentität nach inländischem und ausländischem Recht muss aber nicht vorliegen. Eine unmittelbare wirtschaftliche Belastung des Erwerbers ist für eine Anrechnung nicht erforderlich (R E 21 Abs. 1 Satz 3 ErbStR). Dies gilt beispielsweise für die angelsächsischen Nachlasssteuern, die den Nachlass belasten und bei denen der Nachlassverwalter die Steuer zu entrichten hat, sodass der Erwerber lediglich mittelbar wirtschaftlich belastet ist. [225] Erwerben dagegen mehrere Personen das ausländische Vermögen, dann ist die Steuer anteilig anrechenbar.[226]

Die Bemessungsgrundlage für die deutsche Erbschaftsteuer wird ohne Abzug der ausländischen Steuer ermittelt, weil ein solcher Abzug und die Anrechnung auf die inländische Steuer dazu führen würden, dass die ausländische Steuer zweimal berücksichtigt würde.[227]

---

[221] Vgl. BFH vom 26.06.1963, II 196/61 U, BStBl. III 1963, S. 403.
[222] Vgl. BFH vom 19.03.1991, II R 134/88, BStBl. II 1991, S. 522; BFH vom 26.04.1995, II R 13/92, BStBl. II 1995, S. 540.
[223] Vgl. BFH vom 06.03.1990, II R 32/86, BStBl. II 1990, S. 787.
[224] Vgl. BFH vom 26.04.1995, II R 13/92, BStBl. II 1995, S. 542.
[225] Vgl. Jülicher (2022), Rn. 32 zu §21 ErbStG.
[226] Vgl. BFH vom 06.03.1990, II R 32/86, BStBl. II 1990, S. 787.
[227] Vgl. Hannes/Holtz (2021), Rn. 19 zu §21 ErbStG; BFH vom 28.02.1979, II R 165/74, BStBl. II 1979, S. 440.

Die Anrechnung hat zur Folge, dass bei Vorliegen eines niedrigeren ausländischen Steuerniveaus ein „Hochschleusen" auf das höhere inländische Steuerniveau vollzogen wird. Umgekehrt wird ein höheres ausländisches Steuerniveau aufgrund eines fehlenden Erstattungsanspruchs definitiv, d. h., es kommt immer das höhere Steuerniveau zur Anwendung. Allerdings liegt eine Beschränkung der Anrechnung auf den Teil der ausländischen Steuer vor, welcher auf Vermögen erhoben wurde, das in Deutschland ebenfalls der Besteuerung unterliegt. Entscheidend hierfür ist lediglich die Steuerbarkeit des ausländischen Vermögens in Deutschland. Ein niedrigeres steuerpflichtiges Vermögen, beispielsweise aufgrund eines niedrigeren Wertansatzes[228] oder eines höheren Schuldenabzugs[229], ist ohne Konsequenz. Betragsmäßig ist die Anrechnung auf den Teil der Steuer begrenzt, der der deutschen Erbschaftsteuer auf das ausländische Vermögen entsprechen würde.

Die ausländische Steuer ist nach §21 Abs. 1 Satz 4 ErbStG auch nur dann anrechenbar, wenn die deutsche Erbschaftsteuer für das Auslandsvermögen innerhalb von fünf Jahren seit dem Zeitpunkt der Entstehung der ausländischen Erbschaftsteuer entstanden ist. Somit ist der Tag der Festsetzung der ausländischen Steuer bedeutungslos.

Geht Vermogen aus mehreren ausländischen Staaten über, dann wird nach §21 Abs. 1 Satz 3 ErbStG der Anrechnungshöchstbetrag für jedes Land separat berechnet **(per-country-limitation)**. Liegt ein Mischerwerb vor, d. h. setzt sich der Erwerb sowohl aus inländischem als auch aus ausländischem Vermögen zusammen, dann wird mithilfe einer Verhältnisrechnung ermittelt, welcher Betrag der auf das Auslandsvermögen entfallenden ausländischen Steuer angerechnet werden darf. Konkret wird nach §21 Abs. 1 Satz 2 ErbStG die sich für das steuerpflichtige Gesamtvermögen einschließlich des steuerpflichtigen Auslandsvermögens ergebende Erbschaftsteuer im Verhältnis des steuerpflichtigen Auslandsvermögens zum steuerpflichtigen Gesamtvermögen aufgeteilt:

$$\text{Höchstbetrag} = \text{deutsche Erbschaftsteuer} \times \frac{\text{steuerpflichtiges Auslandsvermögen}}{\text{steuerpflichtiges Gesamtvermögen}}$$

Beispiel:[230]

Erblasserin Klara Schwarz mit ausländischem Wohnsitz vererbt ihrer in Deutschland wohnhaften Tochter Kalena als Alleinerbin Inlandsvermögen mit einem gemeinen Wert von 2.500.000 € und Auslandsvermögen mit einem gemeinen Wert von 1.000.000 €. Auf dem Inlandsvermögen lasten Nachlassverbindlichkeiten i. H. v. 500.000 €, auf dem

[228] Vgl. BFH vom 10.07.1963, II 115/62, HFR 1964, S. 13.

[229] Vgl. BFH vom 26.06.1963, II 196/61 U, BStBl. III 1963, S. 403.

[230] In Anlehnung an Jülicher (2022), Rn. 69 zu §21 ErbStG.

Auslandsvermögen i.H.v. 200.000 €. Es wird unterstellt, dass es sich nicht um begünstigtes Vermögen handelt, sodass die Verschonungsregelungen nicht zur Anwendung kommen. Im Ausland wurde eine Erbschaftsteuer i.H.v. 150.000 € erhoben.

Berechnung der inländischen Erbschaftsteuer ohne Anrechnung der ausländischen Erbschaftsteuer:

	Inlandsvermögen	2.500.000 €
+	Auslandsvermögen	1.000.000 €
./.	Nachlassverbindlichkeiten	700.000 €
=	gesamter Vermögensanfall	2.800.000 €
./.	persönlicher Freibetrag (Steuerklasse I)	400.000 €
=	steuerpflichtiger Gesamterwerb	2.400.000 €
×	Steuersatz (Steuerklasse I)	19 %
=	zu zahlende Erbschaftsteuer	456.000 €

Wertverhältnis zwischen Auslandsvermögen und Gesamtvermögen:

$$\frac{1.000.000\text{ €} - 200.000\text{ €}}{2.800.000\text{ €}} = \frac{2}{7}$$

Auf inländische Erbschaftsteuer anrechenbare ausländische Erbschaftsteuer:

$$\frac{2}{7} \cdot 456.000\text{ €} = 130.286\text{ €}$$

Noch zu zahlende inländische Erbschaftsteuer:

	zu zahlende Erbschaftsteuer	456.000 €
./.	anrechenbare ausländische Erbschaftsteuer	130.286 €
=	noch zu zahlende inländische Erbschaftsteuer	325.714 €

Dabei ist das Auslandsvermögen nach den deutschen Bewertungsvorschriften anzusetzen. Steuerfreie Vermögensbestandteile bleiben bei der Verhältnisrechnung außer Ansatz, ebenso persönliche Freibeträge.[231] Der Begriff Gesamtvermögen entspricht in diesem Zusammenhang dem Nettoerwerb, d.h. sämtliche Schulden und Lasten sind beim Gesamtvermögen abzugsfähig, dagegen beim Auslandsvermögen nur dann, wenn sie in wirtschaftlichem Zusammenhang mit diesem Vermögen stehen.[232]

§21 Abs. 2 ErbStG definiert, welches Vermögen als **Auslandsvermögen** i.S.d. §21 Abs. 1 ErbStG gilt. War der Erblasser zur Zeit seines Todes Inländer, dann gelten alle Vermögensgegenstände i.S.d. §121 BewG, die auf einen ausländischen Staat entfallen, sowie sämtliche Nutzungsrechte an diesen Vermögensgegenständen als Auslandsvermögen (§21 Abs. 2 Nr. 1 ErbStG; enger Auslandsvermögensbegriff). Dagegen gelten nach §21 Abs. 2 Nr. 2 ErbStG alle Vermögensgegenstände, mit Ausnah-

231 Vgl. BFH vom 10.07.1963, II 115/62, HFR 1964, S. 13.

232 Vgl. Hannes/Holtz (2021), Rn. 21 zu §21 ErbStG; Jülicher (2022), Rn. 67 zu §21 ErbStG.

me des Inlandsvermögens i. S. d. § 121 BewG, sowie alle Nutzungsrechte an diesen Vermögensgegenständen als Auslandsvermögen, wenn der Erblasser zur Zeit seines Todes kein Inländer war (weiter Auslandsvermögensbegriff). Mit anderen Worten gehören zum weiten Auslandsvermögen alle im Ausland belegenen Vermögenswerte, aber auch bestimmte auf das Inland entfallende Vermögensposten, wie beispielsweise inländische Beteiligungen, die nicht die Zehn-Prozent-Grenze des § 121 Nr. 4 BewG erreichen oder nicht zu einem Betriebsvermögen gehörende Forderungen im Inland.[233] Der Erwerb eines Nichtinländers unterliegt schon der vollen ausländischen Steuer, sodass der deutsche Gesetzgeber nur noch die Steuer erheben soll, die auf inländisches Vermögen entfällt.[234] Der weite Auslandsvermögensbegriff hat jedoch für den Inländer, der von einem Steuerausländer erbt, zwei begünstigende Effekte. Zum einen steigt der Betrag der ausländischen Steuer, der anrechenbar ist, da das Auslandsvermögen umfangreicher angesetzt wird. Zum anderen steigt der Teilbetrag der inländischen Erbschaftsteuer, die für Auslandsvermögen erhoben wird. Somit wird durch die Ausweitung des Auslandsvermögensbegriffs der Höchstbetrag der Anrechnung angehoben.[235]

5.3 Mehrfacherwerb desselben Vermögens

Geht dasselbe Vermögen von Todes wegen innerhalb von zehn Jahren von Personen der Steuerklasse I erneut auf Personen der Steuerklasse I über (z. B. Berliner Testament: zuerst auf Ehegatten und dann auf Kind) und wurde auf den Vorerwerb bereits Erbschaftsteuer erhoben, so sieht § 27 Abs. 1 ErbStG eine Ermäßigung der Erbschafsteuer auf den Folgeerwerb vor. Die Ermäßigung des § 27 ErbStG setzt voraus, dass für den **Vor- und Folgeerwerb Steuerklasse I** zur Anwendung kommt. Dem Verfassungsrecht hält dabei diese Einschränkung stand.[236] Es muss für sich betrachtet auf beide Erwerbsvorgänge Steuerklasse I anwendbar sein. Nicht entscheidend ist das Verhältnis von ursprünglichem Schenker/Erblasser zu Letzterwerber. Weitere Voraussetzung ist, dass der Letzterwerb sich als Erwerb von Todes wegen vollziehen muss. Das heißt im Umkehrschluss, dass es sich beim Ersterwerb auch um eine Schenkung unter Lebenden handeln kann. Hintergrund dieser Einschränkung ist, dass nur unvorhergesehene Mehrfacherwerbe inner-

[233] Vgl. Hannes/Holtz (2021), Rn. 33 zu § 21 ErbStG.
[234] Vgl. Hannes/Holtz (2021), Rn. 28 zu § 21 ErbStG.
[235] Vgl. Hannes/Holtz (2021), Rn. 28 zu § 21 ErbStG.
[236] Vgl. BFH vom 24.04.2013, II R 65/11, BStBl. II 2013, S. 633; BFH vom 22.08.2017, II B 93/16, BFH/NV 2018, S. 40; BVerfG vom 12.04.2018, 1 BvR 2860/17, StEd 2018, S. 274.

halb kurzer Zeit und innerhalb der Familie begünstigt werden sollen, nicht dagegen die bewusste Schenkung in Teilbeträgen. Zusätzlich fordert § 27 ErbStG, dass der Vorerwerb einer Besteuerung unterlegen haben muss, was wiederum bedeutet, dass eine Steuerermäßigung nicht greift, wenn der Vorerwerb durch persönliche oder sachliche Befreiungstatbestände steuerfrei gestellt war.[237] Als letzte Voraussetzung nennt das Gesetz den Übergang desselben Vermögens. Damit ist nicht gemeint, dass die identischen Vermögensgegenstände übergehen müssen. Surrogate sind von der Vorschrift ebenfalls erfasst.[238] Dies impliziert, dass eine zwischen den beiden Erwerben eingetretene Wertsteigerung nicht in die Ermäßigung einbezogen werden kann, weil dasselbe Vermögen im Umfang dieser Wertsteigerung gerade nicht mehrfach besteuert wird. Ist dagegen zwischen den beiden Erwerben eine Wertminderung eingetreten, darf nur der geminderte Wert im Zeitpunkt des Nacherwerbs in die Ermäßigung einbezogen werden (R E 27 Abs. 1 Sätze 2 und 3 ErbStR).

Liegen die Voraussetzungen vor, dann ergibt sich eine Steuerermäßigung i. H. v. 10–50 %, je nach dem wie groß der zeitliche Abstand zwischen Erst- und Folgeerwerb ist:

Ermäßigung um … Prozent	**wenn zwischen den beiden Zeitpunkten der Entstehung der Steuer liegen**
50	nicht mehr als 1 Jahr
45	mehr als 1 Jahr, aber nicht mehr als 2 Jahre
40	mehr als 2 Jahre, aber nicht mehr als 3 Jahre
35	mehr als 3 Jahre, aber nicht mehr als 4 Jahre
30	mehr als 4 Jahre, aber nicht mehr als 5 Jahre
25	mehr als 5 Jahre, aber nicht mehr als 6 Jahre
20	mehr als 6 Jahre, aber nicht mehr als 8 Jahre
10	mehr als 8 Jahre, aber nicht mehr als 10 Jahre

Beim **Berliner Testament** wird zunächst der überlebende Ehegatte (alleiniger) Erbe des erstversterbenden Ehegatten und beim Tod des überlebenden Ehegatten werden die Kinder Erben. Eine solche Regelung hat gegenüber der Vor- und Nacherbschaft (§ 6 ErbStG) den Nachteil, dass die Kinder im Todeszeitpunkt des erstversterbenden Elternteils Pflichtteilsansprüche gegenüber dem überlebenden Elternteil

[237] Vgl. BFH vom 08.02.1961, II 288/58 U, BStBl. III 1961, S. 138.
[238] Vgl. Jülicher (2022), Rn. 20 zu § 27 ErbStG.

> geltend machen können. Dies ist im Fall der Vor- und Nacherbschaft nicht möglich, da die Kinder nicht von der Erbfolge ausgeschlossen sind. Zudem können die Kinder beim Berliner Testament (ohne Geltendmachung von Pflichtteilsansprüchen) nur einen persönlichen Freibetrag gegenüber dem letztversterbenden Elternteil nutzen. Bei gesetzlicher Erbfolge, bei welcher die Kinder bereits beim Tod des erstversterbenden Ehegatten (erstmals) Erben werden und beim Tod des letztversterbenden Ehegatten nochmals erben, können die Kinder sowohl den persönlichen Freibetrag in Beziehung zum Vater, als auch den persönlichen Freibetrag in Beziehung zur Mutter nutzen.

Die Ermäßigung greift auch, wenn nur ein Teil des Vermögens aus dem Vorerwerb vererbt wird oder zusätzlich weiteres Vermögen mit übergeht (§27 Abs. 2 ErbStG). Dabei soll sichergestellt werden, dass nur das mehrfach übergehende Vermögen begünstigt wird. Dafür ist bei der Ermittlung des Steuerbetrags, der auf das begünstigte Vermögen entfällt, die Steuer für den Gesamterwerb in dem Verhältnis aufzuteilen, in dem der Wert des begünstigten Vermögens zu dem Wert des steuerpflichtigen Gesamterwerbs ohne Abzug des dem Erwerber zustehenden Freibetrags steht.

Dabei führt die Finanzverwaltung in R E 27 Abs. 2 ErbStR aus, dass Nettowerte ins Verhältnis zu setzen sind. Konkret heißt es: Stehen Schulden und Lasten im wirtschaftlichen Zusammenhang mit mehrfach erworbenem Vermögen i. S. d. §27 Abs. 1 ErbStG (begünstigtes Vermögen) und anderem Vermögen, ist die Steuer für den Gesamterwerb gemäß §27 Abs. 2 ErbStG in dem Verhältnis aufzuteilen, in dem der Nettowert des begünstigten Vermögens nach Abzug der mit diesem Vermögen zusammenhängenden Schulden und Lasten zu dem Wert des steuerpflichtigen Gesamterwerbs nach Abzug aller Schulden und Lasten und vor Abzug des dem Erwerber zustehenden Freibetrags steht. Dabei können die in unmittelbarem Zusammenhang stehenden Schulden und Lasten direkt zugeordnet werden. Die nicht unmittelbar zuzuordnenden Schulden und Lasten wie z. B. der Pauschbetrag für Bestattungskosten bleiben nur bei der Ermittlung des Aufteilungsverhältnisses unberücksichtigt.

§27 Abs. 3 ErbStG definiert dabei einen Höchstbetrag der Steuerermäßigung. Die Ermäßigung nach §27 Abs. 1 ErbStG darf den Betrag nicht überschreiten, der sich bei Anwendung der in §27 Abs. 1 ErbStG genannten Prozentsätze auf die Steuer ergibt, die der Vorerwerber für den Erwerb desselben Vermögens entrichtet hat. Damit kann die Steuer auf das begünstigte Vermögen maximal um den in §27 Abs. 1 ErbStG genannten Prozentsatz bezogen auf die ursprünglich zu zahlende Steuer ermäßigt werden.

Beispiel:[239]

Erblasserin Klara Schwarz hat ihrem Sohn Karl ein Grundstück mit einem gemeinen Wert von 450.000 € geschenkt. Durch den Tod von Karl im selben Jahr erbt nun dessen Tochter Elsa das Grundstück mit einem gemeinen Wert von nunmehr 500.000 € und dazu 100.000 € Barvermögen.

Wie hoch ist die Erbschaftsteuer von Elsa?

Lösung:

Ermittlung des steuerpflichtigen Erwerbs von Elsa:

	Steuerwert Nachlass = Bereicherung	600.000 €
./.	Beerdigungskostenpauschale	10.300 €
./.	persönlicher Freibetrag	400.000 €
=	Steuerpflichtiger Erwerb	189.700 €

Darauf entfällt eine Erbschaftsteuer von 11 % also 20.867 €.

Im Hinblick auf Elsas steuerpflichtigen Erwerb ist das Grundstück im Wert von 450.000 € mehrfach besteuert. Dieses macht 75 % (450.000 € zu 600.000 €) am Gesamterwerb aus. Die in der Zwischenzeit eingetretene Wertsteigerung ist nicht begünstigt. Ebenso wird der persönliche Freibetrag nicht berücksichtigt. Auf den begünstigten Anteil findet die Steuerermäßigung von 50 % Anwendung.

	Ursprüngliche ErbSt	20.867 €
×	Anteil mehrfach besteuertes Vermögen	75 %
=	begünstigte ErbSt	15.650 €
×	Ermäßigung gem. § 27 Abs. 1 ErbStG	50 %
=	zu erhebende ErbSt auf mehrfach besteuertes Vermögen	7.825 €

Prüfung des Höchstbetrags nach § 27 Abs. 3 ErbStG (50 % × 20.867 €)	10.434 €

	ErbSt auf mehrfach besteuertes Vermögen	7.825 €
+	ErbSt auf eigenes Vermögen von Karl (20.867 € × 25 %)	5.217 €
=	zu zahlende ErbSt von Elsa	13.042 €

5.4 Stundungsmöglichkeiten

Gehört zum Erwerb von Todes wegen **begünstigtes Vermögen** i. S. d. § 13b Abs. 2 ErbStG, ist dem Erwerber die darauf entfallende festgesetzte Steuer **auf Antrag bis zu sieben Jahre zu stunden** (§ 28 Abs. 1 Satz 1 ErbStG). Damit kann der Erwerber nur für Erwerbe von Todes wegen, nicht dagegen für Schenkungen unter Lebenden eine Steuerstundung beantragen. Diese kommt auch nur dann zur Anwendung, wenn die Verschonungsregelungen für begünstigtes Vermögen keine

[239] Weitere Beispiele finden sich bei Wenhardt (2022), S. 33 ff.

vollständige Steuerbefreiung erreichen. Die Finanzverwaltung nennt die folgenden Anwendungsfälle (R E 28 Abs. 1 Satz 3 ErbStR):

1. In den Fällen der Regelverschonung für die Steuer auf begünstigtes Vermögen nach Abzug des Verschonungsabschlags (§ 13a Abs. 1 ErbStG) und des Abzugsbetrags (§ 13a Abs. 2 ErbStG);
2. in den Fällen des § 13c ErbStG für die Steuer auf begünstigtes Vermögen nach Abzug des abgeschmolzenen Verschonungsabschlags;
3. in den Fällen des § 28a ErbStG für die nicht erlassene Steuer auf begünstigtes Vermögen;
4. in den Fällen, in denen weder eine Verschonung nach § 13c noch nach § 28a ErbStG beantragt wurde.

Da nur die Steuer, die auf begünstigtes Vermögen entfällt, gestundet wird, ist eine Berechnungsreihenfolge für die Verhältnisrechnung zu berücksichtigen. Dazu führt die Finanzverwaltung in R E 28 Abs. 4 ErbStR aus:

Die auf das begünstigte Vermögen nach § 13b Abs. 2 ErbStG entfallende Steuer ist wie folgt zu berechnen:

1. Die auf den gesamten steuerpflichtigen Erwerb entfallene tarifliche Steuer ist um die anzurechnende Steuer auf einen Vorerwerb nach § 14 Abs. 1 ErbStG zu kürzen.
2. Die danach verbleibende Steuer ist nach dem Verhältnis des Werts des begünstigten Vermögens zum Wert des gesamten Vermögensanfalls nach Abzug der mit diesem Vermögen in wirtschaftlichem Zusammenhang stehenden abzugsfähigen Schulden und Lasten aufzuteilen.
   Als begünstigtes Vermögen gilt das Vermögen, das sich nach Anwendung der Verschonungsregelungen nach § 13a ErbStG (Vorwegabschlag, Verschonungsabschlag, Abzugsbetrag) oder § 13c ErbStG und nach Abzug der damit in wirtschaftlichem Zusammenhang stehenden abzugsfähigen Schulden und Lasten (§ 10 Abs. 5 und 6 ErbStG) ergibt.
3. Sind für das begünstigte Vermögen die Voraussetzungen der §§ 19a, 21 oder 27 ErbStG erfüllt, sind der Ermäßigungsbetrag nach § 19a ErbStG, die darauf entfallende Ermäßigung nach § 27 ErbStG bzw. die darauf entfallende, nach § 21 ErbStG anrechenbare Steuer abzuziehen.

Wird der Antrag gestellt, dann hat der Erwerber die gestundete Steuer in **gleichen Jahresbeträgen** zu entrichten. Dabei ist die erste Jahresrate zinslos gestundet. Die weiteren Jahresraten sind zinspflichtig (§§ 234, 238 AO). Die Stundungszinsen betragen für jeden vollen Monat des Zinslaufs 0,5 %, also 6 % p. a. Wird die Steuerfestsetzung geändert und erhöht sich hierdurch die auf das begünstigte Vermögen entfallende Steuer, beginnt hinsichtlich des Änderungsbetrags ein neuer Siebenjahreszeitraum.

Die Stundung endet nach §28 Abs. 1 Sätze 5, 6, 8 ErbStG, sobald

1. das erworbene begünstigte Vermögen verschenkt oder veräußert wird;
2. der Erwerber den Betrieb, die Beteiligung an der Personengesellschaft oder den Anteil an der Kapitalgesellschaft aufgibt;
3. der Erwerber gegen die Lohnsummenregelung des §13a Abs. 3 ErbStG oder die Behaltensregelungen nach §13a Abs. 6 ErbStG verstößt. Dies gilt auch für den Fall, dass ein Antrag auf Optionsverschonung oder Verschonungsbedarfsprüfung gestellt wurde.

Die Stundung endet in vollem Umfang bei einem Verstoß gegen die Lohnsummenregelung bzw. Behaltensregelungen nach §13a Abs. 6 Satz 1 Nr. 1, 2, 4 und 5 ErbStG. Soweit aufgrund einer Reinvestition (§13a Abs. 6 Sätze 3 und 4 ErbStG) keine Nachsteuer ausgelöst wird, endet die Stundung nicht. Bei einem Verstoß gegen die Entnahmebegrenzung nach §13a Abs. 6 Satz 1 Nr. 3 ErbStG endet die Stundung ebenfalls vollständig.

§28 Abs. 1 Satz 7 ErbStG regelt, dass eine Stundung nicht erfolgt, wenn aufgrund eines Verstoßes gegen die Lohnsummenregelung oder Behaltensregelung eine Steuer zu entrichten ist. Verbleibt in diesem Zusammenhang begünstigtes Vermögen, für das die Stundungsvoraussetzungen weiterhin erfüllt sind, kann der Erwerber für dieses Vermögen einen Antrag auf Fortführung der Stundung zu stellen. Wird das begünstigte Vermögen innerhalb des noch laufenden Stundungszeitraums von Todes wegen übertragen, endet die Stundung erst, wenn der nachfolgende Erwerber die Voraussetzung für die Stundung nicht mehr erfüllt.

§28 Abs. 3 ErbStG sieht für den **Erwerb von bebauten Grundstücken** unter bestimmten Voraussetzungen ebenfalls eine Steuerstundung vor.

Zu den unter die Vorschrift fallenden bebauten Grundstücken oder Grundstücksteilen gehören solche, die

1. zu Wohnzwecken vermietet werden (§13d ErbStG),
2. im Inland, einem Mitgliedstaat der Europäischen Union oder in einem Staat des Europäischen Wirtschaftsraums belegen sind und
3. nicht zum begünstigten Betriebsvermögen oder begünstigten Vermögen eines Betriebs der Land- und Forstwirtschaft i.S.d. §13b Abs. 2 ErbStG gehören.

Eine Steuerstundung kann auch dann beantragt werden, wenn zum Erwerb ein Ein- oder Zweifamilienhaus oder Wohneigentum gehört, sofern es im Inland bzw. EU/EWR belegen ist und nicht zum begünstigten Vermögen i.S.d. §13b Abs. 2 ErbStG gehört, und das der Erwerber nach dem Erwerb zu eigenen Wohnzwecken nutzt, längstens für die Dauer der Selbstnutzung. Demzufolge muss es sich um ein Familienheim handeln, sodass diese Stundungsmöglichkeit sich ausdrücklich nur auf ein Grundstück erstrecken kann. Voraussetzung ist dabei aber nicht, dass der Erblasser oder Schenker dieses Grundstück bereits vor der Übertragung als Familienheim selbst genutzt hat. §28 Abs. 3 Satz 3 ErbStG führt aus, dass nach Aufgabe der Selbstnutzung durch den Erwerber und anschließender Vermietung zu Wohnzwecken die Stundung nicht endet, sondern bis zum Ende des ursprünglichen Zehnjahreszeitraums weiter zu gewähren ist.

Weitere Voraussetzung ist, dass der Erwerber nachweisen muss, dass er die Steuer nur entrichten kann, wenn er das bebaute Grundstück veräußert. Dies heißt im Umkehrschluss, dass eine Steuerstundung nicht gewährt wird, wenn er die Steuer aus erworbenem weiterem Vermögen oder aus eigenem Vermögen aufbringen kann. Die Finanzverwaltung weitet diese Regelung aus, indem sie dem Erwerber auferlegt auch die Möglichkeit der Kreditaufnahme ausschöpfen zu müssen. Die Feststellungslast dafür, dass kein eigenes Vermögen vorhanden und keine Kreditaufnahme möglich ist, obliegt dabei dem Steuerpflichtigen.

Liegen die Voraussetzungen vor, dann wird auf Antrag die darauf entfallende festgesetzte **Steuer bis zu zehn Jahren gestundet** (§28 Abs. 3 Satz 1 ErbStG). Dies gilt sowohl für Erwerbe von Todes wegen, als auch für Schenkungen unter Lebenden. Allerdings ist die Stundung bei Erwerben von Todes wegen zinslos zu gewähren, während für Schenkungen unter Lebenden Zinsen i. S. d. §§234, 238 AO erhoben werden.

5.5 Anzeige des Erwerbs

Nach §30 Abs. 1 ErbStG muss jeder der Erbschaftsteuer unterliegende Erwerb von Todes wegen vom Erwerber innerhalb einer **Frist von drei Monaten** nach erlangter Kenntnis des Anfalls des Erwerbs dem zuständigen Erbschaftsteuerfinanzamt angezeigt werden. Einer solchen **Anzeige** bedarf es dem Grundsatz nach dagegen nicht, wenn der Erwerb auf einer Verfügung von Todes wegen beruht, die von einem deutschen Gericht, einem deutschen Notar oder einem deutschen Konsul eröffnet wurde, und sich aus dieser das Verhältnis des Erwerbers zum Erblasser unzweifelhaft ergibt (§30 Abs. 3 Satz 1 1. Hs. ErbStG). Dennoch besteht die Anzeigepflicht des Erwerbers in diesen Fällen fort, wenn zu seinem Erwerb folgendes Vermögen gehört (§30 Abs. 3 Satz 1 2. Hs. ErbStG):

1. Grundbesitz,
2. Betriebsvermögen,
3. Anteile an einer Kapitalgesellschaft, für die keine Anzeigepflicht durch einen Vermögensverwahrer oder Vermögensverwalter nach §33 ErbStG besteht, oder
4. Auslandsvermögen.

Dasselbe gilt für den Fall einer Schenkung unter Lebenden oder Zweckzuwendung, die von einem deutschen Notar und einem deutschen Gericht beurkundet worden ist.

Weitere Anzeigepflichten bestehen z. B. bei Verstoß gegen die Lohnsummenregelung oder Behaltensfrist. Diese ergeben sich aus § 153 Abs. 2 AO i. V. m. z. B. § 13a Abs. 7, § 13a Abs. 9 Satz 6, § 28a Abs. 5 ErbStG.

Zeigt der Erwerber einen entsprechenden Erwerbsvorgang nicht an, so stellt dies keine Steuerordnungswidrigkeit nach § 377 AO dar; es kann aber ein Fall der Steuerverkürzung nach § 378 AO oder Steuerhinterziehung nach § 370 AO vorliegen.

5.6 Steuererklärung

Abweichend zum Ertragsteuerrecht, kennt das Erbschaftsteuergesetz **keine allgemeine Steuererklärungspflicht**. Der Erwerber ist vielmehr verpflichtet, einen Erwerb nach § 30 ErbStG dem Finanzamt anzuzeigen. Auf dieser Grundlage kann das Finanzamt dann nach § 31 Abs. 1 ErbStG von jedem an einem Erbfall, Schenkung oder Zweckzuwendung Beteiligten ohne Rücksicht darauf, ob er selbst steuerpflichtig ist, die Abgabe einer Erklärung innerhalb einer von ihm zu bestimmenden Frist verlangen. Diese muss mindestens einen Monat betragen. § 31 Abs. 2 ErbStG legt fest, dass die Erklärung ein Verzeichnis der zum Nachlass gehörenden Gegenstände und die sonstigen für die Feststellung des Gegenstandes und des Wertes des Erwerbs erforderlichen Angaben zu enthalten hat. Dies hat nach amtlich vorgeschriebenen Vordrucken (§ 150 Abs. 1 Satz 1 AO) zu erfolgen.

§ 31 Abs. 4 ErbStG berechtigt **mehrere Erben** zur Abgabe einer **gemeinsamen Steuererklärung**. Die Finanzverwaltung führt hierzu in H E 31 „Gemeinsame Steuererklärung bei Vorhandensein mehrerer Erben und weiterer Erwerber" ErbStR aus, dass diese sowohl von der Gesamtheit der Miterben als auch von einem Teil der Miterben abgegeben werden kann. Im letzten Fall gilt sie allerdings auch nur für die zu dieser Gruppe gehörenden Miterben. Unter diesen Umständen können auch mehrere Gruppen von Miterben jeweils für sich eine gemeinsame Steuererklärung abgeben. Andere am Erbfall beteiligte Personen (Pflichtteilsberechtigte, Vermächtnisnehmer usw.) können dabei mitberücksichtigt werden.

§ 31 Abs. 4 ErbStG enthält für die Abgabe der gemeinsamen Steuererklärung, im Gegensatz zu § 31 Abs. 1 ErbStG für die Abgabe der Einzelsteuererklärung, keine Fristbestimmung. Fordert das Finanzamt zur Abgabe einer Steuererklärung innerhalb einer bestimmten Frist auf, sind die Erben (und ggf. die weiteren Personen) nach § 31 Abs. 4 ErbStG lediglich berechtigt, anstelle der Einzelsteuererklärungen nach § 31 Abs. 1 ErbStG eine gemeinsame Steuererklärung abzugeben. Geben die Miterben und ggf. die weiteren Personen, die außer den Erben an dem Erbfall beteiligt sind, eine gemeinsame Steuererklärung ab, so kann das Finanzamt von ihnen keine Einzelsteuererklärungen verlangen. Geben sie keine gemeinsame Steuererklärung ab, so bleibt ihre Verpflichtung, innerhalb der vom Finanzamt nach Maßgabe des § 31 Abs. 1 ErbStG gesetzten Frist Einzelsteuererklärungen abzugeben, bestehen. Im Ergebnis muss also die gemeinsame Steuererklärung innerhalb der für die Abgabe der Einzelsteuererklärung gesetzten Frist abgegeben werden; anderenfalls kann sie die Abgabe von Einzelsteuererklärungen nicht ersetzen.

6 Prüfungsschema

Der steuerpflichtige Erwerb und darauf aufbauend die Erbschaftsteuer werden grundsätzlich nach dem folgenden Prüfungsschema in vier Schritten ermittelt.

1. **Bestimmung der Steuerpflicht und Steuerschuldnerschaft**
   - Sachliche Steuerpflicht (§ 1 Abs. 1 i. V. m. § 3–8 ErbStG): Erwerb von Todes wegen (§ 3 ErbStG) oder Schenkung unter Lebenden (§ 7 ErbStG)
   - Persönliche Steuerpflicht (§ 2 ErbStG): Unbeschränkte oder beschränkte Steuerpflicht
   - Entstehung der Steuer (§ 9 ErbStG)
   - Steuerschuldnerschaft (§ 20 ErbStG)
2. **Ermittlung des steuerpflichtigen Erwerbs**[240]
   - Bewertungsstichtag (§ 11 ErbStG)
   - Steuerklasse des Erwerbers (§ 15 Abs. 1 ErbStG)
   - Berechnung des steuerpflichtigen Erwerbs (§ 10 ErbStG)

     Steuerwert des übergegangenen Vermögens (hier erfolgt eine etwaige notwendige Bewertung nach § 12 ErbStG i. V. m. Vorschriften des Bewertungsgesetzes)

     ./. Abzug von sachlichen Steuerbefreiungen nach § 13, § 13a, § 13c, § 13d ErbStG

     = **Vermögensanfall nach Steuerwerten**

     ./. Abzug von (Nachlass-)Verbindlichkeiten (§ 10 Abs. 1 Satz 2 i. V. m. § 10 Abs. 3–9 ErbStG), mindestens Pauschbetrag für Erbfallkosten (einmalig bei Erwerben von Todes wegen)

     = **Bereicherung des Erwerbers**

     ./. Ggf. Abzug eines steuerfreien (fiktiven) Zugewinnausgleichs (§ 5 ErbStG)

     \+ Ggf. zuzüglich hinzuzurechnender Vorerwerbe (§ 14 ErbStG)

     ./. Abzug des persönlichen Freibetrags (§ 16 ErbStG)

     ./. Ggf. Abzug des besonderen Versorgungsfreibetrags (§ 17 ErbStG)

     = **Steuerpflichtiger Erwerb** (abzurunden auf volle 100 Euro, § 10 Abs. 1 S. 6 ErbStG)

---

[240] Vgl. R E 10.1 ErbStR.

3. Ermittlung der festzusetzenden Erbschaft-/ Schenkungsteuer

Tariflicher Erbschaftsteuersatz (§ 19 Abs. 1 ErbStG) ggf. unter Beachtung des Härteausgleichs (§ 19 Abs. 3 ErbStG)
./. Berücksichtigung abzugsfähiger Steuer aus Vorerwerben nach § 14 Abs. 1 ErbStG
./. Entlastungsbetrag nach § 19a ErbStG
= Zwischensumme
./. Ermäßigung der Steuer wegen mehrfachem Erwerb desselben Vermögens (§ 27 ErbStG)
./. Berücksichtigung anrechenbarer Steuer bei Nacherbschaft (§ 6 Abs. 3 ErbStG)
= Zwischensumme
./. Anrechnung ausländischer Erbschaft- und Schenkungsteuer (§ 21 ErbStG)
= **Festzusetzende Erbschaft-/Schenkungsteuer**

4. Maßnahmen im Erhebungsverfahren

- Stundung (§ 28 ErbStG)
- Steuererlass bei Verschonungsbedarfsprüfung (§ 28a ErbStG)
- Erlöschen der Steuer (§ 29 ErbStG)

7 Integrative Fallstudie zum Erbschaft- und Bewertungsrecht[241]

7.1 Sachverhalt

Der in Luxemburg wohnhafte Kurt Schwarz (45 Jahre) hat von seiner verwitweten, am 14.03.01 verstorbenen Mutter Klara, die bis zu ihrem Tod in Mannheim wohnhaft war, folgendes Vermögen geerbt:

1. Ein Aktiendepot, das am 14.03.01 einen Kurswert von 450.000 € aufweist.
2. Ein Festgeldkonto, dessen Nennwert am 14.03.01 60.000 € beträgt, sowie ein Girokonto mit einem Kontostand am Todestag von 25.000 €.
3. 20 % der Anteile an der VS-GmbH. Bei der VS-GmbH handelt es sich um eine Immobilienverwaltungsgesellschaft mit Sitz in Villingen-Schwenningen. Vor 3 Monaten wurden 10 % der Anteile an der GmbH für 675.000 € unter fremden Dritten verkauft. Der Substanzwert der VS-GmbH beläuft sich insgesamt (100 % der Anteile) auf 1.500.000 €.
4. 100 % der Anteile an der Schwarz-GmbH mit Sitz und Geschäftsleitung in Mannheim. Bei der Schwarz-GmbH handelt es sich um einen Automobilzulieferer.
   - Der im vereinfachten Ertragswertverfahren festgestellte gemeine Wert beträgt 10.000.000 €.
   - Der Substanzwert beläuft sich auf 3.000.000 €.
   - Im Betriebsvermögen befindet sich ein fremdvermietetes unbebautes Grundstück, dessen gemeiner Wert auf 1.000.000 € festgestellt wurde.
   - Zusätzlich hat die Schwarz-GmbH Forderungen aus Lieferungen und Leistungen sowie Bank- und Kassenbestände im Wert von insgesamt 1.750.000 €. Demgegenüber belaufen sich die Rückstellungen und Verbindlichkeiten insgesamt auf 1.500.000 €.
   - Die Schwarz-GmbH beschäftigt 30 Mitarbeiter, die in den letzten 3 Jahren im Durchschnitt 1.500.000 € Löhne und Gehälter p. a. erhalten haben.
5. Das von Klara bewohnte lastenfreie Einfamilienhaus in Mannheim mit einer Wohnfläche von 240 qm und einem auf den Todestag ge-

[241] In Anlehnung an Corsten/Stiller (2010), S. 223–231.

sondert festgestellten Steuerwert von 1.300.000 € (Sachwert), das Kurt nach erfolgter Renovierung ab 01.09.01 selbst bewohnt.

6. Im Einfamilienhaus befindet sich Hausrat mit einem auf den Todestag festgestellten Steuerwert von 40.000 € sowie eine Geige, deren Wert mit 5.000 € festgestellt wurde.
7. Ein zum Privatvermögen gehörendes Grundstück in Villingen-Schwenningen, auf dem sich ein Mehrfamilienhaus befindet. In dem Mehrfamilienhaus sind 10 Wohnungen und im Erdgeschoss eine Gewerbeeinheit, die an einen Blumenhändler vermietet ist (5 % der Gesamtfläche). Der auf den Todestag gesondert festgestellte Steuerwert beträgt 2.200.000 € (Ertragswert). Den Erwerb hat Klara Schwarz mit einem Kredit finanziert, der sich zum 14.03.01 auf 505.000 € beläuft.

Ermitteln Sie die Erbschaftsteuer für Kurt Schwarz. Üben Sie dabei mögliche (Antrags-)wahlrechte so aus, dass Kurt Schwarz die geringstmögliche Erbschaftsteuer zu entrichten hat.

7.2 Lösungshinweise

1. Bestimmung der Steuerpflicht und Steuerschuldnerschaft

Sachliche Steuerpflicht

Gem. § 1 Abs. 1 ErbStG unterliegen der Erbschaftsteuer

- Erwerbe von Todes wegen (Nr. 1),
- Schenkungen unter Lebenden (Nr. 2),
- Zweckzuwendungen (Nr. 3),
- Vermögen von Familienstiftungen und -vereinen (Nr. 4).

Das von seiner Mutter geerbte Vermögen stellt für Kurt Schwarz einen Erwerb von Todes wegen dar, konkret einen Erwerb durch Erbanfall (§ 3 Abs. 1 Nr. 1 ErbStG i. V. m. § 1922 BGB).

Persönliche Steuerpflicht

Der Erwerb von Todes wegen ist nur dann steuerbar, wenn die Vermögensübertragung von einem Inländer oder auf einen Inländer stattfindet. Als Inländer gilt jede natürliche Person, die im Inland einen Wohnsitz (i. S. v. § 8 AO) oder gewöhnlichen Aufenthalt (i. S. v. § 9 AO) hat. Der Erbschaftsteuer unterliegt dann der gesamte Vermögensanfall (unbeschränkte Steuerpflicht; § 2 Abs. 1 Nr. 1 ErbStG). Gilt weder der Erblasser noch der Erbe als Inländer, ist nur der in Inlandsvermögen bestehende Vermögensanfall der Erbschaftsteuer zu unterwerfen (beschränkte Steuerpflicht; § 2 Abs. 1 Nr. 3 ErbStG i. V. m. § 121 BewG). Da Klara Schwarz als Erblasserin die Inländereigenschaft am Todestag erfüllt, ist Kurt trotz fehlendem Wohnsitz in Deutschland unbeschränkt erbschaftsteuerpflichtig, sodass das gesamte geerbte Vermögen der deutschen Erbschaftsteuer unterliegt.

Entstehung der Steuer

Die Steuer entsteht bei Erwerben von Todes wegen mit dem Tode des Erblassers (§9 Abs. 1 Nr. 1 ErbStG), vorliegend am 14.03.01.

Steuerschuldnerschaft

Steuerschuldner ist der Erwerber (§20 Abs. 1 Satz 1 ErbStG) Kurt Schwarz.

2. Ermittlung des steuerpflichtigen Erwerbs

Steuerklasse

§15 ErbStG definiert drei Steuerklassen. Diese bestimmen sich nach dem persönlichen Verhältnis des Erben zum Erblasser. Zur Steuerklasse I gehören dabei Ehegatten, (Stief-)Kinder, Enkel und Eltern bei Erwerb von Todes wegen. Eltern, soweit sie nicht zur Steuerklasse I gehören, Geschwister, Neffen und Nichten, Stiefeltern, Schwiegerkinder, Schwiegereltern sowie geschiedene Ehegatten fallen in die Steuerklasse II. Alle übrigen Erwerber gehören der Steuerklasse III an.

Kurt Schwarz gehört folglich als Sohn der Steuerklasse I an.

Bewertungsstichtag

Bewertungsstichtag ist, soweit nichts anderes bestimmt ist, der Zeitpunkt der Entstehung der Steuer, demzufolge grundsätzlich der Übertragungszeitpunkt (§11 i. V. m. §9 ErbStG). Somit ist im hier vorliegenden Fall die Bewertung zum Todeszeitpunkt, konkret zum 14.03.01, vorzunehmen.

Steuerpflichtiger Erwerb

Als Bemessungsgrundlage definiert §10 Abs. 1 Satz 1 ErbStG den steuerpflichtigen Erwerb als die Bereicherung des Erwerbers, soweit diese nicht steuerfrei ist. Als Bereicherung gilt nach §10 Abs. 1 Satz 2 ErbStG der Betrag, der sich ergibt, wenn von dem nach §12 ErbStG zu ermittelnden Wert des gesamten Vermögensanfalls die abzugsfähigen Nachlassverbindlichkeiten mit ihrem ebenfalls nach §12 ErbStG zu ermittelnden Wert abgezogen werden.

Bewertung

§10 ErbStG verweist für Zwecke der Ermittlung des steuerpflichtigen Erwerbs auf §12 ErbStG. Gem. §12 Abs. 1 ErbStG richtet sich die Bewertung grundsätzlich nach den Vorschriften des Ersten Teils des Bewertungsgesetzes (§§1–16 BewG). Abweichende Regelungen finden sich in §12 Abs. 2 bis 7 ErbStG. Als Bewertungsgrundsatz definiert §9 Abs. 1 BewG den gemeinen Wert. Der gemeine Wert wird gem.

§ 9 Abs. 2 BewG durch den Preis bestimmt, der im gewöhnlichen Geschäftsverkehr nach der Beschaffenheit des Wirtschaftsgutes bei einer Veräußerung zu erzielen wäre. Bewertungsgegenstand bildet hierbei die wirtschaftliche Einheit, was dem Konzept der Gesamtbewertung entspricht (§ 2 BewG).

Anwendung auf den Sachverhalt

Aktiendepot

Börsennotierte Anteile sind gem. § 12 Abs. 1 ErbStG i. V. m. § 11 Abs. 1 BewG mit dem niedrigsten am Stichtag für sie im regulierten Markt notierten Kurs anzusetzen. Liegt am Bewertungsstichtag keine Notierung vor, so ist der letzte innerhalb von 30 Tagen vor dem Stichtag notierte Kurs maßgebend.

Im hier vorliegenden Fall wurde der Kurswert am 14.03.01 auf 450.000 € festgestellt, sodass dieser als gemeiner Wert zum Ansatz kommt.

Festgeldkonto und Girokonto

Das Festgeldkonto sowie Girokonto sind gem. § 12 Abs. 1 ErbStG i. V. m. § 12 Abs. 1 BewG mit dem Nennwert i. H. v. 60.000 € bzw. 25.000 € anzusetzen, da es sich um Kapitalforderungen handelt.

Anteile VS-GmbH

Anteile an nicht börsennotierten Kapitalgesellschaften sind gem. § 12 Abs. 2 ErbStG i. V. m. § 151 Abs. 1 Nr. 3 BewG i. V. m. § 11 Abs. 2 BewG mit dem gemeinen Wert anzusetzen. Vorrangig wird dieser aus Verkäufen unter fremden Dritten abgeleitet, die weniger als ein Jahr zurückliegen.

Als Wertuntergrenze definiert das Gesetz den Substanzwert, also jenen Wert, der sich aus der Summe der gemeinen Werte der zum Betriebsvermögen gehörenden Wirtschaftsgüter und sonstigen aktiven Ansätze abzüglich der zum Betriebsvermögen gehörenden Schulden und sonstigen Abzüge der Gesellschaft ergibt.

Obwohl der Liquidationswert im Gesetz nicht erwähnt wird, wird er in der Praxis häufig als Untergrenze anerkannt.[242] In der Gesetzesbegründung ist lediglich ein Hinweis zu finden, dass der Liquidationswert als besondere Ausprägung des Substanzwertes im Fall der Nichtfortführung des Unternehmens Anwendung findet.[243]

Vorliegend wurden im letzten Jahr 10 % der GmbH-Anteile unter fremden Dritten veräußert, sodass sich der gemeine Wert aus diesem ermitteln lässt. Es ergibt sich ein gemeiner Wert der GmbH-Anteile von 675.000 € × 2 = 1.350.000 €. Der Substanzwert als Mindestwert

242 Vgl. Piltz (2009), S. 17; Piltz (2008), S. 746–747; Mannek (2008), S. 423.
243 BT-Drs. 16/7918, S. 38.

kommt nicht zur Anwendung, da er betragsmäßig hinter dem Verkaufswert zurückbleibt (1.500.000 € Substanzwert Gesamtunternehmen < 6.750.000 € abgeleiteter Verkaufspreis Gesamtunternehmen).

Anteile Schwarz-GmbH

Wie bei den Anteilen an der VS-GmbH ausgeführt, erfolgt die Bewertung von nicht börsennotierten Anteilen an Kapitalgesellschaften nach § 12 Abs. 2 ErbStG i. V. m. § 151 Abs. 1 Nr. 3 BewG i. V. m. § 11 Abs. 2 BewG. Danach wird zunächst versucht den gemeinen Wert aus Verkäufen unter fremden Dritten abzuleiten, die weniger als ein Jahr zurückliegen. Ist dies nicht möglich, wird er unter Berücksichtigung der Ertragsaussichten oder einer anderen anerkannten, auch im gewöhnlichen Geschäftsverkehr für nichtsteuerliche Zwecke üblichen Methode, ermittelt. Dabei ist die Methode anzuwenden, die ein Erwerber der Bemessung des Kaufpreises zugrunde legen würde. § 11 Abs. 2 Satz 4 BewG verweist auf das vereinfachte Ertragswertverfahren (§§ 199 bis 203 BewG), sofern ein ertragswertorientiertes Verfahren branchentypisch anzuwenden ist (R B 199.1 Abs. 1 Satz 3 ErbStR) und es nicht zu offensichtlich unzutreffenden Ergebnissen führt. Der Substanzwert bildet aber den Mindestwert.

Vorliegend wurde der im vereinfachten Ertragswertverfahren ermittelte gemeine Wert auf 10.000.000 € festgestellt. Dieser greift vorliegend, da er betragsmäßig über dem Substanzwert von 3.000.000 € liegt.

Einfamilienhaus

Grundbesitzwerte sind gem. § 12 Abs. 3 ErbStG i. V. m. § 151 Abs. 1 Satz 1 Nr. 1 BewG unter Anwendung des § 157 BewG festzustellen. Zum Grundbesitz gehören gem. § 176 Abs. 1 BewG der Grund und Boden, die Gebäude, die sonstigen Bestandteile und das Zubehör sowie das Erbbaurecht, Wohnungseigentum, Teileigentum, Wohnungserbbaurecht und Teilerbbaurecht. Es wird folglich grob in unbebaute und bebaute Grundstücke sowie Sonderfälle unterschieden.

Im vorliegenden Sachverhalt handelt es sich um ein bebautes Grundstück. Der Begriff bebautes Grundstück ist in § 180 BewG geregelt. Hierunter werden Grundstücke, auf denen sich benutzbare Gebäude befinden, verstanden. § 181 BewG unterscheidet bei der Bewertung bebauter Grundstücke folgende Grundstücksarten:

- Ein- und Zweifamilienhäuser,
- Mietwohngrundstücke,
- Wohnungs- und Teileigentum,
- Geschäftsgrundstücke,
- gemischt genutzte Grundstücke und
- sonstige bebaute Grundstücke.

§ 182 BewG definiert dann in Abhängigkeit von der zugrundeliegenden Grundstücksart, welches Bewertungsverfahren zur Ermittlung des gemeinen Werts zur Anwendung kommt.

So sind im Vergleichswertverfahren grundsätzlich Wohnungs- und Teileigentum sowie Ein- und Zweifamilienhäuser zu bewerten.

Das Ertragswertverfahren kommt bei Mietwohn- und Geschäftsgrundstücken sowie gemischt genutzten Grundstücken, für die sich eine übliche Miete ermitteln lässt, zur Anwendung.

Grundstücke, für die kein Vergleichswert vorliegt, Geschäfts- sowie gemischt genutzten Grundstücke, für die sich keine übliche Miete ermitteln lässt, sowie sonstige bebaute Grundstücke sind im Sachwertverfahren zu bewerten.

Laut Sachverhalt handelt es sich um ein Einfamilienhaus. Zur Ermittlung des gemeinen Werts kommt gem. § 182 Abs. 2 Nr. 3 BewG das Vergleichswertverfahren zur Anwendung. Da kein Vergleichswert vorliegt, greift das Sachwertverfahren gem. § 182 Abs. 3 Nr. 1 BewG, sodass vorliegend der gemeine Wert 1.300.000 € beträgt.

Hausrat und Geige

Der Hausrat sowie die Geige sind gem. § 12 Abs. 1 ErbStG i. V. m. § 9 Abs. 1 BewG mit dem auf den Todestag festgestellten gemeinen Wert anzusetzen, vorliegend 40.000 € sowie 5.000 €.

Mehrfamilienhaus

Wie zum Einfamilienhaus bereits ausgeführt, unterscheidet § 181 BewG bei der Bewertung bebauter Grundstücke sechs Grundstücksarten.

Bei dem im Sachverhalt vererbten Mehrfamilienhaus könnte es sich folglich um ein Mietwohngrundstück oder ein gemischt genutztes Grundstück handeln. § 180 Abs. 3 BewG definiert Mietwohngrundstücke als Grundstücke, die zu mehr als 80 %, berechnet nach der Wohn- und Nutzfläche, Wohnzwecken dienen und nicht Ein- und Zweifamilienhäuser oder Wohneigentum sind. Dagegen sind gemischt genutzte Grundstücke nach § 180 Abs. 7 BewG solche Grundstücke, die teils eigenen oder fremden betrieblichen oder öffentlichen Zwecken dienen und nicht Ein- und Zweifamilienhäuser, Mietwohngrundstücke, Wohnungseigentum, Teileigentum oder Geschäftsgrundstücke sind. Das hier vererbte Mehrfamilienhaus umfasst 10 Wohnungen und eine kleine Gewerbeeinheit. Letztere nimmt 5 % der Gesamtfläche ein. Somit handelt es sich um ein Mietwohngrundstück, da die Wohnfläche der 10 vermieteten Wohnungen 95 % einnimmt.

§ 182 Abs. 3 Nr. 1 BewG legt fest, dass der Wert von Mietwohngrundstücken mit Hilfe des Ertragswertverfahrens (§§ 184 bis 188 BewG) zu ermitteln ist. Vorliegend ergibt sich ein gemeiner Wert von 2.200.000 €.

Nachlassverbindlichkeiten

Zum Todestag bestand eine Darlehensverbindlichkeit, die der Finanzierung des Mehrfamilienhauses diente, und deren auf den Todestag festgestellter Nennwert i. S. v. § 12 Abs. 1 ErbStG i. V. m. § 12 Abs. 1 BewG 505.000 € beträgt.

Sachliche Steuerbefreiungen

Steuerbefreiung nach § 13 ErbStG

Für Erwerber der Steuerklasse I gewährt § 13 Abs. 1 Nr. 1 Buchst. a ErbStG einen Freibetrag von 41.000 € für den Erwerb von Hausrat einschließlich Wäsche und Kleidungsstücke.

Zum Hausrat zählen alle Gegenstände, die dem häuslichen Zusammenleben der Familie sowie der Wohnung dienen. Das umfasst die gesamte Wohnungseinrichtung, d. h. Möbel, Küchengeräte, Fernseher etc. Ebenso rechnen persönliche Gegenstände wie Bücher, Geschirr etc. dazu. Nicht vom Freibetrag erfasst sind sonstige Gegenstände, die auch außerhalb des Haushalts benutzt werden können (z. B. Sportgeräte, Videokameras, Musikinstrumente, Schmuck o. ä.).[244]

Für diese anderen beweglichen körperlichen Gegenstände sieht § 13 Abs. 1 Nr. 1 Buchst. b ErbStG einen gesonderten Freibetrag i. H. v. 12.000 € vor.

§ 13 Abs. 1 Nr. 4a-4c ErbStG enthält besondere Befreiungsvorschriften für die sog. Familienheime. Danach wird im Inland bzw. der EU/EWR belegener Grundbesitz steuerfrei gestellt, wenn darin eine Wohnung zu eigenen Wohnzwecken genutzt wird. Das gilt für jedes bebaute Grundstück i. S. d. § 181 Abs. 1 Nr. 1–5 BewG. Es muss sich dabei um den Mittelpunkt des familiären Lebens handeln. Eine Steuerbefreiung ist ausgeschlossen, soweit keine eigenen Wohnzwecke vorliegen, d. h., auch bei gemischt genutzten Grundstücken ist der eigenen Wohnzwecken dienende Teil steuerbefreit. Die Aufteilung der Immobilie erfolgt nach den Wohn-/Nutzflächen (R E 13.3. Abs. 2 Satz 10 bzw. Satz 14 ErbStR).

Die Steuerbefreiung gilt bei Ehegatten für Zuwendungen unter Lebenden (§ 13 Abs. 1 Nr. 4a ErbStG) und für Erwerbe von Todes wegen (§ 13 Abs. 1 Nr. 4b ErbStG).

Bei Kindern (und verwaisten Enkeln) ist der Erwerb eines Familienheims von Todes wegen steuerbefreit, soweit die Wohnfläche 200 qm nicht übersteigt (§ 13 Abs. 1 Nr. 4c ErbStG). Die Steuerbefreiung wirkt ähnlich einem Freibetrag, sodass bei Gebäuden mit einer größeren

---

244 Vgl. Jülicher/Gottschalk, Rn. 8 zu § 13 ErbStG der auch privat genutzte Pkw vom Freibetrag für Hausrat erfasst sieht. Diese Auffassung ist jedoch strittig; a. A. bspw. Kien-Hümbert, Rn. 9 zu § 13 ErbStG; Kobor, (2023) Rn. 7 zu § 13.

Wohnfläche der übersteigende anteilige Wert des Grundbesitzes besteuert wird.

Bei den todesbedingten Erwerbstatbeständen (§ 13 Abs. 1 Nr. 4b, 4c ErbStG) wird die Steuerbefreiung nur gewährt, wenn der Erblasser auf dem bebauten Grundstück eine Wohnung zu eigenen Wohnzwecken genutzt hat oder daran aus objektiv „zwingenden Gründen" gehindert war. Zwingende Hinderungsgründe sind z. B. ein (unfreiwilliger) Aufenthalt in einem Krankenhaus oder Pflegeheim vor dem Tod des Erblassers (R E 13.4 Abs. 2 Sätze 2, 3 ErbStR).

Zudem ist Voraussetzung, dass der Erwerber bei Erwerben von Todes wegen das Familienheim unverzüglich selbst nutzt. Die unverzügliche Selbstnutzung ist nur verwirklicht, wenn der Erwerber die Wohnung als Hauptwohnsitz nutzt[245] und i. d. R. innerhalb von sechs Monaten (Karenzzeit) einzieht. Verzögert sich der Einzug, muss glaubhaft dargelegt werden, welche Gründe den Erwerber am Einzug hinderten und dass er diese nicht zu vertreten hat.[246] Bei der Übertragung an Kinder, die, anders als i. d. R. Ehegatten, bis zu dessen Tod nicht in einem Haushalt mit dem Erblasser leben, können in diesem Zusammenhang Verzögerungen bei Renovierungsmaßnahmen zu einer Versagung der Steuerbegünstigung führen, da die Rechtsprechung hier äußerst streng ist.[247]

Verletzt der Erwerber (Ehegatte oder Kind) innerhalb von zehn Jahren nach dem Erbfall die Begünstigungsvoraussetzungen, indem er die Selbstnutzung aufgibt, entfällt die Steuerbefreiung mit Wirkung für die Vergangenheit (§ 13 Abs. 1 Nr. 4b bzw. 4c Satz 5 ErbStG). Es kommt zu einer vollständigen Nachversteuerung. Eine Ausnahme von der Nachversteuerung gilt ebenfalls, wenn zwingende Gründe für die Aufgabe der Selbstnutzung bestehen. Im Falle der Schenkung des Familienheims an den Ehegatten (§ 13 Abs. 1 Nr. 4a ErbStG) gibt es keine Nachversteuerungsregelung, d. h., auch bei einer Aufgabe der Selbstnutzung im Zehnjahreszeitraum bleibt die Steuerbefreiung erhalten.

Anwendung auf den Sachverhalt

Hausrat und Geige

Der Hausrat im Wert von 40.000 € ist insgesamt gem. § 13 Abs. 1 Nr. 1 Buchst. a ErbStG steuerfrei, da Kurt als Sohn der Steuerklasse I angehört und somit der erbschaftsteuerliche Freibetrag von 41.000 € greift.

Dagegen gehört die Geige im Wert von 5.000 € zu den anderen beweglichen körperlichen Gegenständen, für die nach § 13 Abs. 1 Nr. 1

---

[245] Vgl. FG Hessen vom 20.07.2015, 1 K 392/15, ErbStB 2016, S. 1.

[246] Vgl. z. B. BFH vom 28.05.2019, II R 37/16, BStBl. II 2019, S. 678 und H E 13.4 „Unverzügliche Selbstnutzung" ErbStH.

[247] Vgl. z. B. FG Nürnberg vom 04.04.218, 4 K 476/16, ErbStB 2018, S. 233.

Buchst. b ErbStG ein Freibetrag von 12.000 € greift, da Kurt als Sohn der Steuerklasse I angehört. Folglich ergibt sich ein Wertansatz von 0 €.

Einfamilienhaus

Der Erwerb des im Inland belegenen Einfamilienhauses ist dem Grunde nach steuerfrei (§ 13 Abs. 1 Nr. 4c ErbStG), weil es von Klara Schwarz zu eigenen Wohnzwecken genutzt worden und unverzüglich von Kurt Schwarz zur Selbstnutzung zu eigenen Wohnzwecken bestimmt ist. Laut BFH-Rechtsprechung[248] liegt eine unverzügliche Selbstnutzung i. d. R. dann vor, wenn ein Einzug innerhalb von 6 Monaten erfolgt. Kurt zieht innerhalb von 6 Monaten ein, sodass der Erwerb des Einfamilienhauses als sog. Familienheim dem Grunde nach steuerfrei ist (§ 13 Abs. 1 Nr. 4c ErbStG).

Die Steuerbefreiung ist für das Einfamilienhaus aber nicht in vollem Umfang zu gewähren, da die Wohnfläche 200 qm übersteigt (§ 13 Abs. 1 Nr. 4c Satz 1 ErbStG). Es erfolgt eine anteilige Berechnung der Steuerbefreiung.

Ermittlung des Umfangs der Steuerbefreiung und des übrigen steuerpflichtigen Grundbesitzwerts:

	Grundbesitz	1.300.000 €
./.	Steuerbefreiung (§ 13 Abs. 1 Nr. 4c ErbStG) (1.300.000 € × 200 qm/240 qm)	1.083.333 €
=	verbleibender Wertansatz	216.667 €

Nutzt Kurt Schwarz innerhalb von zehn Jahren nach Erwerb das Familienheim nicht mehr zu eigenen Wohnzwecken, fällt die Steuerbefreiung mit Wirkung für die Vergangenheit weg (rückwirkendes Ereignis).

Steuerbefreiung nach § 13a i. V. m. § 13b ErbStG

Der Gesetzgeber sieht in dem Vermögen i. S. d. § 13b ErbStG die Basis für Wertschöpfung, Beschäftigung und Arbeitsplatzsicherung, sodass es eine differenzierte Behandlung erfordert.[249] Zu dem begünstigungsfähigen Vermögen (§ 13b Abs. 1 ErbStG) gehört danach:

- inländisches und im EU-/EWR Ausland belegenes land- und forstwirtschaftliches Vermögen (Nr. 1),
- Betriebsvermögen (Nr. 2) und
- Anteile an Kapitalgesellschaften mit einer unmittelbaren Beteiligung des Erblassers von mehr als 25 % (Nr. 3).

Nach der Feststellung der grundsätzlichen Begünstigungsfähigkeit ist die Identifikation des sog. Verwaltungsvermögens erforderlich, da dieses (teilweise) aus der tatsächlichen steuerlichen Begünstigung

---

[248] Vgl. BFH vom 23.6.2015, II R 39/13, BStBl. II 2016, S. 225; BFH vom 28.05.2019, II R 37/16, BStBl. II 2019, S. 678.

[249] Vgl. BT-Drs. 16/7918, S. 33.

ausscheidet, denn nach Ansicht des Gesetzgebers dient es nicht dem Gemeinwohl.

Grundsätzlich erfolgt also eine Aufteilung des begünstigungsfähigen Vermögens in das begünstigte Vermögen und das nicht begünstigte Vermögen (Verwaltungsvermögen). Voraussetzung hierfür ist, dass der Wert des dem Grunde nach begünstigungsfähigen Vermögens nicht zu mehr als 90 % aus Verwaltungsvermögen besteht. Beträgt der Anteil mehr als 90 %, ist eine Begünstigung vollständig ausgeschlossen (§ 13b Abs. 2 Satz 1 ErbStG).

Das Verwaltungsvermögen umfasst grundsätzlich Dritten zur Nutzung überlassene Grundstücke, Anteile an Kapitalgesellschaften, wenn die unmittelbare Beteiligung am Nennkapital dieser Gesellschaften 25 % unterschreitet, Kunst- und Luxusgegenstände, Wertpapiere und vergleichbare Forderungen sowie Finanzmittel (§ 13b Abs. 4 ErbStG).

Im Rahmen der Ermittlung des Verwaltungsvermögens ist der Finanzmitteltest durchzuführen (§ 13b Abs. 4 Nr. 5 ErbStG). Danach gelten nur solche Finanzmittel als Verwaltungsvermögen, deren gemeiner Wert nach Abzug des gemeinen Werts der Schulden 15 % des anzusetzenden Werts des Betriebsvermögens übersteigt.

Der Gesetzgeber hat dabei aber erkannt, dass jedes Unternehmen zur Durchführung des operativen Geschäfts einen gewissen Bestand an Verwaltungsvermögen benötigt. Daher definiert § 13b Abs. 7 Satz 1 ErbStG 10 % des um den Nettowert des Verwaltungsvermögens gekürzten gemeinen Wert des Betriebsvermögens als unschädliches Verwaltungsvermögen, sodass dieses wie begünstigtes Vermögen behandelt wird.

Die folgenden Schritte zeigen nochmals die Ermittlung der Höhe des begünstigten Vermögens auf (R E 13b.9 ErbStR):

I. 90 %-Test (Prüfung nach 13b Abs. 2 Satz 2 ErbStG)

festgestellter Wert des Verwaltungsvermögens (einschließlich junges Verwaltungsvermögen) § 13b Abs. 4 Nr. 1 bis 4 ErbStG
\+ festgestellter Wert der Finanzmittel (einschließlich junger Finanzmittel) § 13b Abs. 4 Nr. 5 ErbStG (vor Schuldenverrechnung und vor Anwendung des 15 %igen Sockelbetrags)

= Verwaltungsvermögen für den 90 %-Test

$$\text{Verwaltungsvermögensquote} = \frac{\text{Verwaltungsvermögen für den 90 \%-Test}}{\text{festgestellter Wert des (Anteils) Betriebsvermögens}}$$

≥ 90 %, dann insgesamt kein begünstigtes Vermögen

II. Berechnung des begünstigten Vermögens

II.1 Finanzmitteltest i. S. d. § 13b Abs. 4 Nr. 5 ErbStG

festgestellter Wert der Finanzmittel
./. festgestellter Wert der jungen Finanzmittel nach § 13b Abs. 4 Nr. 5 Satz 2 ErbStG; höchstens festgestellter Wert der Finanzmittel

---

= Saldo
./. festgestellter Wert der Schulden

= Saldo
./. Sockelbetrag 15 % des festgestellten Werts des (Anteils) Betriebsvermögens (vorbehaltlich Hauptzweck gemäß § 13b Abs. 4 Nr. 5 Satz 4 ErbStG)

= verbleibender Wert der Finanzmittel, mindestens 0 € (§ 13b Abs. 4 Nr. 5 Satz 1 ErbStG)

II.2 Berechnung der verbleibenden Schulden

festgestellter Wert der Schulden
./. Wert der Schulden, die im Rahmen des Finanzmitteltests verrechnet wurden

---

= verbleibende Schulden

II.3 Nettowert des Verwaltungsvermögens

II.3.1 Saldo Verwaltungsvermögen

festgestellter Wert des Verwaltungsvermögens (§ 13b Abs. 4 Nr. 1 bis 4 ErbStG)
./. festgestellter Wert des jungen Verwaltungsvermögens
\+ verbleibender Wert der Finanzmittel II.1 (§ 13b Abs. 4 Nr. 5 Satz 1 ErbStG)

= Saldo Verwaltungsvermögen

II.3.2 Berechnung der anteilig verbleibenden Schulden

$$\frac{\text{verbleibende Schulden II.2} \times \text{Saldo Verwaltungsvermögen II.3.1}}{\text{festgestellter Wert des (Anteils) Betriebsvermögens} + \text{verbleibende Schulden II.2}}$$

= anteilig verbleibende Schulden

II.3.3 Berechnung des Nettowertes des Verwaltungsvermögens

Saldo Verwaltungsvermögen II.3.1
./. anteilig verbleibende Schulden II.3.2

= Nettowert des Verwaltungsvermögens

II.4 Steuerpflichtiger Wert des Verwaltungsvermögens

II.4.1 Berechnung der Bemessungsgrundlage des unschädlichen Verwaltungsvermögens (§13b Abs.7 ErbStG)

festgestellter Wert des (Anteils) Betriebsvermögens
./. Nettowert des Verwaltungsvermögens II.3.3
./. festgestellter Wert des jungen Verwaltungsvermögens
./. festgestellter Wert der jungen Finanzmittel

= Bemessungsgrundlage für das unschädliche Verwaltungsvermögen

II.4.2 Gekürzter Nettowert des Verwaltungsvermögens

Nettowert des Verwaltungsvermögens II.3.3
./. 10% × Bemessungsgrundlage für das unschädliche Verwaltungsvermögen II.4.1

= gekürzter Nettowert des Verwaltungsvermögens

II.4.3 Berechnung des steuerpflichtigen Werts des Verwaltungsvermögens

gekürzter Nettowert des Verwaltungsvermögens II.4.2
+ festgestellter Wert des jungen Verwaltungsvermögens
+ festgestellter Wert der jungen Finanzmittel

= steuerpflichtiger Wert des Verwaltungsvermögens (nicht begünstigtes Vermögen)

II.5 Begünstigtes Vermögen (§13b Abs.2 Satz 1 ErbStG)

festgestellter Wert des (Anteils) Betriebsvermögens
./. steuerpflichtiger Wert des Verwaltungsvermögens II.4.3

= begünstigtes Vermögen

Für das begünstigte Vermögen gewährt §13a Abs.1 i.V.m. §13b Abs.2 ErbStG von Amts wegen einen pauschalen Verschonungsabschlag von 85% (Regelverschonung), sofern der Erwerb begünstigten Vermögens zuzüglich Erwerbe begünstigten Vermögens von derselben Person innerhalb von zehn Jahren insgesamt nicht 26.000.000 € übersteigen. Zusätzlich gewährt §13a Abs.2 ErbStG für den Teil des begünstigten Vermögens, für den der Verschonungsabschlag nicht greift (also 15%), einen Abzugsbetrag i.H.v. 150.000 €. Zu beachten ist jedoch, dass sich dieser um die Hälfte des 150.000 € übersteigenden Betrages verringert. Somit beträgt der Abzugsbetrag Null, sofern der Teil des Betriebsvermögens, auf den der Verschonungsabschlag nicht angewendet wird, einen gemeinen Wert von 450.000 € oder mehr aufweist. Kommt die Regelverschonung zur Anwendung, bleibt das begünstigte Vermögen somit vollständig außer Ansatz, soweit sein Wert 1.000.000 € nicht überschreitet. Erreicht der Wert einen Betrag von mindestens 3.000.000 €, werden 85% des begünstigten Vermögens steuerfrei gestellt.

Alternativ kann der Steuerpflichtige unwiderruflich erklären, dass der Verschonungsabschlag in Höhe von 100 % nach § 13a Abs. 10 ErbStG angewendet werden soll (Optionsverschonung). Voraussetzung hierfür ist aber, dass die Verwaltungsvermögensquote nicht mehr als 20 % beträgt (§ 13a Abs. 10 Satz 2 ErbStG).

Beiden Verschonungsmodellen ist gemein, dass sie an die Unternehmensfortführung anknüpfen. Konkret nennt das Erbschaftsteuergesetz hierfür als Kriterien die Lohnsumme (§ 13a Abs. 1 und 3 ErbStG) und die Behaltensfrist (§ 13a Abs. 1 und 5 ErbStG). Im Fall der Regelverschonung darf die maßgebende jährliche Lohnsumme in den folgenden fünf Jahren nach der Übertragung insgesamt 400 % der Ausgangslohnsumme nicht unterschreiten (Mindestlohnsumme). Ausgangslohnsumme ist dabei die durchschnittliche Lohnsumme der letzten fünf vor dem Zeitpunkt der Entstehung der Steuer endenden Wirtschaftsjahre. Macht der Steuerpflichtige von der Option des § 13a Abs. 10 ErbStG Gebrauch, muss die kumulierte Lohnsumme am Ende des siebten Jahres sogar 700 % betragen. Wird die Mindestlohnsumme am Ende der jeweiligen Behaltensfrist von fünf bzw. sieben Jahren nicht erreicht, tritt eine rückwirkende anteilige Nachversteuerung ein. Der gewährte Verschonungsabschlag wird entsprechend dem Verhältnis von erreichter Lohnsumme zur Mindestlohnsumme gekürzt, sodass die Erbschaftsteuer auf dieser Basis neu berechnet und festgesetzt wird. Ausnahmen von dieser Regelung greifen, wenn die Ausgangslohnsumme Null beträgt oder das Unternehmen weniger als 16 Beschäftigte hat. Zudem darf der Erwerber das Unternehmen über einen Zeitraum von fünf Jahren (Regelverschonung) bzw. sieben Jahren (Optionsverschonung) nach dem Erwerb nicht veräußern oder einstellen, da es ansonsten ebenfalls zu einer anteiligen Kürzung des Verschonungsabschlags kommt.

Anwendung auf den Sachverhalt

Aktiendepot und Anteile an VS-GmbH

Das Aktiendepot (börsennotierte Anteile) sowie die Anteile an der VS-GmbH fallen nicht unter das begünstigungsfähige Vermögen nach § 13b Abs. 1 Nr. 3 ErbStG, da die Beteiligungen jeweils weniger als 25 % betragen. Somit sind sie vollständig bei der Ermittlung des steuerpflichtigen Erwerbs zu berücksichtigen.

Festgeld und Girokonto

Für Kapitalforderungen sieht das Erbschaftsteuergesetz keine sachliche Steuerbefreiung vor.

Anteile an Schwarz-GmbH

Der übertragene 100 %-Anteil an der Schwarz-GmbH stellt begünstigungsfähiges Vermögen i. S. d. § 13b Abs. 1 Nr. 3 ErbStG dar, da die

GmbH ihren Sitz und ihre Geschäftsleitung im Inland hat und Klara Schwarz unmittelbar zu mehr als 25% beteiligt war (Mindestbeteiligung).

Begünstigungsfähiges Vermögen ist begünstigt, soweit sein gemeiner Wert den um das unschädliche Verwaltungsvermögen gekürzten Nettowert des Verwaltungsvermögens übersteigt (§13b Abs. 2 Satz 1 ErbStG).

Um festzustellen zu können, welcher Teil des begünstigungsfähigen Vermögens auch begünstigt ist, muss also in einem nächsten Schritt das sog. Verwaltungsvermögen identifiziert werden.

Vorliegend sind im Anteil an der Schwarz-GmbH Gegenstände, die als Verwaltungsvermögen qualifizieren, enthalten. Das Verwaltungsvermögen ist mit seinen gemeinen Werten anzusetzen:

- Fremdvermietetes Grundstück gem. §13b Abs. 4 Nr. 1 ErbStG: 1.000.000 €
- Forderungen aus Lieferungen und Leistungen sowie Bank- und Kassenbestand (Finanzmittel) gem. §13b Abs. 4 Nr. 5 ErbStG: 1.750.000 €

=> Verwaltungsvermögen insgesamt 2.750.000 €

Nun ist der sog. „90%-Test“ (oder auch „Einstiegstest“) zu prüfen:

Nach §13b Abs. 2 Satz 2 ErbStG ist der Wert des begünstigungsfähigen Vermögens nämlich vollständig nicht begünstigt, wenn das (Brutto-) Verwaltungsvermögen vor Schuldenverrechnung und Ausscheidung von unschädlichem Verwaltungsvermögen mindestens 90% des gemeinen Werts des begünstigungsfähigen Vermögens beträgt (= vollständiger Begünstigungsausschluss).

Es ergibt sich:

Verwaltungsvermögen im Verhältnis zum begünstigungsfähigen Vermögen:

$$\frac{2.750.000}{10.000.000} = 27{,}5\ \% < 90\ \%$$

Der Einstiegstest ist damit bestanden.

Zur Berechnung des begünstigten Vermögens muss zunächst der Nettowert des Verwaltungsvermögens ermittelt werden. Hierfür ist der Finanzmitteltest zu prüfen:

Festgestellter Wert des GmbH-Anteils	10.000.000 €
Festgestellter Wert der Finanzmittel	1.750.000 €
Festgestellter Wert der Schulden	1.500.000 €
Finanzmitteltest:	
Finanzmittel vor Schuldenabzug	1.750.000 €

nach Schuldenabzug (1.750.000 € ./. 1.500.000 €)	250.000 €
abzüglich 15 % Sockelbetrag (15 % von 10.000.000 € = 1.500.000 €) 250.000 € ./. 1.500.000 € (mindestens 0 €)	0 €
= Finanzmittel nach § 13b Abs. 4 Nr. 5 ErbStG	
Damit Saldo Verwaltungsvermögen nach Finanzmitteltest = Nettowert des Verwaltungsvermögens	1.000.000 €
(entspricht Wert des fremdvermieteten Grundstücks, d. h. des Verwaltungsvermögens i. S. d. § 13b Abs. 4 Nr. 1 ErbStG)	

Somit ergibt sich in einem Zwischenschritt, dass der gemeine Wert der Schwarz-GmbH i. H. v. 10.000.000 € zu 1.000.000 € aus Verwaltungsvermögen besteht, welches vom Grundsatz nicht begünstigt ist.

Nun sieht aber § 13b Abs. 7 ErbStG einen Teil des Verwaltungsvermögens als unschädlich an, sodass es für diesen Teil zu einer Umgruppierung des Verwaltungsvermögens zu begünstigtem Vermögen kommt. Konkret heißt dies: In Höhe von 10 % des um den Nettowert des Verwaltungsvermögens gekürzten gemeinen Werts des Betriebsvermögens wird das Verwaltungsvermögen wie begünstigtes Vermögen behandelt (sog. unschädliches Verwaltungsvermögen).

Es ergibt sich:

Wert begünstigungsfähiges Vermögen	10.000.000 €
./. Nettowert Verwaltungsvermögen	1.000.000 €
= Bemessungsgrundlage für unschädliches Verwaltungsvermögen	9.000.000 €
davon 10 %	900.000 €
= unschädliches (und damit begünstigtes) Verwaltungsvermögen (§ 13b Abs. 7 ErbStG)	

Insgesamt ergibt sich damit für das begünstigte Vermögen:

Festgestellter Wert des begünstigungsfähigen Betriebsvermögens i. S. v. § 13b Abs. 1 Nr. 3 ErbStG	10.000.000 €
./. Nettowert Verwaltungsvermögen	1.000.000 €
+ Unschädliches Verwaltungsvermögen	900.000 €
= Begünstigtes Vermögen (§ 13b Abs. 2 ErbStG)	9.900.000 €
Schädliches (steuerpflichtiges) Verwaltungsvermögen (= nicht begünstigtes Vermögen)	100.000 €

Von Amts wegen wird auf das begünstigte Vermögen i. S. d. § 13b Abs. 2 ErbStG ein Regelverschonungsabschlag von 85 % gewährt (§ 13a Abs. 1 ErbStG), sofern bestimmte Voraussetzungen erfüllt sind.

Voraussetzungen:

- Erwerb begünstigten Vermögens zuzüglich Erwerbe begünstigten Vermögens von derselben Person innerhalb von zehn Jahren übersteigen insgesamt nicht 26.000.000 €; vorliegend erfüllt, da begünstigtes Vermögen 9.900.000 € beträgt.
- Erreichung einer Mindestlohnsumme von 400 % innerhalb von fünf Jahren nach dem Erwerb (§ 13a Abs. 3 ErbStG), da die Schwarz-GmbH 30 Mitarbeiter beschäftigt. Prüfung erfolgt nach Ablauf der fünf Jahre; hier müssten mindestens 6.000.000 € gezahlt worden sein.
- Behaltensfrist: Fünf Jahre (§ 13a Abs. 6 ErbStG). Prüfung erfolgt spätestens nach Ablauf der Fünf-Jahresfrist (Fortführungspflicht der GmbH).

Das nach Abzug des Verschonungsabschlags verbleibende begünstigte Vermögen (15 %) bleibt außer Ansatz, wenn es maximal 150.000 € beträgt (Abzugsbetrag). Der Abzugsbetrag verringert sich, soweit der Wert des begünstigten Vermögens insgesamt die Wertgrenze von 150.000 € übersteigt, um 50 % des die Wertgrenze übersteigenden Betrags (§ 13a Abs. 2 ErbStG) und ist damit bei einem verbleibenden Wert begünstigten Vermögens von 450.000 € vollständig abgeschmolzen.

Vorliegend ergibt sich bei Anwendung der Regelverschonung:

	Begünstigtes Vermögen (§ 13b Abs. 2 ErbStG)	9.900.000 €
./.	Verschonungsabschlag (85 %) (§ 13a Abs. 1 Satz 1 ErbStG)	8.415.000 €
=	verbleibender Betrag (15 %)	1.485.000 €
./.	Abzugsbetrag (§ 13a Abs. 2 ErbStG) (vollständig abgeschmolzen ab einem Wert von 450.000 € des verbleibenden 15 % Anteil)	0 €
+	nicht begünstigtes Vermögen	100.000 €
=	steuerpflichtig	1.585.000 €

Auf Antrag wird anstelle des Abschlags von 85 % ein Optionsverschonungsabschlag von 100 % abgezogen, wenn strengere Voraussetzungen erfüllt werden (§ 13a Abs. 10 ErbStG):

- Lohnsummenfrist 7 Jahre und maßgebende Lohnsumme 700 %
- Behaltensfrist 7 Jahre
- Verwaltungsvermögensquote </= 20 %

Bei der 20 %-Grenze für die Optionsverschonung ist das Verwaltungsvermögen ohne die quotale Schuldenverrechnung nach § 13b Abs. 6 ErbStG und das unschädliche Verwaltungsvermögen nach § 13b Abs. 7 ErbStG anzusetzen (R E 13a.21 Abs. 3 Satz 2 ErbStR). Anders als beim sog. Einstiegstest nach § 13b Abs. 2 Satz 2 ErbStG ist bei der Ermittlung der Verwaltungsvermögensquote für die Optionsverschonung eine

Verrechnung von Finanzmitteln mit Schulden und der Abzug des Sockelbetrags von 15 % bei den Finanzmitteln möglich (H E 13a.21 „Ermittlung der Verwaltungsvermögensquote" ErbStH). Somit ergibt sich im vorliegenden Fall eine Verwaltungsvermögensquote von 10 % (= 1.000.000 € / 10.000.000 €), sodass die Optionsverschonung anwendbar ist.

Bei Anwendung der Optionsverschonung ergibt sich:

Begünstigtes Vermögen (§ 13b Abs. 2 ErbStG)	9.900.000 €
./. Verschonungsabschlag (100 %) (§ 13a Abs. 10 Satz 1 Nr. 1 ErbStG)	9.900.000 €
= verbleibender Betrag (0 %)	0 €
+ nicht begünstigtes Vermögen	100.000 €
= steuerpflichtig	100.000 €

Im Ergebnis stellt Kurt Schwarz den Antrag auf Optionsverschonung, da er plant, die strengeren Voraussetzungen im Hinblick auf die Mindestlohnsumme und die Behaltensfrist einzuhalten und er sich hiermit steuerlich besserstellt (steuerpflichtig nur 100.000 € statt 1.585.000 €).

Steuerbefreiung nach § 13d ErbStG

§ 13d Abs. 1 und 3 ErbStG gewährt für bebaute, zu Wohnzwecken vermietete inländische bzw. in der EU/EWR belegene Grundstücke einen Bewertungsabschlag von 10 %, d. h., diese werden nur mit 90 % ihres gemeinen Werts angesetzt.

Anwendung auf den Sachverhalt

Mehrfamilienhaus

Für das Mietwohngrundstück liegt die Steuerbefreiung nach § 13d ErbStG vor, da es sich um ein bebautes zu Wohnzwecken vermietetes Grundstück handelt, das im Inland, hier Villingen-Schwenningen, belegen ist. Es ist daher vom Grundsatz her lediglich mit 90 % des gemeinen Werts anzusetzen. Allerdings ist hierbei zu berücksichtigen, dass dieser Wertabschlag nur für den zu Wohnzwecken vermieteten Teil (von 95 %) greift. Der Anteil, in dem das Blumengeschäft betrieben wird, unterliegt der vollen Besteuerung. Maßgeblich für die Aufteilung des festgestellten Grundbesitzwertes ist das Verhältnis der Wohn-/Nutzflächen der einzelnen Wohnungen (R E 13d Abs. 6 Satz 7 ErbStR).

Grundbesitz	2.200.000 €
./. Steuerbefreiung (§ 13d Abs. 1 ErbStG) (2.200.000 € × 95 % × 10 %)	209.000 €
= verbleibender Wertansatz	1.991.000 €

Abzugsfähige Nachlassverbindlichkeiten

Der Vermögensanfall ist um Nachlassverbindlichkeiten zu kürzen (§ 10 Abs. 1 Satz 2 ErbStG), wobei die Abzugsverbote des § 10 Abs. 3 bis 9

ErbStG zu berücksichtigen sind. So werden z. B. die Erblasserschulden vom Abzug ausgenommen, die Betriebsschulden im bewertungsrechtlichen Sinne sind (§10 Abs. 5 Nr. 1 ErbStG). Zu beachten ist in diesem Zusammenhang §10 Abs. 6 Sätze 3 bis 5 ErbStG, wonach Schulden und Lasten, die mit teilweise steuerbefreiten Vermögensgegenständen bzw. mit nach §13d ErbStG befreitem Vermögen in wirtschaftlichem Zusammenhang stehen, nur mit dem Betrag abzugsfähig sind, der dem steuerpflichtigen Teil entspricht bzw. der dem Verhältnis des nach Anwendung des §13d ErbStG anzusetzenden Werts dieses Vermögens zu dem Wert vor Anwendung des §13d ErbStG entspricht.

Als Nachlassverbindlichkeiten sind zudem Kosten des Erwerbs nach §10 Abs. 5 Nr. 3 ErbStG (wie etwa Bestattungskosten oder Grabpflegekosten) abzugsfähig. Ohne Nachweis kommt der Pauschbetrag i. H. v. 10.300 € zur Anwendung.

Anwendung auf den Sachverhalt

Nachlassverbindlichkeiten

Zum Todestag bestand eine Darlehensverbindlichkeit, die der Finanzierung des Mehrfamilienhauses diente, und deren auf den Todestag festgestellter Nennwert i. S. v. §12 Abs. 1 ErbStG i. V. m. §12 Abs. 1 BewG 505.000 € beträgt. Diese Verbindlichkeit ist grundsätzlich als Erblasserschuld zu berücksichtigen (§10 Abs. 5 Nr. 1 ErbStG).

Wegen der für 95% des Grundbesitzwerts zu gewährenden sachlichen Steuerbefreiung für den zu Wohnzwecken vermieteten Teil des Mehrfamilienhauses (§13d ErbStG) ist eine Einschränkung des Schuldabzugs zu beachten (§10 Abs. 6 Satz 4 ErbStG).

Es ergibt sich folglich, dass für den zu Wohnzwecken genutzten Teil (95%) 90% der Schulden abgezogen werden dürfen, da dies der steuerpflichtige Anteil ist. 5% (Blumengeschäft) des Kredits sind voll abzugsfähig.

	Nachlassverbindlichkeit	505.000 €
./.	nicht abzugsfähig (§10 Abs. 6 Satz 4 ErbStG) (505.000 € × 95% × 10%)	47.975 €
=	abzugsfähige Nachlassverbindlichkeit	457.025 €

Darüber hinaus kommt die Erbfallkostenpauschale i. H. v. 10.300 € (§10 Abs. 5 Nr. 3 Satz 2 ErbStG) zum Abzug, da Kurt Schwarz keinen Nachweis tatsächlich höherer Beerdigungskosten erbringt.

Persönlicher Freibetrag sowie Versorgungsfreibetrag

Der persönliche Freibetrag ist vom persönlichen Verhältnis des Erben zum Erblasser abhängig (§16 ErbStG). Je weiter Erbe und Erblasser verwandtschaftlich entfernt sind, desto niedriger ist der persönliche Freibetrag. Ehegatten sowie Lebenspartnern wird dabei der höchste persönliche Freibetrag (500.000 €) eingeräumt, gefolgt von Kindern und Enkeln, deren Eltern bereits verstorben sind, denen ein persönlicher Freibetrag von 400.000 € zusteht. Bei sonstigen Enkeln bleibt ein Erwerb von 200.000 € steuerfrei. Allen übrigen Personen der Steuerklasse I stehen 100.000 €, Personen der Steuerklasse II und III dagegen nur 20.000 € als persönlicher Freibetrag zu.

Kurt Schwarz steht als Sohn ein persönlicher Freibetrag von 400.000 € zu.

Der überlebende Ehegatte erhält neben dem persönlichen Freibetrag einen besonderen Versorgungsfreibetrag von 256.000 € (§ 17 Abs. 1 ErbStG). Für Kinder gibt es ebenfalls einen Versorgungsfreibetrag, der allerdings altersabhängig ist (§ 17 Abs. 2 ErbStG). Stehen dem Erwerber (Ehegatte / Kind) steuerfreie Versorgungsbezüge anlässlich des Todes des Erblassers zu, wird der Freibetrag um den Kapitalwert dieser steuerfreien Versorgungsbezüge gekürzt (§ 17 Abs. 1 Satz 2 und Abs. 2 Satz 2 ErbStG).

Kurt Schwarz steht aufgrund seines Alters (45 Jahre) kein Versorgungsfreibetrag zu.

Berechnung des steuerpflichtigen Erwerbs[250]

	Aktiendepot	450.000 €
+	Festgeldkonto	60.000 €
+	Girokonto	25.000 €
+	Anteile VS-GmbH	1.350.000 €
+	Anteile Schwarz-GmbH (Optionsverschonung)	100.000 €
+	Einfamilienhaus	216.667 €
+	Hausrat	0 €
+	Geige	0 €
+	Mehrfamilienhaus	1.991.000 €
=	Vermögensanfall nach Steuerwerten	4.192.667 €
	Darlehensverbindlichkeit Mehrfamilienhaus	457.025 €
+	Pauschbetrag (§ 10 Ab. 5 Nr. 3 ErbStG)	10.300 €
=	abzugsfähige Nachlassverbindlichkeiten	467.325 €
	Vermögensanfall nach Steuerwerten	4.192.667 €
./.	abzugsfähige Nachlassverbindlichkeiten	467.325 €
=	Bereicherung des Kurt Schwarz	3.725.342 €
./.	Persönlicher Freibetrag § 16 Abs. 1 ErbStG	400.000 €
=	**Steuerpflichtiger Erwerb**	**3.325.300 €**

(Abrundung auf volle 100 €; § 10 Abs. 1 Satz 4 ErbStG)

[250] Vgl. R E 10.1 ErbStR.

3. Ermittlung der festzusetzenden Erbschaftsteuer

§ 19 Abs. 1 ErbStG schreibt die Steuersätze vor. Diese sind sowohl von der Steuerklasse als auch von dem Wert des steuerpflichtigen Erwerbs abhängig.

Als Sohn gehört er der Steuerklasse I an, sodass er bei einem steuerpflichtigen Erwerb von 3.328.300 € einem Steuersatz von 19 % unterliegt.

	Steuerpflichtiger Erwerb	3.325.300 €
×	Steuersatz § 15 i. V. m. § 19 Abs. 1 ErbStG	19 %
=	**Erbschaftsteuerlast**	**631.807 €**

Der Erbschaftsteuertarif ist als Stufentarif ausgestaltet. Dies kann vom Grundsatz her zu einer besonderen Härte führen, wenn eine Stufe nur um wenige Euro überschritten ist. Daher sieht § 19 Abs. 3 ErbStG einen Härteausgleich vor, durch den diese besondere Härte ausgeglichen werden soll.

Prüfung Härteausgleich:

600.000 € × 0,15 + (3.325.300 € ./. 600.000 €) × 0,5 = 1.452.650 € > 631.807 €

Der Härteausgleich greift nicht.

4. Maßnahmen im Erhebungsverfahren

Die auf den begünstigten Teil des Mehrfamilienhauses entfallende Steuer kann bis zu 10 Jahren gestundet werden (§ 28 Abs. 3 ErbStG). Eine Steuerstundung ist dem Grunde nach gem. § 28 Abs. 1 ErbStG auch beim Erwerb von Betriebsvermögen für die auf das begünstigte Vermögen i. S. d. § 13b Abs. 2 ErbStG entfallende Erbschaftsteuer möglich. Aufgrund der Anwendung der Optionsverschonung in Höhe von 100 % auf das begünstigte Vermögen entfällt keine stundungsfähige Steuer auf das begünstigte Vermögen, sodass eine Steuerstundung i. S. d. § 28 Abs. 1 ErbStG ausgeschlossen ist.

Kurt Schwarz hat den Erwerb binnen einer Frist von drei Monaten ab Kenntniserlangung dem zuständigen Finanzamt schriftlich anzuzeigen (§ 30 ErbStG).

Sollte Kurt Schwarz die für die Begünstigungen nach § 13a ErbStG erforderlichen Voraussetzungen (Mindestlohnsumme nach sieben Jahren mindestens 10.500.000 € und Behaltensfrist von 7 Jahren) nicht einhalten, treffen ihn zudem die Anzeigepflichten nach § 13a Abs. 7 ErbStG, die zu einer (anteiligen) Nachversteuerung führen.

8 Kontrollfragen

1. Woran knüpft die unbeschränkte Erbschaft- und Schenkungsteuerpflicht an?

   Es ist zwischen einer sachlichen und persönlichen Steuerpflicht zu unterscheiden. Die sachliche Steuerpflicht besteht für alle Tatbestände des §1 ErbStG, z.B. für Erwerbe von Todes wegen und Schenkungen. Eine persönliche unbeschränkte Steuerpflicht besteht gemäß §2 Abs. 1 Nr. 1 ErbStG, wenn entweder Erblasser oder Erbe Inländer i.S.v. §2 Abs. 1 Nr. 1 Satz 2 Buchst. a ErbStG sind, d.h. ihren Wohnsitz oder gewöhnlichen Aufenthalt im Inland haben (sog. Weltvermögensprinzip).

   Ausführlich dazu sowie zu Sondertatbeständen vgl. Kapitel 2.2.

2. Was passiert bei einer Übertragung inländischen Vermögens, wenn Erblasser und Erbe beide im Ausland ansässig sind?

   Sofern es sich um Inlandsvermögen i.S.d. §121 BewG handelt, besteht eine beschränkte Steuerpflicht im Inland gem. §2 Abs. 1 Nr. 3 ErbStG für dieses Vermögen (sog. Belegenheitsprinzip).

3. Welche erbschaftsteuerlichen Besonderheiten sind für die Übertragung von Grundstücken relevant?

   Es können verschiedene Steuerbefreiungstatbestände greifen. Die häufigsten in Kürze:

   - §13 Abs. 1 Nr. 4a und 4b ErbStG: Eine schenkweise Übertragung sowie eine Vererbung des Familienheims an Ehegatten ist unter bestimmten Voraussetzungen vollständig steuerbefreit.
   - §13 Abs. 1 Nr. 4c ErbStG: Eine Vererbung des Familienheims an Kinder ist unter bestimmten Voraussetzungen (ggf. anteilig) steuerbefreit.
   - §13d ErbStG: Schenkweise oder von Todes wegen erworbene vermietete Grundstücke sind mit 90% ihres gemeinen Werts anzusetzen.

   Vgl. dazu ausführlich Kapitel 3.2.2

   Darüber hinaus sieht §13 Nr. 2 und 3 ErbStG verschiedene Steuerbefreiungen für besondere Grundstücke mit geschichtlichem/künstlerischem/wissenschaftlichen Wert vor oder für solche, die der Öffentlichkeit zugänglich gemacht sind.

   Vgl. dazu Kapitel 3.2.1.

4. Welche erbschaftsteuerlichen Besonderheiten sind für die Übertragung von Unternehmen zu beachten?

   Prinzipiell wird Unternehmensvermögen als verschonungswürdig angesehen, da es durch das Zurverfügungstellen von Arbeitsplätzen der Allgemeinheit dient. Allerdings ist das Unternehmensvermögen aufzuteilen in „produktives" Vermögen, das begünstigt ist, und Verwaltungsvermögen, das (überwiegend) nicht begünstigt ist. Für das begünstigte Vermögen gibt es unterschiedliche Verschonungsabschläge (Steuerbefreiungen), die für Erwerbe bis 26 Mio. Euro in § 13a ErbStG definiert sind.

   Vgl. ausführlich Kapitel 3.2.3.1 ff.

5. Was gibt es für erwerbsgrößenabhängige Unterschiede?

   Für Erwerbe von begünstigtem Vermögen bis zu 26 Mio. Euro kann (unter bestimmten Voraussetzungen) ein Regelverschonungsabschlag von 85 % (§ 13a Abs. 1 ErbStG) oder ein Optionsverschonungsabschlag von 100 % (§ 13a Abs. 10 Satz 1 Nr. 1 ErbStG) in Anspruch genommen werden (vgl. Kapitel 3.2.3.12). Für Großerwerbe über der 26 Mio. Euro-Schwelle gelten zwei andere Verschonungsregime: Hier gibt es das Abschmelzmodell gemäß § 13c ErbStG oder alternativ die Verschonungsbedarfsprüfung nach § 28a ErbStG.

   Vgl. dazu Kapitel 3.2.3.13.

6. Welche Rolle spielt die Rechtsform bei der Übertragung eines Unternehmens?

   Betriebe und Beteiligungen an Personengesellschaften sind begünstigungsfähiges Vermögen i. S. d. § 13b Abs. 1 Nr. 2 ErbStG, wobei es bei den Personengesellschaftsbeteiligungen nicht auf die Höhe der Beteiligung ankommt. Anteile an Kapitalgesellschaften sind hingegen gem. § 13b Abs. 1 Nr. 3 ErbStG nur dann begünstigungsfähig, wenn der Erblasser einen Anteil am Nennkapital der Gesellschaft von mehr als 25 % gehalten hat.

   Vgl. dazu Kapitel 3.2.3.2.1.

7. Was ist eine „Poolregelung" und in welchen Situationen kann sie günstig sein?

   Sie ermöglicht Anteilseignern von Kapitalgesellschaften, die mit weniger als 25 % beteiligt sind, eine Begünstigungsfähigkeit ihrer Anteile durch Zusammenschluss mit anderen Anteilseignern mittels eines Stimmrechtsbindungsvertrags/Poolvertrags.

   Vgl. dazu Kapitel 3.2.3.2.1.

8. Wie unterscheiden sich Regel- und Optionsverschonung hinsichtlich der Voraussetzungen, unter welchen sie gewährt werden?

   Regelverschonung:

   - Wird von Amts wegen gewährt, wenn der Erwerb begünstigten Vermögens 26 Mio. Euro nicht übersteigt, § 13a Abs. 1 ErbStG
   - Mindestlohnsumme innerhalb von fünf Jahren: 400 % (mit Ausnahmen für Kleinbetriebe), § 13a Abs. 3 ErbStG
   - Behaltensfrist fünf Jahre, § 13a Abs. 6 ErbStG

   Optionsverschonung:

   - Verwaltungsvermögen ≤ 20 %, § 13a Abs. 10 Satz 2 ErbStG
   - Unwiderruflicher Antrag nötig
   - Mindestlohnsumme innerhalb von sieben Jahren: 700 % (mit Ausnahmen für Kleinbetriebe), § 13a Abs. 10 Satz 1 Nr. 2 und 3 ErbStG
   - Behaltensfrist sieben Jahre, § 13a Abs. 10 Satz 1 Nr. 6 ErbStG

   Vgl. auch Kapitel 3.2.3.12.4 und 3.2.3.12.5.

9. Was passiert bei einem Verstoß gegen die Voraussetzungen der Regel- bzw. Optionsverschonung?

   Es kommt zu einer (anteiligen) Nachversteuerung im Verhältnis der Unterschreitung der Mindestlohnsumme und/oder Behaltensfrist zur notwendigen Bezugsgröße.

   Vgl. ausführlich dazu Kapitel 3.2.3.12.4 und 3.2.3.12.5.

10. Was zählt zum sog. Verwaltungsvermögen?

    Alle Vermögensgegenstände i. S. d. § 13b Abs. 4 ErbStG.

    Vgl. ausführlich Kapitel 3.2.3.5.

11. Was ist junges Verwaltungsvermögen und inwiefern wird es anders behandelt als sonstiges Verwaltungsvermögen?

    Junges Verwaltungsvermögen ist Verwaltungsvermögen, das innerhalb der letzten zwei Jahre vor der Übertragung in das Unternehmen eingelegt wurde, § 13b Abs. 7 Satz 2 ErbStG. Es ist in voller Höhe steuerpflichtig und ist weder mit Schulden (anteilig) verrechenbar noch in die Ermittlung des unschädlichen Verwaltungsvermögens einzubeziehen.

    Vgl. ausführlich Kapitel 3.2.3.6.

12. Was ist bei der Übertragung der Holdinggesellschaft eines Unternehmensverbunds zu beachten?

    Es ist eine Vermögensverbundaufstellung anzufertigen, um das Verwaltungsvermögen, die Finanzmittel und die Schulden im Verbund zu ermitteln, § 13b Abs. 9 ErbStG.

    Vgl. ausführlich Kapitel 3.2.3.10.

13. Welche besonderen Vergünstigungen kann es bei Übertragung von Anteilen an sog. Familienunternehmen geben?

    Unter bestimmten (engen) Voraussetzungen greift vor Anwendung der Verschonungsmodelle nach § 13a Abs. 1 bzw. 10 sowie § 13c oder § 28a ErbStG ein Vorwegabschlag, § 13a Abs. 9 ErbStG.

    Vgl. dazu im Detail Kapitel 3.2.3.14.

14. Welche besonderen Entlastungsnormen gibt es in der Erbschaft- und Schenkungsteuer für Ehegatten?

    Neben der Einordnung in die günstige Steuerklasse I, die sich auf die Höhe des Steuersatzes nach § 19 Abs. 1 ErbStG auswirkt, und dem persönlichen Freibetrag nach § 16 Abs. 1 Nr. 1 ErbStG i. H. v. 500.000 €, ermöglicht § 5 ErbStG die Steuerfreistellung eines fiktiven Zugewinnausgleichs (denn dieser zählt nicht als steuerpflichtiger Erwerb), vgl. Kapitel 2.1. Zudem wird dem überlebenden Ehegatten bei Erwerben von Todes wegen ein besonderer Versorgungsfreibetrag von 256.000 € gewährt.

    Vgl. dazu Kapitel 4.2 und 4.3.

15. Wie hoch sind die persönlichen Freibeträge in der Erbschaft- und Schenkungsteuer?

    Die persönlichen Freibeträge sind abhängig von der Steuerklasse und sind in § 16 Abs. 1 ErbStG definiert.

    Vgl. dazu Kapitel 4.2.

16. Warum kann ein Zeitraum von mehr als zehn Jahren zwischen zwei Schenkungen sinnvoll sein?

    Erwerbe von derselben Person innerhalb von zehn Jahren werden für Zwecke der Anwendung des persönlichen Freibetrags und des Steuersatzes zusammengerechnet. Nach Ablauf des Zehnjahreszeitraums kann der persönliche Freibetrag gegenüber demselben Übertragenden aber erneut genutzt werden, was Gestaltungsspielräume eröffnet.

    Vgl. dazu Kapitel 4.5.

Literaturverzeichnis

Althof, Michael (2019): Verwaltungsvermögen nach der Erbschaftsteuerreform, in: NWB – Steuer- und Wirtschaftsrecht 2019, S. 2034–2042.

Bach, Stefan (2021): Grunderbe und Vermögensteuern können die Vermögensungleichheit verringern, in: DIW Wochenbericht 2021, S. 807–816.

Bäuml, Swen O. (2022): Erbschaftsteuerliche Lohnsumme und pandemiebedingte Folgewirkungen – Entlastung für betroffene Familienunternehmen, in: NWB Steuer- und Wirtschaftsrecht 2022, S. 1977–1983.

Bayerische Staatsregierung (2022): Pressemitteilung vom 22.12.2022, https://www.bayern.de/fueracker-bayern-zieht-fuer-hoehere-freibetraege-vor-bundesverfassungsgericht-anhebung-der-persoenlichen-erbschaftsteuer-freibetraege-dringend-geboten-staatsregierung-stellt-antrag-auf-abstrakte/, Abrufdatum: 28.03.2023.

Binz, Mark K./Sorg, Martin H. (1989): Nießbrauchsvorbehalt als Instrument vorweggenommener Erbfolge im Unternehmensbereich, in: Betriebs-Berater 1989, S. 1521–1524.

Birk, Dieter/Richter, Andreas: Übergang von Betriebsvermögen im Wege vorweggenommener Erbfolge, in: Finanz-Rundschau 2001, S. 764–770.

Bowitz, Hans Hermann (2021): Zur Steuerfreiheit eines "üblichen" Gelegenheitsgeschenks von hohem Wert, in: Betriebs-Berater 2021, S. 279–287.

Bundesministerium der Finanzen (2022): Glossar: Begriffe von A–Z, Besitz- und Verkehrsteuern, in: https://www.bundesfinanzministerium.de/Web/DE/Service/FAQ_Glossar/Glossar/Functions/glossar.html?lv2=ca00e253-61cf-4b1a-9968-646384af1432&lv3=bb530eb8-4150-44b8-ad50-d613bf3cb941#glossarbb530eb8-4150-44b8-ad50-d613bf3cb941, Abrufdatum: 08.08.2022.

Carlé, Thomas (2022): Erbschaft- und Schenkungsteuer | Optionale Vollverschonung von Betriebsvermögen, in: NWB Steuer- und Wirtschaftsrecht 2022, S. 3021–3022.

Corsten, Martina/Corsten, Hans (2022): Das Verwaltungsvermögen in der Erbschaftsteuer, in: Anwendungsorientierte steuerliche Betriebswirtschaftslehre. Festschrift zum 65. Geburtstag von Heinz Kußmaul, hrsg. v. Karina Sopp/Lutz Richter/Stephan Meyering, Berlin 2022.

Corsten, Martina/Stiller, Wojciech (2010): Fall Kurt Schwarz. Aufgabe zum neuen Erbschaftsteuer- und Bewertungsrecht, in: Steuer und Studium 2010, S. 223–231.

Crezelius, Georg (1999): Verhältnis der Erbschaftsteuer zur Einkommen- und Körperschaftsteuer, in: Veröffentlichungen der Deutschen Steuerjuristischen Gesellschaft e. V., Band 22, Steuern auf Erbschaft und Vermögen, hrsg. v. Dieter Birk, Köln 1999.

Crezelius, Georg (2007): Der Entwurf eines Gesetzes zur Reform des Erbschaftsteuer- und Bewertungsrechts (Erbschaftsteuerreformgesetz – ErbStRG), in: Deutsches Steuerrecht 2007, S. 2277–2284.

Crezelius, Georg (2007): Die Entwicklung des Erbschaftsteuerrechts in den letzten 100 Jahren, in: Finanz-Rundschau 2007, S. 613–624.

Crezelius, Georg (2009): Unternehmenserbrecht. Erbrecht – Gesellschaftsrecht – Steuerrecht, 2. Auflage, München 2009.

Dedden, Justus/Denker, Daniel (2022): Auswirkungen von Krisen auf die erbschaftsteuerliche Begünstigung und die Wohlverhaltensregelungen – Praktische Gestaltungsempfehlungen vor und nach der Vermögensübertragung, in: NWB Steuer- und Wirtschaftsrecht 2022, S. 2976–2982.

Dorn, Katrin (2023): Gesellschaftsbeteiligungen: Die Verbundvermögensaufstellung – ein Überblick zu Notwendigkeit, Inhalt und Umsetzung in der Praxis, in: Erbfolgebesteuerung 2023, S. 12–18.

Erle, Bernd (2016): Der Pkw als Hausrat, in: Zeitschrift für Erbrecht und Vermögensnachfolge 2016, S. 240–244.

Gebel, Dieter (2009): Kommentierung zu § 10 ErbStG, in: Erbschaftsteuer- und Schenkungsteuergesetz, Kommentar, hrsg. v. Max Troll/Dieter Gebel/Marc Jülicher, Stand: 31.07.2009, München 2009.

Gottschalk, Paul Richard (2022): Kommentierung zu § 8 ErbStG, in: Erbschaftsteuer- und Schenkungsteuergesetz mit Bewertungsrecht und Verfahrensrecht, Kommentar, hrsg. v. Dieter Gebel/Marc Jülicher/Paul Richard Gottschalk, begr. v. Max Troll, Stand: 15. Februar 2022, 63. Ergänzungslieferung, München 2022.

Gottschalk, Paul Richard (2022): Kommentierung zu § 10 ErbStG, in: Erbschaftsteuer- und Schenkungsteuergesetz mit Bewertungsrecht und Verfahrensrecht, Kommentar, hrsg. v. Dieter Gebel/Marc

Jülicher/Paul Richard Gottschalk, begr. v. Max Troll, Stand: 15. Februar 2022, 63. Ergänzungslieferung, München 2022.

Gottschalk, Paul Richard (2022): Kommentierung zu § 20 ErbStG, in: Erbschaftsteuer- und Schenkungsteuergesetz mit Bewertungsrecht und Verfahrensrecht, Kommentar, hrsg. v. Dieter Gebel/Marc Jülicher/Paul Richard Gottschalk, begr. v. Max Troll, Stand: 15. Februar 2022, 63. Ergänzungslieferung, München 2022.

Gottschalk, Paul Richard/ Jülicher, Marc (2022): Kommentierung zu § 12 BewG, in: Erbschaftsteuer- und Schenkungsteuergesetz mit Bewertungsrecht und Verfahrensrecht, Kommentar, hrsg. v. Dieter Gebel/Marc Jülicher/Paul Richard Gottschalk, begr. v. Max Troll, Stand: 15. Februar 2022, 63. Ergänzungslieferung, München 2022.

Götzenberger, Anton-Rudolf (2001): Optimale Vermögensübertragung. Erbschaft- und Schenkungsteuer, 6. Auflage, Herne/Berlin 2001.

Halaczinsky, Raymond/Wochner, Georg (2022): Schenken, Erben, Steuern. Vorteilhafte Gestaltungen nach Steuer-, Zivil- und Gesellschaftsrecht, 12. Auflage, Bonn 2022.

Hannes, Frank/Holtz, Jens Peter (2021): Kommentierung zu § 6 ErbStG, in: Erbschaftsteuer- und Schenkungsteuergesetz, Kommentar, hrsg. v. Peter Meincke/Frank Hannes/Jens Peter Holtz, 18. Auflage, München 2021.

Hannes, Frank/Holtz, Jens Peter (2021): Kommentierung zu § 10 ErbStG, in: Erbschaftsteuer- und Schenkungsteuergesetz, Kommentar, hrsg. v. Peter Meincke/Frank Hannes/Jens Peter Holtz, 18. Auflage, München 2021.

Hannes, Frank/Holtz, Jens Peter (2021): Kommentierung zu § 13 ErbStG, in: Erbschaftsteuer- und Schenkungsteuergesetz, Kommentar, hrsg. v. Peter Meincke/Frank Hannes/Jens Peter Holtz, 18. Auflage, München 2021.

Hannes, Frank/Holtz, Jens Peter (2021): Kommentierung zu § 13b ErbStG, in: Erbschaftsteuer- und Schenkungsteuergesetz, Kommentar, hrsg. v. Peter Meincke/Frank Hannes/Jens Peter Holtz, 18. Auflage, München 2021.

Hannes, Frank/Holtz, Jens Peter (2021): Kommentierung zu § 15 ErbStG, in: Erbschaftsteuer- und Schenkungsteuergesetz, Kommentar, hrsg. v. Peter Meincke/Frank Hannes/Jens Peter Holtz, 18. Auflage, München 2021.

Hannes, Frank/Holtz, Jens Peter (2021): Kommentierung zu § 21 ErbStG, in: Erbschaftsteuer- und Schenkungsteuergesetz, Kommentar, hrsg. v. Peter Meincke/Frank Hannes/Jens Peter Holtz, 18. Auflage, München 2021.

Hannes, Frank/Stalleiken, Jörg (2014): Neue Erlasse der Finanzverwaltung zu Lohnsummenkontrolle und Behaltensfristverstößen in Umstrukturierungsfällen – Anmerkungen zu den gleichlautenden Erlassen vom 20.11.2013 und 21.11.2013, in: Der Betrieb 2014, S. 259–265.

Hechtner, Frank: Neuregelung des § 35b EStG durch das ErbStRG – Ermittlung der Steuerermäßigung und ökonomische Belastungsanalyse, in: Betriebs-Berater 2009, S. 486–490.

Hey, Johanna (2021): § 7 Einführung in das besondere Steuerschuldrecht, in: Steuerrecht, hrsg. v. Klaus Tipke/Joachim Lang, 24. Auflage, Köln 2021.

Höne, Annette (2022): Aktuelle Praxisfälle mit Unternehmensvermögen – Verbundvermögensaufstellung, schädliche Verfügungen, Reinvestitionen und maßgebliche Zeitpunkte, in: NWB Erben und Vermögen 2022, S. 145–151.

Jülicher, Marc (2022): Kommentierung zu § 1 ErbStG, in: Erbschaftsteuer- und Schenkungsteuergesetz mit Bewertungsrecht und Verfahrensrecht, Kommentar, hrsg. v. Dieter Gebel/Marc Jülicher/Paul Richard Gottschalk, begr. v. Max Troll, Stand: 15. Februar 2022, 63. Ergänzungslieferung, München 2022.

Jülicher, Marc (2022): Kommentierung zu § 13a ErbStG, in: Erbschaftsteuer- und Schenkungsteuergesetz mit Bewertungsrecht und Verfahrensrecht, Kommentar, hrsg. v. Dieter Gebel/Marc Jülicher/Paul Richard Gottschalk, begr. v. Max Troll, Stand: 15. Februar 2022, 63. Ergänzungslieferung, München 2022.

Jülicher, Marc (2022): Kommentierung zu § 13b ErbStG, in: Erbschaftsteuer- und Schenkungsteuergesetz mit Bewertungsrecht und Verfahrensrecht, Kommentar, hrsg. v. Dieter Gebel/Marc Jülicher/Paul Richard Gottschalk, begr. v. Max Troll, Stand: 15. Februar 2022, 63. Ergänzungslieferung, München 2022.

Jülicher, Marc (2022): Kommentierung zu § 13d ErbStG, in: Erbschaftsteuer- und Schenkungsteuergesetz mit Bewertungsrecht und Verfahrensrecht, Kommentar, hrsg. v. Dieter Gebel/Marc Jülicher/Paul Richard Gottschalk, begr. v. Max Troll, Stand: 15. Februar 2022, 63. Ergänzungslieferung, München 2022.

Jülicher, Marc (2022): Kommentierung zu § 19 ErbStG, in: Erbschaftsteuer- und Schenkungsteuergesetz mit Bewertungsrecht und Verfahrensrecht, Kommentar, hrsg. v. Dieter Gebel/Marc Jülicher/Paul Richard Gottschalk, begr. v. Max Troll, Stand: 15. Februar 2022, 63. Ergänzungslieferung, München 2022.

Jülicher, Marc (2022): Kommentierung zu § 19a ErbStG, in: Erbschaftsteuer- und Schenkungsteuergesetz mit Bewertungsrecht und Verfahrensrecht, Kommentar, hrsg. v. Dieter Gebel/Marc Jülicher/Paul Richard Gottschalk, begr. v. Max Troll, Stand: 15. Februar 2022, 63. Ergänzungslieferung, München 2022.

Jülicher, Marc (2022): Kommentierung zu § 21 ErbStG, in: Erbschaftsteuer- und Schenkungsteuergesetz mit Bewertungsrecht und Verfahrensrecht, Kommentar, hrsg. v. Dieter Gebel/Marc Jülicher/Paul Richard Gottschalk, begr. v. Max Troll, Stand: 15. Februar 2022, 63. Ergänzungslieferung, München 2022.

Jülicher, Marc (2022): Kommentierung zu § 27 ErbStG, in: Erbschaftsteuer- und Schenkungsteuergesetz mit Bewertungsrecht und Verfahrensrecht, Kommentar, hrsg. v. Dieter Gebel/Marc Jülicher/Paul Richard Gottschalk, begr. v. Max Troll, Stand: 15. Februar 2022, 63. Ergänzungslieferung, München 2022.

Jülicher, Marc/Gottschalk, Paul Richard (2022): Kommentierung zu § 12 ErbStG, in: Erbschaftsteuer- und Schenkungsteuergesetz mit Bewertungsrecht und Verfahrensrecht, Kommentar, hrsg. v. Dieter Gebel/Marc Jülicher/Paul Richard Gottschalk, begr. v. Max Troll, Stand: 15. Februar 2022, 63. Ergänzungslieferung, München 2022.

Jülicher, Marc/Gottschalk, Paul Richard (2022): Kommentierung zu § 13 ErbStG, in: Erbschaftsteuer- und Schenkungsteuergesetz mit Bewertungsrecht und Verfahrensrecht, Kommentar, hrsg. v. Dieter Gebel/Marc Jülicher/Paul Richard Gottschalk, begr. v. Max Troll, Stand: 15. Februar 2022, 63. Ergänzungslieferung, München 2022.

Kensbock, Karsten/Menhorn, Matthias: Zivilrechtliche und steuerrechtliche Risiken beim vorzeitigen Zugewinnausgleich, in: Deutsches Steuerrecht 2006, S. 1073–1076.

Kien-Hümbert, Petra (2023): Kommentierung zu § 13 ErbStG, in: Erbschaft- und Schenkungsteuergesetz mit Bewertungsgesetz, Kommentar, hrsg. v. Dietmar Moench/Norbert Weinmann, Stand: Januar 2023, 97. Aktualisierung, München 2023.

Klunzinger, Eugen: Einführung in das Bürgerliche Recht. Grundkurs für Studierende der Rechts- und Wirtschaftswissenschaften, 17. Auflage, München 2019.

Kobor, Hagen (2023): Kommentierung zu § 13 ErbStG, in: Erbschaftsteuergesetz (ErbStG) Komplettes Praxiswissen zur Erbschaftsteuer und Schenkungsteuer mit Bewertungsrecht, Kommentar, hrsg. v. Michael Fischer/Armin Pahlke/Thomas Wachter, 8. Auflage, München 2023.

Koch, Jens (2023): Kommentierung zu § 516 BGB, in: Münchener Kommentar zum Bürgerlichen Gesetzbuch, hrsg. v. Franz Jürgen Säcker/Roland Rixecker/Hartmut Oetker/Bettina Limperg, Bd. 4/2, Schuldrecht – Besonderer Teil I/2, §§ 481–534 Finanzierungsleasing, 9. Auflage, München 2023.

Korezkij, Leonid (2021): Zurechnung des Verwaltungsvermögens bei Personengesellschaften: Erneute Änderung der Spielregeln durch die Ländererlasse v. 11.2.2021, in: Deutsches Steuerrecht 2021, S. 906–910.

Korezkij, Leonid (2022): Billigkeitsmaßnahmen bei coronabedingten Verstößen gegen die Lohnsummenregelung nach den Ländererlassen v. 30.12.2021, in: Deutsches Steuerrecht 2021, S. 396–399.

Kotzenberg, Jochen/Jülicher, Marc (2016): Erbschaftsteuerreform: Die gesetzlichen Neuregelungen für die Unternehmensnachfolge, in: GmbH-Rundschau 2016, S. 1135–1141.

Kummer, Sabrina (2019): Unternehmensnachfolge aus erbschaftsteuerlicher Perspektive – Eine beihilferechtliche und steuerplanerische Untersuchung, Freiburg 2019.

Lampert, Steffen (2022): Kommentierung zu § 4 AStG, in: Ertragsteuerrecht, hrsg. v. Peter Brandis/Bernd Heuermann, 165. Ergänzungslieferung, München 2022.

Lange, Knut Werner (2022): Kommentierung zu § 2303 BGB, in: Münchener Kommentar zum Bürgerlichen Gesetzbuch, hrsg. v. Franz Jürgen Säcker/Roland Rixecker/Hartmut Oetker/Bettina Limperg, Band 11, §§ 1922–2385, BeurkG §§ 27–35, 9. Auflage, München 2022.

Leipold, Dieter (2022): Kommentierung zu § 1922 BGB, in: Münchener Kommentar zum Bürgerlichen Gesetzbuch, hrsg. v. Franz Jürgen Säcker/Roland Rixecker/Hartmut Oetker/Bettina Limperg, Band 11, §§ 1922–2385, BeurkG §§ 27–35, 9. Auflage, München 2022.

Mannek, Wilfried (2008): Diskussionsentwurf für eine Anteils- und Betriebsvermögensbewertungsverordnung – AntBVBewV, in: Der Betrieb 2008, S. 423–430.

Meincke, Peter/Holtz, Jens Peter (2021): Kommentierung zu § 13b ErbStG, in: Erbschaftsteuer- und Schenkungsteuergesetz, Kommentar, hrsg. v. Peter Meincke/Frank Hannes/Jens Peter Holtz, 18. Auflage, München 2021.

Müller, Tobias/Dorn, Katrin (2016): Schenkung- und erbschaftsteuerliche Fallstricke der Buchwertübertragung von Einzelwirtschaftsgütern nach § 6 Abs. 5 S. 3 EStG mit Rechtsträgerwechsel, in: Deutsches Steuerrecht 2016, S. 1063–1069.

Ostertun, Dietrich (2007): § 12. Erbschaftsteuer, in: Wegzugsbesteuerung. Wegzugsberatung – Zivilrecht – Steuerrecht – Soziale Sicherung, hrsg. v. Dietrich Ostertun/Ekkehart Reimer, München 2007.

Piltz, Detlev J. (2008): Unternehmensbewertung im neuen Erbschaftsteuerrecht, in: Deutsches Steuerrecht 2008, S. 745–753.

Piltz, Detlev J. (2008): Verwaltungsvermögen im neuen Erbschaftsteuerrecht, in: Zeitschrift für Erbrecht und Vermögensnachfolge 2008, S. 229–232.

Piltz, Detlev J. (2009): Der gemeine Wert von Unternehmen und Anteilen im neuen ErbStG, in: Die Unternehmensbesteuerung 2009, S. 13–22.

Pohl, Dirk (2002): Einführung in die Planung der Vermögensnachfolge (Estate Planning), in: Unternehmens- und Vermögensnachfolge. Steuerorientierte Gestaltung, hrsg. v. Helmut Hörger/Rudolf Stephan/Dirk Pohl, 2. Auflage, Stuttgart 2002, S. 1–35.

Pohl, Dirk (2002): Kapitel B: Vorweggenommene Erbfolge, in: Unternehmens- und Vermögensnachfolge. Steuerorientierte Gestaltung, hrsg. v. Helmut Hörger/Rudolph Stephan/Dirk Pohl, 2. Auflage, Stuttgart 2002, S. 160–226.

Reich, Manfred (2020): Erbschaftsteuerhinweise 2019 – Eine kritische Stellungnahme, in: Deutsches Steuerrecht 2020, S. 373–377.

Rose, Gerd/Watrin, Christoph: Erbschaftsteuer mit Schenkungsteuer und Bewertungsrecht, Betrieb und Steuer, Band 3, 13. Auflage, Berlin 2022.

Rudy, Mathis (2022): Kommentierung zu § 2147 BGB, in: Münchener Kommentar zum Bürgerlichen Gesetzbuch, hrsg. v. Franz Jürgen Säcker/Roland Rixecker/Hartmut Oetker/Bettina Limperg, Band 11, §§ 1922–2385, BeurkG §§ 27–35, 9. Auflage, München 2022.

Schmidt, Volker/Schwind, Heike (2009): Durchführung des Verwaltungsvermögenstests (Prüfungsstufe 3 und 4), in: NWB – Steuer- und Wirtschaftsrecht 2009, S. 2151–2162.

Schneidereit, Julian/Gries, Matthias/Stößel, Johannes/Vetter, Maximilian (2020): Auswirkungen der ErbStR 2019 auf die Übertragung von Unternehmensverbünden/Holdingstrukturen (Teil I), in: Deutsches Steuerrecht 2020, S. 617–624.

Schwald, Uwe Mark (2001): Die Bedeutung erbschaft- und schenkungsteuerlicher Folgen für zivilrechtliche Rechtsgeschäfte zur Regelung der Vermögensnachfolge – Zugleich ein Beitrag zu den zivilrechtlichen Konsequenzen erbschaft- und schenkungsteuerlichen Folgen –, Tübingen 2001.

Seer, Roman (2021): § 15 Erbschaft- und Schenkungsteuer, in: Steuerrecht, hrsg. v. Klaus Tipke/Joachim Lang, 24. Auflage, Köln 2021.

Stalleiken, Jörg (2020): Kommentierung zu § 13a ErbStG, in: Erbschaftsteuer- und Schenkungsteuergesetz, Kommentar, hrsg. v. Christian von Oertzen/Matthias Loose, 2. Auflage, Köln 2020.

Stalleiken, Jörg (2020): Kommentierung zu § 13b ErbStG, in: Erbschaftsteuer- und Schenkungsteuergesetz, Kommentar, hrsg. v. Christan von Oertzen, Christian/Loose, Matthias (Hrsg.), 2. Auflage, Köln 2020.

Stalleiken, Jörg/Korezkij, Leonid (2018): Neue Erkenntnisse zum Verwaltungsvermögenstest aus Sicht der Finanzverwaltung: Rückschlüsse auf die Behandlung materiell-rechtlicher Fragen aus den Erklärungsvordrucken zum ErbStG 2016, in: Deutsches Steuerrecht 2018, S. 1597–1604.

Statistisches Bundesamt (2023), Steuereinnahmen, in: https://www.destatis.de/DE/Themen/Staat/Steuern/Steuereinnahmen/steuereinnahmen.html, Abrufdatum: 21.05.2023.

Statistisches Bundesamt (2023), Steuereinnahmen aus der Erbschaftsteuer in Deutschland von 2008 bis 2022, in: https://de.statista.com/statistik/daten/studie/235806/umfrage/einnahmen-aus-der-erbschaftsteuer/, Abrufdatum: 21.05.2023.

Statistisches Bundesamt (2023): Entwicklung der Hauspreise in Deutschland in den Jahren von 2000 bis 2022, in: https://de.statista.com/statistik/daten/studie/70265/umfrage/haeuserpreisindex-in-deutschland-seit-2000/, Abrufdatum: 28.03.2023.

Stiftung Familienunternehmen (2008), Pro und Contra Erbschaftsteuer – Argumente und Erfahrungen im internationalen Vergleich, in: www.familienunternehmen.de, Abrufdatum: 08.08.2022.

Terpitz, Julia (2001): Nachfolge in unternehmerisches Vermögen. Rechtliche Grundlagen und Gestaltungsmöglichkeiten, Neuwied/Kriftel 2001.

Tipke, Klaus: Die Steuerrechtsordnung, Band 2, Steuerrechtfertigungstheorien, Anwendung auf alle Steuerarten, sachgerechtes Steuersystem, 2. Auflage, Köln 2003.

Vinken, Horst (1999): Unternehmensnachfolge und Steuern – unter besonderer Berücksichtigung der erbschaft- und schenkungsteuerlichen Begünstigungen gem. §§ 13a, 19a ErbStG –, in: Unternehmensteuern und Bilanzen 1999, S. 15–21.

v. Oertzen, Christian/Blasweiler, Helen (2019): Gelegenheitsgeschenke im Schenkungsteuerrecht – Gelegenheit macht Steuern?!, in: Zeitschrift für Erbrecht und Vermögensnachfolge 2019, S. 516–520.

Wachter, Thomas (2014): Steuerbefreiung des selbstgenutzten Familienheims, in: Zeitschrift für Erbrecht und Vermögensnachfolge 2014, S. 191–194.

Wälzholz, Eckhard (2009): Erbauseinandersetzung und Teilungsanordnung nach der Erbschaftsteuerreform, in: Zeitschrift für Erbrecht und Vermögensnachfolge 2009, S. 113–121.

Weidenkaff, Walter (2023): Kommentierung zu § 516 BGB, in: Grüneberg. Bürgerliches Gesetzbuch, Beck'sche Kurz-Kommentare, Band 7, begr. v. Otto Palandt, 82. Auflage, München 2023.

Wenhardt, Christoph (2022): Vermögensübertragung: Erbschaftsteuerliche Aspekte und Probleme bei mehrfachem Erwerb desselben Vermögens, in: Erbrecht effektiv 2022, S. 33–36.

Wenzel, Sebastian: Die eingetragene Lebenspartnerschaft im Steuerrecht, in: Deutsches Steuerrecht 2009, S. 2403–2408.

Zipfel, Lars: Unternehmensübertragungen im deutschen und internationalen Erbschaftsteuerrecht. Mit Unternehmenssteuerreform ab 1.1.2001, München/Wien 2001.

Rechtsprechungsverzeichnis

Entscheidungen des EuGH

21.12.2021	C-394/20	XY/FA V	ECLI:EU:C2021:1044.

Entscheidungen des BVerfG

08.03.1983	2 BvL 27/81	BStBl. II 1983	779.
01.06.1983	1 BvR 107/83	BStBl. II 1984	173.
15.11.1989	1 BvR 171/89	BStBl. II 1990	103.
22.06.1995	2 BvR 552/91	BStBl. II 1995	671.
12.04.2018	1 BvR 2860/17	StEd 2018	274.

Entscheidungen des RG

25.06.1925	IV 39/25	RGZ 111	151.

Entscheidung des BGH

30.01.1991	IV ZR 299/89	NJW 1991	1345.
02.10.1991	XII ZR 132/90	NJW 1992	238.
01.02.1995	IV ZR 36/94	NJW 1995	1349.

Entscheidungen der Oberlandesgerichte

OLG FfM vom 25.02.2015, 2 UF 356/14, NJW 2015, S. 2346.

Entscheidungen des RFH

14.03.1919	II A 27/19	RStBl. 1919	230.
07.01.1921	I D 3/20	RFHE 4	243.
05.07.1921	I a A 74/21	RFHE 6	252.
04.11.1930	I e A 402/30	RStBl. 1930	819.
08.07.1932	V e A 991/31	RStBl. 1932	1147.
22.11.1934	III A 176 und 247/34	RStBl. 1935	109.

11.04.1935	III e A 1/34	RStBl. 1935	904.
13.03.1936	II A 20/36	RStBl. 1936	544.
07.03.1940	III e 1/40	RStBl. 1940	614.

Entscheidungen des BFH

13.03.1953	III 29/52 U	BStBl. III. 1953	144.
15.11.1957	VI 79/55 U	BStBl. III 1958	103.
20.12.1957	III 250/56 U	BStBl. III 1958	79.
19.08.1959	II 259/57 S	BStBl. III 1959	417.
08.02.1961	II 288/58 U	BStBl. III 1961	138.
26.06.1963	II 196/61 U	BStBl. III 1963	403.
10.07.1963	II 115/62	HFR 1964	13.
01.07.1964	II 180/62	HFR 1965	164.
28.11.1967	II 72/63	BStBl. II 1968	239.
12.07.1968	III 181/64	BStBl. II 1968	794.
02.05.1969	III 207/65	BStBl. II 1969	717.
06.05.1969	II R 141/64	BStBl. II 1969	630.
24.06.1969	II R 132/66	BStBl. II 1970	22.
23.06.1971	II R 59/67	BStBl. II 1972	43.
17.04.1974	II R 4/67	BStBl. II 1974	521.
17.01.1975	III R 68/73	BStBl. II 1975	377.
04.08.1976	I R 152, 153/74	BStBl. II 1976	662.
13.04.1977	II R 162/71	BStBl. II 1977	663.
15.11.1978	II R 69/72	BStBl. II 1979	201.
28.02.1979	II R 165/74	BStBl. II 1979	440.
08.04.1981	II R 47/79	BStBl. II 1981	581.
22.09.1982	II R 61/80	BStBl. II 1983	179.
13.10.1983	I R 76/79	BStBl. II 1984	294.
13.02.1985	II R 227/81	BStBl. II 1985	333.
06.03.1985	II R 19/84	BStBl. II 1985	383.
16.04.1986	II R 135/83	BStBl. II 1986	622.
30.09.1987	II R 122/85	BStBl. II 1987	861.
09.09.1988	III R 191/84	BStBl. II 1989	11.
02.02.1990	III R 173/86	BStBl. II 1990	497.

06.03.1990	II R 32/86	BStBl. II 1990	787.
19.03.1991	II R 134/88	BStBl. II 1991	522.
05.11.1992	II R 62/89	BStBl. II 1993	161.
10.03.1993	II R 27/89	BStBl. II 1993	368.
13.10.1993	II R 92/91	BStBl. II 1994	128.
30.11.1993	II R 27/90	BFH/NV 1994	504.
08.12.1993	II R 61/89	BFH/NV 1994	373.
22.06.1994	II R 1/92	BStBl. II 1994	656.
22.06.1994	II R 13/90	BStBl. II 1994	759.
14.09.1994	II R 95/92	BStBl. II 1995	81.
26.04.1995	II R 13/92	BStBl. II 1995	540.
25.10.1995	II R 67/93	BStBl. II 1996	160.
15.07.1998	II R 82/96	BStBl. II 1998	630.
02.12.1998	II R 43/97	BStBl. II 1999	235.
12.07.2005	II R 29/02	BStBl. II 2005	843.
18.07.2007	II B 106/06	BFH/NV 2007	2296.
26.02.2009	II R 69/06	BStBl. II 2009	480.
24.04.2013	II R 65/11	BStBl. II 2013	633.
18.07.2013	II R 35/11	BStBl. II 2013	1051.
11.09.2013	II R 37/12	BStBl. II 2014	114.
23.06.2015	II R 39/13	BStBl. II 2016	225.
01.10.2015	X B 71/15	BFH/NV 2016	34.
22.08.2017	II B 93/16	BFH/NV 2018	40.
24.10.2017	II R 44/15	BStBl. II 2018	358.
29.11.2017	I R 7/16	BStBl. II 2019	738.
28.05.2019	II R 37/16	BStBl. II 2019	678.
05.02.2020	II R 9/17	BStBl. II 2020	658.
17.06.2020	II R 43/17	BStBl. II 2022	13.
01.07.2020	II R 19/18	BFH/NV 2021	110.
16.03.2021	II R 10/18	BFH/NV 2021	1141.
26.07.2022	II R 25/20	BFH/NV 2022	1371.
28.07.2022	II B 37/21	GWR 2022	327.
24.08.2022	II R 14/20	BFH/NV 2023	170.

Entscheidungen der Finanzgerichte

FG Hamburg vom 28.08.2019, 3 K 123/18, UVR 2020, S. 9.

FG Hessen vom 20.07.2015, 1 K 392/15, ErbStB 2016, S. 1

FG Köln vom 27.01.2016, 7 K 247/14, EFG 2016, S. 584.

FG Köln vom. 30.01.2019, 7 K 1000/17 (rkr.), DStRE 2019, S. 1344.

FG München vom 18.01.2006, 4 K 3072/03 (rkr.), EFG 2006, S. 689

FG München vom 22.10.2014, 4 K 2517/12, EFG 2015, S. 238.

FG München vom 12.10.2016, 4 K 3006/15, (rkr.), EFG 2017, S. 229.

FG München vom 20.04.2022, 4 K 361/20, EFG 2022, S. 1315.

FG Münster vom 24.11.2021, 3 K 2174/19 Erb, EFG 2022, S. 343.

FG Nürnberg vom 04.04.2018, 4 K 476/16, ErbStB 2018, S. 233

Verzeichnis der Verwaltungsanweisungen

Schreiben und allgemeine Verwaltungsvorschriften des Bundesministeriums der Finanzen

14.05.2004	IV B 4 – S 1340 – 11/04	BStBl. I 2004	3.
04.07.2008	IV C 7 -S 2742-a/07/10001	BStBl. I 2008	718.
22.09.2010	IV C 4 – S 2227/07/10002:002	BStBl. I 2010	721.
01.02.2022	IV C 7-S 3804/20/10001:002	BStBl. I 2022	190.

Erlasse und Verordnungen der obersten Finanzbehörden der Länder

Erlass des Finanzministeriums Niedersachsens vom 14. März 1984, S 3836 – 1 – 34, in: Der Betrieb 1984, S. 751.

Gleich lautende Erlasse der obersten Finanzbehörden der Länder vom 23. April 2018, S 3821, BStBl. I 2018, S. 692.

Gleich lautende Erlasse der obersten Finanzbehörden der Länder vom 14. Oktober 2020, BStBl. I 2020, S. 1163.

Gleich lautende Erlasse der obersten Finanzbehörden der Länder vom 11. Februar 2021, S 3812b – 20 – V A 6, BStBl. I 2021, S. 355.

Gleich lautende Erlass der obersten Finanzbehörden der Länder vom 30. Dezember 2021, S 3812a, BStBl. I 2022, S. 156.

Gleich lautende Erlasse der obersten Finanzbehörden der Länder vom 09. Februar 2022, S 3812, BStBl. I 2022, S. 226.

Gleich lautende Erlasse der obersten Finanzbehörden der Länder vom 05. Oktober 2022, S 3150; S 3700; S 3715; S 3730; S 3812b, BStBl. I 2022, S 1494.

Gleich lautende Erlasse der obersten Finanzbehörden der Länder vom 13. Oktober 2022, S 3812b, BStBl. I 2022, S. 1517.

Schreiben der Oberfinanzdirektionen

OFD Rheinland vom 04.07.2012, Kurzinfo Nr. 001/2012, DStR 2012, S. 2082.

Verzeichnis der Rechtsquellen und sonstiger Gesetzesmaterialien

Abkommen zwischen der Bundesrepublik Deutschland und der Schweizerischen Eidgenossenschaft zur Vermeidung der Doppelbesteuerung auf dem Gebiete der Steuern vom Einkommen und vom Vermögen (DBA Schweiz) vom 11. August 1971, BGBl 1972 II, S. 1021 i. d. F. des Änderungsprotokolls vom 30. November 1978 (BGBl 1980 II S. 751); des (Änderungs-)Protokolls vom 17. Oktober 1989 (BGBl 1990 II S. 766); des Protokolls vom 21. Dezember 1992 (BGBl 1993 II S. 1888); des Revisionsprotokolls vom 12. März 2002 (BGBl 2003 II S. 68); zuletzt geändert durch Änderungsprotokoll vom 27. Oktober 2010 (BGBl 2011 II S. 1092).

Bericht des Finanzausschusses (7. Ausschuss) zu dem Gesetzentwurf der Bundesregierung – Drucksachen 16/7918, 16/8547, 16/8814 Nr. 3 – Entwurf eines Gesetzes zur Reform des Erbschaftsteuer- und Bewertungsrechts (Erbschaftsteuerreformgesetz – ErbStRG), in: BT-Drucksache 16/11107.

Beschlussempfehlung und Bericht des Finanzausschusses (7. Ausschuss) zu dem Gesetzentwurf der Bundesregierung – Drucksachen 18/5923, 18/6279, 18/6410 Nr. 4 – Entwurf eines Gesetzes zur Anpassung des Erbschaftsteuer- und Schenkungsteuergesetzes an die Rechtsprechung des Bundesverfassungsgerichts vom 22.06.2016, in: BT-Drucksache 18/8911.

Gesetz über den Wertpapierhandel (Wertpapierhandelsgesetz – WpHG) in der Fassung der Bekanntmachung vom 9. September 1998, BGBl. I 1998, S. 2708.

Gesetz zur Bekämpfung der Steuerumgehung und zur Änderung weiterer steuerlicher Vorschriften (Steuerumgehungsbekämpfungsgesetz – StUmgBG) vom 23. Juni 2017, BGBl. I 2017, S. 1682.

Gesetz zur Modernisierung des Körperschaftsteuerrechts vom 25. Juni 2021, BGBl. I 2021, S. 2050.

Entwurf eines Gesetzes zur Reform des Erbschaftsteuer- und Bewertungsrechts (Erbschaftsteuerreformgesetz – ErbStRG), in: BT-Drucksache 16/7918 vom 28. Januar 2008, S. 1–52.

Erbschaftsteuer-Richtlinien 2019 – ErbStR 2019 vom 16. Dezember 2019 (BStBl. I 2019 S ondernummer 1 S. 2) mit den Erbschaftsteuer-Hinweisen 2019

Reichserbschaftsteuergesetz vom 03.06.1906, RGBl 1906, S. 654.

Stichwortverzeichnis